温州大学创业教改重点项目、浙江省新世纪教学改革项目

创业经济学

Venture Economics

胡振华　编著

图书在版编目(CIP)数据

创业经济学/胡振华编著. —北京大学出版社,2013.9
ISBN 978-7-301-22108-2

Ⅰ.①创…　Ⅱ.①胡…　Ⅲ.①企业经济—经济理论—高等学校—教材
Ⅳ.①F270

中国版本图书馆 CIP 数据核字(2013)第 026290 号

书　　名:创业经济学
著作责任者:胡振华　编著
策 划 编 辑:叶　楠
责 任 编 辑:王　军
标 准 书 号:ISBN 978-7-301-22108-2/F·3524
出 版 发 行:北京大学出版社
地　　址:北京市海淀区成府路 205 号　100871
网　　址:http://www.pup.cn
电 子 信 箱:em@pup.cn　　QQ:552063295
新 浪 微 博:@北京大学出版社　@北京大学出版社经管图书
电　　话:邮购部 62752015　发行部 62750672　编辑部 62752926
出版部 62754962
印　刷　者:北京虎彩文化传播有限公司
经　销　者:新华书店
730 毫米×980 毫米　16 开本　13.75 印张　262 千字
2013 年 9 月第 1 版　2020 年 1 月第 2 次印刷
定　　价:28.00 元

目　录

第一章　导　论

【知识目标】

创业就是创业者对自己拥有的资源或通过努力能够拥有的资源进行优化整合,从而创造出更大经济或社会价值的过程。创业是一种劳动方式,是一种需要创业者组织、运用服务、技术、器物作业的思考、推理、判断的行为。通过本章学习,让学生理解什么是创业?什么是创业经济学?创业经济学产生的经济背景与学科背景是什么?怎样构建创业经济学?

【本章概要】

社会呼唤着创业者,创业者需要长期、悉心的培养与系统的理论指导。知识教育具有时间在先和逻辑在先的优越地位,是其他教育的平台,构建"创业经济学"学科体系是开展创业教育的基础工程,在高校开设"创业经济学"课程十分必要,它不但可以直接为学生创业(当然也包括社会上的创业人员)提供直接的知识和思维的储备,而且有利于改变社会观念,形成创业氛围、创业意识。

1.1　创业与创业特征

1.1.1　创业

从对创业这一词语的理解,可以看出一个地方的创业意识或者创业文化。什么叫创业,有的人认为做好本职工作就是创业,有的人认为外出打工也是创业。这种认识消极被动。所谓创业就是自己当老板,它不等于就业,更不同于打工。一个地方区域经济的发展在很大程度上依赖于创业的绩效,一个地方的创业者越多,这个地方就会越发达;一个地方外出就业打工的人越多,这个地方必然越落后。从经济学角度讲,就业表现为通过劳动取得工资收入,而创业就是自己支配自己的收入,既包括自己的劳动收入,也包括资本投入收入和经营风险收入,还要向国家缴纳税费,同时还要带动一批人就业。

目前学术界对创业的定义众说纷纭，尚没有一个被统一接受的标准。如国外学者Gartner(1985)认为，创业就是新组织的创建过程；Shane 和 Venkataraman(2000)提出了以“创业机会的识别、开发与利用”为主线的创业过程研究主张。根据 Jeffry A. Timmons 所著的创业教育领域的经典教科书《创业创造》(*New Venture Creation*)的定义：创业是一种思考、推理和行为方式，它为机会所驱动，需要在方法上全盘考虑并拥有和谐的领导能力。Cole(1965)把创业定义为发起、维持和发展以利润为导向的企业的有目的性的行为。Stevenson、Roberts 和 Grousbeck 提出：创业是一个人——不管是独立的还是在一个组织内部——追踪和捕捉机会的过程，这一过程与当时控制的资源无关。创业网定义：创业是指接管和组织一个经济体的某个部分，并且以自己可以承受的经济风险通过交易案来满足人们的需求，目的是为了创造价值。Amar V. Bhide 认为，创业就是通过奉献必要的时间和努力，承担相应的经济、心理和社会风险，并得到最终的货币报酬、个人满足和自主性地创造出有价值的新东西的过程。

我国学者复旦大学的李志能博士认为，创业是一个发现和捕获机会并由此创造出新颖的产品、服务或实现其潜在价值的过程；南开大学的张玉利教授认为，创业是基于创业机会的市场驱动行为过程，是在可控资源匮乏前提下的机会追求和管理过程，是高度综合的管理活动，表现为创业者以感知创业机会、识别能为市场带来新价值的创新性产品或服务概念为基础，引发创业者抓住机会，并最终实现新企业生存与成长的行为过程。

根据 Venkataraman(1997)有关创业关注于个人财富的发现和挖掘的观点，创业者寻求个人财富以补偿他们的努力，然而这一过程可能创造出额外财富。在满足个人欲望的同时，创业者也通过创造财富、新市场和新工作产生积极的社会效应。然而，个人财富创造并不总是对社会有利。Baumol(1990)提到了组织犯罪或寻租现象，并将其称为社会非生产性创业。多数创业文献侧重于创业的经济效益，即关注于利润或者考虑财务和就业来分析企业成长。关于创业的非经济收入的研究甚少，有代表性的是Gimeno、Folta、Cooper 和 Woo(1997)的著作，其中除了经济效益，还把精神收益(个人满足和创业享受)作为企业生存的一个重要预警器。有些研究把失败视为执行不利的结果。例如，Singh(2001)认为，可盈利的创业机会开发失败并不一定是错误前提或过于乐观而导致的，而更有可能是机会被错误地行使造成的。

在创业过程中，个体创业者是核心要素；创业过程受到社会或环境因素的影响；创业可以在新创建的企业中发生，也可以在已创建的企业中发生。Bygrave 和 Hofer(1991)描述了创业过程的特征：首先，创业始于人的意识反应，这一观点承认了作为创业基本要素的个体创业者的重要作用。然而，他们认为创业者个人不能保证创业的成功。创业过程是一个动态而整体的过程。之所以认为创业是动态的过程，是因为新创企业随时间而不断演进；之所以认为创业是整体的过程，是因为新创企业演化的过程受到相关因素构成的一个系统影响。

哈佛大学商学院教授 Stevenson(1990)认为，创业领域的研究应该围绕三方面问题展开，即创业的动因、创业活动的后果、创业管理。首先，研究创业的动因。这类研究采用心理学或社会学方法，主要从创业者视角透视创业动因，但也考虑环境因素的影响。其次，研究创业活动的后果。这类研究关注于创业活动的后果，而不是创业或创业行为本身。最后，研究创业管理。这类研究主要分析在不考虑创业行为的动机和结果时，创业过程的特征，主要着眼于企业从初创到成熟的演进过程。另外一个研究领域是公司内创业精神，即在现有企业内部建立新的企业或新业务(Vesper,1985)。

综上所述：创业就是创业者对自己拥有的资源或通过努力能够拥有的资源进行优化整合，从而创造出更大经济或社会价值的过程。创业是一种劳动方式，是一种需要创业者组织、运用服务、技术、器物作业的思考、推理、判断的行为。

1.1.2 创业特征

创业是一个过程，机会追求是创业的核心要素，创业旨在创造出新颖的产品、服务或实现其潜在价值。创业是一种以促进事业产生和快速成长为特征的经营活动，与就业的职业岗位工作相区别，创业是以产业组织的创立和规模化拓展为目标的社会实践过程。

创业必须要贡献出时间、付出努力，承担相应的财务的、精神的和社会的风险，并获得金钱的回报、个人的满足和独立自主。它有以下几个特点：(1)创业是创造具有“更多价值的”新事物的过程；(2)创业需要贡献必要的时间，付出极大的努力；(3)创业需要承担必然存在的风险，包括财务、精神、社会领域及家庭等方面；(4)创业报酬主要来自金钱、独立自主、个人满足等方面。

对于一个真正的创业者，创业过程不但充满了激情、艰辛、挫折、忧虑、痛苦和徘徊，而且需要付出坚持不懈的努力，当然，渐进的成功也将带来无穷的欢乐与分享不尽的幸福。

创业作为一个商业领域，致力于理解创造新事物（如新产品、新市场、新生产过程或原材料、组织现有技术的新方法）的机会，机会如何出现并被特定个体发现或创造，这些人如何运用各种方法去利用和开发它们，然后产生各种结果。

创业可以分为四个阶段：

第一个阶段：生存阶段。

以产品、技术、渠道为优势，获得生存空间；只要有想法（点子）、肯努力、会销售，就可以获得相应的机会。在这一阶段，与其说是“创业”，更不如说是“做生意”。

第二个阶段：稳定阶段。

通过规范运营，建立稳定的系统，来增加机构效益；关键是“建立一套持续稳定的运作系统”和“被动现金流”；让企业不再依赖于创业者的个人能力和背景获得发展。在这一阶段，需要创业者的思维从想法提升到思考的高度；从原先的做生意转变成成就事业、创办企业；创业团队也初步形成。

第三个阶段：发展阶段。

在这一阶段，依靠的是硬实力（产业化的核心竞争力），整个商业机构形成了系统平台，一个个团队通过系统平台来完成管理（人治变成了公司治理），销售变成了营销，区域性渠道转变成一个个地区性的网络，从而形成了系统。当思维从平面转变为三维，这时创业者就可以超脱具体事务，创业者就有了被动现金流系统（赚钱机器），它是24小时为你工作的，这就是许多创业者梦想达到的理想状态。

延伸阅读

在发展阶段打造平台

比尔·盖茨说：下一个比尔·盖茨是中国的马云。

马云说：下一个马云是创业者。

创业者说：创业，从点滴开始。

这是非常耐人寻味的，即使是创意大师或者是管理大师也不是完整的创业者，他们充其量只是一个成功的职业人士，就连伟大的管理者，世界上最伟大的CEO（Chief Executive Officer，首席执行官）杰克·韦尔奇（Jack Welch）都只是一名打工者。通用电气的创始人爱迪生（Edison）才是创业者，马云、史玉柱才是创业者，沃伦·巴菲特（Warren Buffett）更是一个成功的创业者！如果你连什么是就业与创业的区别都搞不清楚,那你得提高你的财商而不是想着马上创业,因为一个人的思维决定了他会成为那一类的人。

如何成为一个小业主、小老板,这样的问题不用讨论,因为这太容易了,大街上到处都是开饭馆、开加盟店的个体户。

需要讨论的是下一个马云会是谁?也就是谁会是下一个成功的创业者?一个拥有系统的、能带来大量现金流的企业家。马云靠他的创新打造了一个系统——阿里巴巴平台,还有他的现金流系统支付宝,2002 年的现金流超过 1 000 亿元。

好多人都想创业,于是看成功者的案例。要知道成功是不容易复制的,只有创新才能成就一番伟业。

如果你不只是养家糊口,而是要想把你的事业在取得初步的成功之后,永远地保持和发展下去,那你就必须打造一个这样的平台和这样一个现金流系统。

这就是创业的第三阶段内容:建立系统。

第四个阶段:成熟扩张阶段。

这是创业者的最高境界,是一种无国界的经营,也就是俗称的跨国公司。集团总部的系统平台和各子集团的运营系统形成的是一种体系。集团总部依靠的是一种可跨越行业边界的无边界核心竞争力(软实力),子集团形成的是行业核心竞争力(硬实力)。只有这样,才能使各行各业里的子集团取得它们在单兵作战情况下所无法取得的业绩水平和速度。在这一阶段,创业者的思维已从三维发展到多维,这才是企业发展所能追求和达到的最高境界。

1.2 创业经济学的背景

1.2.1 创业经济学的宏观经济背景

创业经济(Entrepreneurial Economy)概念的提出始于彼得·F. 德鲁克(Peter F. Drucker)。早在 1985 年,他就发现现代经济的支撑力量已经不再是曾经为民众所熟悉的传统 500 强企业。在市值最大的顶尖级公司中,有许多是一二十年前名不见经传的中小创业型企业。正是数量众多的创业型企业日益成为现代经济的动力之源,并创造着 90% 以上的新增工作岗位。

一系列实证研究也表明，经济发展中大企业的影响力日趋下降，小企业正在成为经济增长的主要动力，这种趋势在大多数领先的工业国家中都表现得较为明显。20 世纪 80 年代以来，西方国家普遍经历了经济结构的重组：荷兰的创业比率（业主与劳动力之比）在战后一段时间里一直呈下降趋势，1984 年降到了历史最低点——8.1%；随后这种下降的趋势得到了扭转，1998 年创业比率上升到 10.4%。类似地，荷兰小型制造企业的雇佣份额从 1978 年的 68.3% 上升到 1986 年的 71.8%；英国的这个比率从 1979 年的 30.1% 上升到 1986 年的 39.9%；德国从 1970 年的 54.8% 上升到 1987 年的 57.9%；葡萄牙从 1982 年的 68.3% 上升到 1986 年的 71.80%；意大利北部地区从 1981 年的 44.3% 上升到 1987 年的 55.2%，南部地区从 1981 年的 61.4% 上升到 1987 年的 68.4%。可见，创业经济正在越来越多的国家里形成。随着知识经济时代的到来，创业活动对经济复兴、革新和增长的贡献日益显著，创业已成为一国或地区繁荣的基础。

OECD 国家的实证统计分析表明，那些创业活动频繁、中小企业活跃的国家往往具有较高的经济增长率和较低的失业率，而创业活动少、中小企业沉寂的国家则大多经济增长率较低、失业率较高。从世界各国经济发展的历史看，经济增长与就业增加之间一般都具有正相关的关系。改革开放 30 多年以来，中国经济持续高速增长，按照传统的经济理论中国应该实现较为充分的就业。但事实却并非如此，中国就业增长的速度与经济增长速度并不成正比。近年来，经济增长对就业的拉动作用呈逐年下降态势。改革开放初期，经济每增长一个百分点会带动约 0.4% 的就业增长，但到了 2000 年这一拉动作用降低到只有 0.1%。最终形成目前典型的“高增长低就业”现象，而且这种情况还有进一步加剧的趋势。

针对上述情况，理论界给出了不同的解释并提出具体的政策建议，其中，以创业带动就业的观点得到了社会各界的普遍认同。党中央明确提出，要实施扩大就业的发展战略，促进以创业带动就业，把鼓励创业、支持创业摆到就业工作更加突出的位置。

社会呼唤着创业者，创业者需要长期、悉心的培养与系统的理论指导。我国的大学必须对学生进行系统化的创业教育，这是保障国民经济具有强大的活力和社会稳定、快速发展之要求，是中华民族的百年大计，也是大学的应有之义。特别需要指出的是，在下岗职工与新增城镇就业人员、大学毕业生、农村富余劳动力和军转人员的四大群体中，唯一属于优势群体的是大学毕业生，他们将是最具有潜力的创业群体，理应承担扩大就业机会的重任。大学不应成为社会负担的增压器，而应成为减轻社会压力的减压阀。可是，当前大学教育主管部门价值评价、社会舆论导向、学子和家长的期盼等方面都仍然聚焦在提高学生的就业率。这种价值的引导和受我国大学传统的知识本位价值观的局限,使得我国大学的创业教育还处在零星的意识或者感性的直觉层面,没有上升到系统化的理念与理论高度上。这就导致大学对创业学和创业教育研究的匮乏,对学生的创业意识、创业精神、创业知识、创业能力的培养没有进行系统的安排,大学生作为创业者所应具有的识别与抵御风险、环境适应、全局性思维、系统化管理、战略规划以及综合运用知识能力欠缺,他们创新的理性精神和对创业过程的科学认知和践行的知识准备不足。这已成为制约大学生创业发展的"瓶颈",也成为中国经济快速、稳定、长期发展的障碍因素。我国经济和社会发展竞争力的提升与就业压力的缓解迫切需要大学培养出一批批的创业者。

在这样的背景下,我们不禁要追问,创业对经济增长会产生什么样的影响?创业经济是怎样一种经济形态?为什么要以创业带动就业?创业带动就业的过程是如何实现的?应该如何通过创业带动就业?本书认为,知识教育具有时间在先和逻辑在先的优越地位,是其他教育的平台,构建"创业经济学"学科体系是开展创业教育的基础工程,在高校开设"创业经济学"课程十分必要,它不但可以直接为学生创业(当然也包括社会上的创业人员)提供直接的知识和思维的储备,而且有利于改变社会观念,形成创业氛围和创业意识。

1.2.2　创业经济学的微观经济背景

创业作为一种主流的经济活动和经济现象,与国民经济和社会发展存在密切关系。创业促进经济,并成为产业经济领域比较活跃、富于变化、关联效应较高的部分,在庞大的经济体基础上形成一类独特的"创业经济",创业经济的比重和发展变化特征,可以在一定程度上反映一个国家和地区经济发展的总体特征,创业活动成为经济发展所关注的重点和热点因素。反过来,经济保障创业、影响创业、形成创业的产业经济基础。青年创业作为全社会创业的一个最活跃、最具影响力的主体部分,代表着全民创业的主流和发展脉络。开展创业经济学研究与传播,有利于创业活动取得预期成果,有利于全社会形成创业的环境,有利于经济发展和转型升级,有利于社会和谐。

从目前的分配角度看,创业优于就业,创业选择是经济人的理性行为。沿海发达城市中小型企业多,吸引了很多中西部地区的人来就业或者说是打工,因此,它们成为一个个"创业型城市"(比如温州市)。创业型的城市自然就富裕一些,而中西部地区打工型的城市则相对贫穷一些,比如江苏省太仓市户籍人口仅 40 万人,而外来打工人口就有 50 万人。湖北省麻城市每年外出打工人数约 20 多万人,比麻城现有就业人数 5 万人多 4 倍,而这 5 万人中还有一半是行政事业单位就业人员,所以麻城是一个"打工型城市”，很穷。假定麻城外出打工者一年创造的收入是20亿元，如果他们在本地创业，将不仅为自己创造了20亿元的收入，而且还为社会创造了60亿元的收入（全国GDP收入中劳动工资收入占1/3左右）。

美国经济学家约瑟夫·E. 斯蒂格利茨（Joseph E. Stiglitz）在他撰写的经济学教科书中写道：“经济学研究的是我们社会中的个人、厂商、政府和其他组织是如何选择的，这些选择又怎样决定社会资源如何被利用。就业还是创业是一个人一生中的重要选择，创业选择是一种重要的经济行为，这种行为受到‘看不见的手’的引导，表现为‘经济人’的理性选择。”亚当·斯密指出：“每个人都在力图应用他的资本使其产品能得到最大的价值，一般来说，他并不企图增进公共福利，也不知道他所增进的公共福利为多少。他所追求的仅仅是他个人的安乐，仅仅是他个人的利益。在这样做时，有一只看不见的手引导他去促进一种目标，而这种目标绝不是他所追求的东西。”创业正是创业者利用机会整合资源为社会提供产品和服务时，不断积累个人财富，满足个人追求财产和实现自我的需求，客观上奉献社会的过程。在改革开放初期，中国人没有多少财产，财产观念也十分淡薄。中国人穷，穷则思变，穷则创业。所以中国的生存型创业者多，也就是说中国多数创业者是为了挣钱吃饭、为了活得更滋润而创业。但20多年来，从农民到市民，从科研职员到公务员、海外留学生，一批批创业者无不在个人财富的创造过程中为中国经济的增长、社会的稳定、体制的革新作出巨大的贡献。许多国家，特别是发达国家的创业者多为机会型创业者，即瞧准了机会就开始创业。他们的家庭和社会更富有，他们不是由于解决吃饭问题而创业，他们创业是为了通过抓住贸易机会创造贸易价值，进而成就自己的人生，对社会作出贡献。比尔·盖茨是一个典型的机会型创业者。他舍弃了在哈佛法学院的学业，是由于他在贸易实践中发现软件产业存在巨大的商机。通过他本人及其团队非凡的创造力以及软件产业的行业成长性，使他只经过20年的时间就创造了传统经济行业无法企及的巨大财富，进而蝉联世界富豪榜冠军，2003年其个人资产高达407亿美元，仅该年度的社会捐赠就达十几亿美元。

理性的创业者具有“经济人”的本性，追求自身利益的最大化，在冒险的同时尽力规避创业风险。理性的创业者在自由地选择创业、享受创业成功所带来的快乐时，必须承担创业失败的责任，而且他个人财富、价值与他对社会提供的产品和服务的价值呈正相关。正如A·哈耶克所言：“假如答应个人自由地选择，那么他必然要承担选择的风险，并且，他因此所得的报酬肯定也不取决于他们目的的好与坏，而仅仅取决于对其他人的价值”。

每个人都面临着这样的选择：如何最有效地利用个人所拥有的知识技能，如何最大化利用自身的社会网络资源。一般人们有两种选择——就业或创业。经济学家 Frank H. Knight 以为，不确定性是创建企业的主要原因。在现实生活中，人们必然对其选择的经济行为进行猜测并承担风险。但由于信息不对称和有限理性的原因，人们的猜测往往有错误。不同的人具有不同的能力和不同的承担风险的能力，所以那些不愿意承担风险者更倾向于做上班族，服从老板的调遣，拿稳定的薪水，没有心理上的压力和经济上的风险；而那些愿意承担风险的人则更倾向于选择创办自己的企业，以承担风险去换取更大的收益和自由。到底是替人打工，还是自己当老板，创业的可能性应与收益预期相关，可用公式表现为：

$$Pr(e) = f(r - w)$$

其中，Pr(e)是指独立创业的可能性；r 表示独自创办企业可能获得的收益；w 表示从事现在工作获得的报酬；f 表示函数。

可见，个人创业的可能性与 r 和 w 之间的差额呈正相关。两者差额越大，创业的可能性就越大，创业动机在很大程度上由创业者对收益的预期和现在获得的利益决定成本。

理性的创业者具有“经济人”的本性：趋利避害，追求自身利益的最大化。创业是有风险的，理性的创业者在享受成功的预期时，也必须承担创业可能的失败风险，创业失败，不仅使对收入的预期化为泡影，而且原有的稳定收入也丧失殆尽。因此，客观估计自己的创业能力，科学评价创业环境和创业机会，通过市场调查获得正确数据，切实考虑现在的利益，对创业选择作出尽可能科学的经济分析是十分必要的，是经济人应有的理性态度。

延伸阅读

创业的理性预期

创业需要时机和条件，更需要创业意识和激情，虽然创业是艰难的，也许你没有资本，没有社会关系，甚至没有很高的学历，但只要独具慧眼，就能捕捉到别人无法看到的创业商机和财富。行动起来，成功就属于你！

当前中国人才过剩，劳动力价格越来越低，2004 年大学毕业生中有 73 万人不能及时就业，而工作不如意的又何止千万？当你找不到工作或者不愿意给人打工，你要做什么？唯有创业！

国内创业环境的日趋完善,创业文化日渐风靡,使得越来越多有思想、有创意、有能力的人走上创业之路,周围靠自己的能力闯出一番事业的人越来越多。这是一个必然!物竞天择,适者生存,只有把握住社会发展的大趋势并适应这种趋势才能成就自己的事业!人生难得几回搏,此时不搏何时搏?与其羡慕别人翱翔的雄姿,不如造就自己坚实的双翼;与其羡慕别人有着自己的事业享受自己的生活,不如自己付出努力做一番事业,前提是你确实有好的创意,或者你能找到适合你的团队一起创业!

既然选择创业,就要需要遵守以下 13 条原则:(1)合法;(2)长久;(3)稳定;(4)制度好,能赚到大钱;(5)零风险不伤人脉;(6)必需品,好推广,易接受;(7)市场大,前景广;(8)国家支持;(9)有成熟的系统和团队;(10)请一位精明的会计师;(11)选择一个有效的加盟项目,可以利用权威的创业项目审核平台,核实一下加盟项目的真实性;(12)请专家报税,一位高明的税务专家可以替你免很多税;(13)保持健康心理和心灵平静,否则有更多的钱也没什么用。

1.2.3 创业经济学的学科背景

创业研究在发展的初期受新古典经济学的影响很大,在新古典经济学的框架下,经济学者一直把市场中的行为个体抽象为非人格化的"厂商",把经济中资源配置的所有活动归于市场,把资源配置的所有信息归于价格。在这样的假定条件下,创业者的创业活动就被忽略了。之所以有一些人会成为创业家是由于这些人具有"承担不确定性"风险的倾向,那些没有承担风险倾向的人就会成为雇员。但是,Knight(1921)提出了市场环境的不确定性问题,他认为经济活动主体要承担这一不确定性,创业者就是在高度不确定性环境中进行决策并承担决策后果的人;而另外一些学者则从组织和协调者的角度认为创业者是将所有的生产资料集中在一起,并对他所利用的全部资本,所支付的工资、利息和租金,以及属于他自己的利润进行重新分配的人。后来,Coase(1937)提出了企业的本质和企业的边界问题,并进一步指出创业者就是"在竞争性体制中,代替价格机制而指挥资源配置的人";而奥地利学派的代表人物 Kirzner(1973)则认为创业者是对变化着的环境或者被普通人忽视了的机会保持机警的人;更为重要的代表人物是 Schumpeter(1934),他提出了创业者创造性破坏的问题,认为创业者可以通过利用一种新发明,或者利用一种未经试验的技术来生产新产品或者用新方法来生产老产品,通过开辟原料供应新来源或产品的新销路,以及通过改组工业结构等手段来改良或彻底改变生产模式。

从经济学的视角对创业进行的研究都是围绕着这样两个问题展开的:第一,创业者在资源配置中会起到什么样的作用?第二,创业活动对经济发展会起到什么样的作用?从资源配置的角度看,经济学家认为创业者是不确定性风险的承担者(Knight,1921),是资源的组织和协调者(Coase,1937),是市场不均衡状态下的套利者(Kirzner,1973)。从对经济发展的作用角度看,经济学家认为创业者是市场的创造性破坏者,是能够打破市场均衡并促进革命式的技术革新和生产进步的人。因此,经济学家从微观和宏观两个角度对创业现象进行了解释。从微观角度来看,经济学家解释了创业者在企业内部所起到的重要作用,指明了企业家精神的发挥是协调并利用其他各种劳力、物力和土地等经济资源的源泉。从宏观的角度来看,经济学家解释了经济增长的根源在于创业者的创新行为,指明了创造性破坏是经济发展的动力。可见,经济学者很好地解释了创业者在经济过程中的功能,指出了创业行为对经济发展的作用。

目前国内高校经济类、管理类专业普遍开设有“西方经济学”课程,但基本没有开设“创业经济学”课程。国内高校关于创业经济学方面的研究非常活跃,比如,华中科技大学的席升阳教授等人对大学生创业教学进行了专门研究;西北农林科技大学的李录堂教授等人开展了农民创业经济的研究;吉林大学宋冬林教授等人开展了创业经济与就业问题的研究;应该说,构建创业经济学学科的理论准备工作已经比较充分。2009 年,北京交通大学的刘成璧教授编写了国内第一本《创业经济学》教材,但这本教材比较简单,学科的理论框架并不完整,主要内容是创业管理。创业经济学与西方经济学有着千丝万缕的联系,但二者并不能相互替代。

本书以西方经济学为基础,构建独立的创业经济学学科体系,形成创业经济学的范畴及范畴体系,阐述创业经济学的逻辑与历史的必然性。以经济学为核心对哲学、管理学、行为学、社会学等进行综合,实现了经济学科学范式的转换,构建以创业为基础的宏观经济学与微观经济学、价值经济学与人性经济学、静态经济学与动态经济学、结构经济学与发展经济学、物质经济学与知识经济学的整合框架。

1.3 创业经济学的意义与内容

1.3.1 创业经济学的意义

创业具有跨学科、多层面的特点，这一特点使得该领域既引人注目又显得复杂。在过去的20年里，创业领域引起了许多国内外学者的关注，也取得了丰富的研究成果。然而多数创业研究只关注于创业的某个方面或者从特定的视角透视创业，如创业者特质或创业环境等，目前迫切需要的是对创业进行经济学的系统研究。

创业经济学是一门研究创业组织的建立与成长、创业价值生成、创业资源配置、创业经济现象与规律的科学，是一门由创业学与经济学相互融合的交叉学科。

创业经济学这门学科反映了以创业为基础的经济发展规律、以经济规律为核心的社会发展规律。它以创业主体与创业客体的相互关系为主线，以机会的创造、把握和运用为核心，以提高创业者的素质为目的，综合哲学、经济学、管理学、行为科学、创业学的相关成果，展开自己的范畴体系。因此创业经济学是综合经济学，或是以经济学为核心的综合社会学，是比现有的经济学层次更高、系统更加完善的一般经济学、系统经济学。

创业经济学的范畴及范畴体系，阐述了创业经济学的逻辑与历史的必然性。创业经济学的创立，实现了经济学科学范式的转换，提供了以创业为基础对宏观经济学与微观经济学、价值经济学与人性经济学、静态经济学与动态经济学、结构经济学与发展经济学、物质经济学与知识经济学进行整合的框架，以经济学为核心对哲学、管理学、行为学、社会学等进行综合的方法，确立了经济领域的主体性原则，规范与推动了创业实践的发展，具有重大的理论和现实意义。

1. 理论意义

第一，创业经济学以经济学理论为基础研究创业问题，给出创业经济的经济学理论解释。在当今的中国乃至全世界，创业越来越成为经济发展中的强劲动力，因此，学术界和实业界对创业问题都格外关注。在此期间，各界人士从不同侧面对创业问题进行研究和探讨，形成了大量的宣传创业现象、介绍创业活动和分析创业实现过程的文献。从国外的文献来看，对于创业现象的分析始于18世纪中期，经过两个世纪之后，在20世纪80年代得到迅速发展，直到今天讨论得愈加热烈。但是，如今的创业却成为一个非常宽泛的名词，对创业理论进行研究的学者来自各个领域，如经济学、管理学、金融学、社会学、心理学、教育学、法学、商业伦理学、公共政策学以及城市规划学等等。目前国内学者对于创业的研究大多还是集中于介绍和描述创业的现象和行为，从经济学视角进行创业理论研究的还不多。

第二，创业经济学研究创业带动就业的运行机理，挖掘其内在经济学逻辑脉络。党中央提出要实施扩大就业的发展战略，促进以创业带动就业。这是依据创业带动就业的倍增效应提出来的。但目前对此问题研究的方式多集中在现象和经验描述的层面上，实证研究也多是从影响结果的角度对上述问题进行验证，对于创业如何带动就业的内在机理研究相对较少。本书在综合分析经济学理论的基础上，剖析创业活动对就业的影响。

2. 现实意义

第一，有利于创新型国家建设。在中国构建创新型国家的进程中，创业与创新存在互动关系，发挥着重要作用。在全球化进程日益加快的时代背景下，随着改革开放的进一步深化，中国必定会涌现出更多的创业成果。因此，如何根据中国的情况研究转型时期中国的创业问题非常重要。创业经济的发展可以为社会营造一个宽容的创新创业氛围，倡导勇于创新、勇于竞争、诚信合作、宽容失败的创业精神，以及加快给创新创业者提供便利的广义制度安排和中介配套等服务的建设步伐，从而使创业活动成为创新成果最终转化为现实生产力的桥梁，成为经济社会发展的重要推动力，推动创新型国家建设。

第二，有利于转变经济发展方式。经过改革开放后三十多年的发展，中国经济高速增长，现已发展成为世界经济大国。但从目前经济增长的要素结构来看，资本、土地、资源等要素的投入推动仍占主要地位，经济增长呈现出一种土地和资源消耗型的方式。随着资源的不断耗竭，这种增长方式越来越难以为继，转变经济发展方式的问题也随之提上日程。创业经济可以为经济发展方式的转变提供有效途径；创业经济以知识和创业者精神为核心生产要素，可以为传统产业注入新的发展动力；同时，创业经济的发展对第三产业结构也有巨大的提升和催化作用，创业企业的产品技术含量较高，经济附加值较大，通常以其科学的生产方式和较低的资源消耗赢得竞争优势，逐渐取代传统的产业或生产方式，使经济发展方式由资源投资拉动型向内生性的效益型、创新型转变，从而创造出新的需求，培育出新的经济增长点，最终促进经济的全面协调发展。

第三,有利于解决日益严峻的就业问题。我国社会正在经历着整体的转型。转型不仅使我国社会实现了持续快速的发展,而且带来了一些前所未有的压力,其中之一就是如何解决日益严重的就业问题。当前我国社会的就业压力主要来自四大方面:(1)国有企业的深度改革与彻底转型已使几百万名下岗职工走向社会和大批的城镇新增的就业人员。2009 年城镇新增的求职人员将达到 2 400 万人,就业岗位缺口达 1 200 万人;(2)年年递增的大学毕业生。从 2002 年到 2009 年已由 145 万人递增到 413 万人,2009 年将达 495 万人,加上 2008 年离校时还没有就业的 120 多万名大学生,目前要求职的大学毕业生已达 600 万人左右;(3)农业产业化和城镇化的推进将使农村每年有近 1 000 万人的富余劳动力向城市转移;(4)军队转业人员越来越受到社会的严格选择。同时,由于技术进步所产生的对劳动者的“挤出效应”已使 GDP 增长所提供的就业机会大大减少,每年新增就业岗位也不过 900 万—1 000 万人左右。显然,扩大就业已成为社会和谐、稳定和可持续发展的重大课题,也成为各级政府重要的执政目标。本书研究的一个重点是创业带动就业的实现机理,它将为解决就业问题提供一定的政策参考。而且,创业作为一种高层次的“灵活就业”,有利于更多从业人员实现“体面就业”,从而减少社会摩擦,构建社会主义和谐社会。

1.3.2 创业经济学的内容

构建创业经济学学科体系,包括创业经济学的研究对象、创业经济学的研究内容、创业经济学的研究方法、创业经济学与其他相关学科的关系,并且形成独特的范畴(比如,创业经济学的成本、收益、利润、风险、社会效益)。

创业经济学的内容应该包括什么是创业?为什么要创业?怎样创业?为谁创业?这些均为本书拟解决的关键问题。

首先,运用经济学原理系统研究创业经济,给出创业经济的经济学解释和经济学属性。由于创业经济的概念由管理学家德鲁克首先提出,所以后人对此问题的研究也多数遵循其观点从管理学方向进行展开。目前,理论界把创业经济作为一种经济形态进行深入分析的研究成果还较为零散,不够系统。各方观点仅从个别因素出发对创业经济相关问题进行探索,不同程度地忽略了对创业经济的经济学属性这一关系创业经济理论解析的重要问题进行深入挖掘。本书综合运用经济学原理,从对创业经济产生根源的研究入手,深入挖掘其基本特征,在此基础上最终界定并概括出创业经济的经济学属性。

其次，运用经济学理论研究创业带动就业的实现过程，并深入挖掘其实现机制。自党的十七大报告提出“以创业带动就业”以来，国内的学者针对此问题的研究多集中在如何以创业带动就业的现象描述和对策研究方面；国外现有的研究成果虽然进行了相关实证研究，结果也验证了创业可以带动就业的结论，但总体而言学术界对创业如何带动就业的实现过程和实现机理的理论探讨可谓凤毛麟角。本书综合运用经济学理论和方法，全面分析了创业带动就业的实现过程和机理，并推导出相关的数理关系，验证上述推理。

1.4 构建创业经济学的方案与方法

1.4.1 构建创业经济学的方案

“没有体系，便不能成为科学”。一个可以称之为体系的知识系统，须满足两个基本条件：第一，系统的逻辑性；第二，系统的协调性。另外还需尽可能满足一个或然性条件，即系统的完备性。科学逻辑的研究表明：任一学科发展到某一阶段，都要借助其他学科发展的成果或研究方法，来解决自身所面临的“悖论”。这要求研究者走出学科的边界、进入学科的“交织区”来推动学科的发展。学科发展的过程，也是知识增长的过程，知识增长的内在规律，就是创新出知识的“结点”，在逻辑学上的表现是新概念的生成。

本书对学科边界进行了大面积的突破，突破的路径是利用“创业”这个基本概念与经济学学科的基本概念进行交叉，突破的结果就是形成了一系列新概念。这些新概念成为进一步细化、深化研究的基础，以它们为逻辑起点，按照“逻辑与历史相一致”与“公理化”的方法进行其体系的构建，最终形成了创业经济学的学科体系。

首先，以马克思主义理论为指导，运用从具体到抽象和从抽象到具体相结合的科学抽象法。在构建“创业经济学”学科体系的过程中，按照逻辑必须反映历史，历史呈现逻辑的方法论原则和发生学的原理，按照时间在先的顺序进行梳理，自然而然地得出这样的序列“精神→求知→践行”，这是一个形成理念、充实认知、外化行动的时间序列化演进。公理化的体系建构与评价的方法也融入了上述建构的过程当中。创业精神、创业知识和创业行为作为公理，按照体系的简单性、协调性原则和时间在前、逻辑在先的路径推演，进行板块之间和板块内部要素的排列。

一方面，从产生的理论和具体现实基础出发，抽象出创业型经济的概念内涵，挖掘出创业型经济的经济学属性；另一方面，从创业型经济的经济学属性出发，考察中国创业型经济发展的区域环境，着重分析创业型经济中创业带动就业的实现机理，并进行相关实证分析，实现了从抽象到具体的演绎。

其次，将规范与实证分析相结合。由于理论界对创业型经济问题进行系统研究的历史较短，因此相关研究中对一些重要的概念、原理的界定和分析并非十分明确，这就需要我们首先对创业和创业型经济的基本概念、经济学属性等问题进行定性分析或规范研究，对创业型经济中创业带动就业的影响机理进行深入分析，进而为深入研究这一问题打下坚实的理论基础。同时，本书还注重对创业型经济发展过程中的一些数据进行梳理和整理，在此基础上进行定量分析和实证研究，保证本书研究的科学性。

最后，理论选择与体系建构。按照波普尔“观察渗透理论”的著名述说，本书对我国创业经济学的探讨在理论选择方面予以重视，因为是“它们决定了我们所看到的东西”（爱因斯坦语）。在这个过程中，本书根据“逻辑与历史相统一”的原则，按照创业、创业经济、创业经济学发生、发展的逻辑，对每一个逻辑中介都进行较为宽广的横向展开与回归收敛。当然，体系构建只是提供学科的宏观架构，并不能取代包含其中众多的理论“结点”。体系的价值在于系统的协调性与完善性，“结点”的价值在于观点的严肃性、学术性、科学性与创新性。本书以严肃的态度对这些“结点”的逻辑过渡、因果关联进行了描述，并用一些数据、案例哲理或文学修辞进行了充实与完善，尽量使研究成果满足协调性、有机性、科学性、创新性、丰满性、可读性的要求，也以此来完成本书的撰写。

1.4.2　构建创业经济学的方法

1. 文献普查与分类归纳

文献普查是任何一种研究的前提，它可以使研究者在了解国内外有关此类研究方面的历史与现状的基础上，掌握最新的动态，避免重复研究。本书主要通过中文数据库、外文数据库、电子图书、纸质著作等渠道，对以创业、创业学、创业经济为主体的文献进行了较为广泛的查询、阅读，在了解和掌握国内外对创业的解说，创业学研究的历史与现状，创业教育研究，创业活动的历史、现状和未来取向的基础之上形成了对创业经济的认识。归纳是探求因果联系最基本的思维方法之一，也是经验论、唯物论和逻辑实证主义皆不拒斥的证明与推理的方法。分类是归纳的前提，归纳是分类的深入，两者的统一形成了科学研究的基石。对所普查的文献按照成果类别进行摘录与归纳，可以迅速地对已有的成果进行“编码”与储存，形成一个可据研究所需随时调用的知识库，它对设计本书的研究体系和对各种观点的比较研究具有极高的价值。

2. 实地调研与案例研究

调研与案例研究和归纳法在本质上具有同一性。正如演绎主义所指出的那样，归纳不可能完全，也不可能得出必然的知识，所以本书没有试图，而且也不可能进行广泛的实地调研和案例研究。但是，它们作为实证主义所倡导的研究方法，对学术论点和研究结论的支持，是毋庸置疑的。与此同时，根据文献所提供的资料，把美国的百森商学院、麻省理工学院、斯坦福大学，印度的加尔各答大学管理学院、理工学院，英国的拉夫堡大学、曼彻斯特大学和我国的清华大学、北京航空航天大学、复旦大学、武汉大学等所开展的创业教育活动进行整理，分析它们的经验、教训和蕴含在其中的观念、理念、价值诉求、操作路径与行为模式。这些感性的经验与理性的分析，为本书提供了大量的素材，为观点的萌生与论证提供了基础与支撑。

3. 系统分析的研究方法

创业和创业型经济问题的研究涉及经济学、管理学、社会学、心理学等多个学科，因此，本书研究过程中注重在经济学研究的基本理论框架下，适当借鉴其他学科的相关研究方法和研究成果。既注重考察创业型经济的基本属性，又注重研究创业者的心理；既注重对创业型经济宏观环境的考察，又注重对创业型经济微观基础的分析。

【本章小结】

本书以西方经济学为基础，构建独立的创业经济学学科体系，形成创业经济学的范畴及范畴体系，阐述创业经济学的逻辑与历史的必然性。以经济学为核心对哲学、管理学、行为学、社会学等进行综合，实现了经济学科学范式的转换，构建以创业为基础的宏观经济学与微观经济学、价值经济学与人性经济学、静态经济学与动态经济学、结构经济学与发展经济学、物质经济学与知识经济学的整合框架。

【复习思考题】

1. 什么是创业？创业有哪些特征？
2. 构建创业经济学有哪些理论与现实的意义？
3. 创业经济学的研究内容有哪些？
4. 怎样形成创业经济学的学科体系？
5. 构建创业经济学应该采用哪些方法？

第二章 创业的经济学研究流派

【知识目标】

通过本章，让学生了解到，Knight从不可测量不确定性角度，Schumpeter从创新角度分别探讨了创业家利润问题，为创业研究打下了坚实的基础。社会心理学视角的创业研究探讨了创业家的各种个性心理与行为特征，但研究结果相互矛盾，并没有产生多少有见地的观点。社会文化学观点的创业研究讨论了社会文化环境对形成创业家个性与行为特征的影响，但同样没有取得什么重要的进展。资源观试图将创业能力、资源观和均衡联系在一起，但仍然不能解决如何将引入创新后的动态均衡进行模型化；同时，在思考为什么创业家更具动员资源能力等问题上，资源观也无法给出令人信服的解释。机会观点摒弃均衡分析方法，转而考察创业过程中的创业个体和机会因素，关注创业家何时、何地，通过何种方式去识别和利用创业机会——机会观点为创业研究建构了一个全新的研究框架。从非均衡理论和机会网络分析角度看，社会资本观的创业研究是机会观创业研究的深入。这种观点试图进一步探讨创业家如何在不完全信息和不确定性约束条件下利用网络与内嵌的社会资本去发现和利用创业机会。

【本章概要】

到目前为止，创业经济研究领域虽然还没有形成一个完善的理论，但机会观点和社会资本观点所持的非均衡理论与机会网络分析方法在揭示创业经济现象与本质问题上已开始显示出其强大的解释力。

新创企业和创新企业是经济发展中至关重要的一部分，创业活动可以反映一个国家和地区的经济活跃程度。现在，“创业”不仅仅局限于指创办新企业，越来越多的公司也都在采用创业战略，如结构重组、流程再造、动态网络和细胞组织等，使得现存的组织更具有灵活性和创新能力。这样，创业研究也随之从早先仅关注小企业管理和创办新企业发展到将大型企业包括在内。尽管研究对象扩大了，但困扰创业研究的问题依然未能得到解决——学术界至今仍然未能给出一个清晰的“创业”概念框架；到目前为止，也还没有发展出一个有别于其他领域的真正意义上的创业理论。不过，自1987年《管理科学》(*Journey of Management*)正式开辟创业研究专题以来，许多学者对创业研究领域给予了更多的关注。他们从各自的学科出发，运用不同的理论观点对一些相关的问题作出了积极的探索。但是，因为创业研究涉及多领域、多学科，在具体的研究中各学科采用的理论观点和关注的研究焦点自然有所不同，如经济理论、个性心理与行为理论、生态理论、文化阐释、伦理背景、资源观和网络观，当然也有许多学者尝试去调和其中的一些理论。他们或专注于企业家特征，或专注于社会文化环境对创业家的影响，或考虑创业家在一定环境下的创业过程和结果。到目前为止，创业研究虽然还不够成熟，但影响越来越大。

总览跨多学科的创业经济研究理论，我们可以将其分为两大流派：供给学派与需求学派。供给学派认为，是某种特定类型的个体在从事创业活动，其典型的研究是考察创业者个体特质和文化特征、社会特征及种族特征。需求学派关注创业家的实际行为活动，即他们如何在变化的社会环境中进行决策。需求学派认为，一定的社会环境和制度环境会影响创业家和创业活动的供给，其研究以环境分析方法和经济社会学分析方法为代表。供给学派和需求学派都是建立在正统均衡理论的基础上，虽然能部分地解释创业家和创业现象，但因为其核心理论的前提假设条件是完全信息和静态均衡，所以这些研究的结果总是相互矛盾，无法自圆其说，更不用说据此建立一个统一的创业理论。近年来，许多学者逐渐对建立在非均衡理论基础上的创业机会观产生了浓厚的兴趣。他们认为，创业活动是在不完全信息条件下开展的，创业活动的本质必然是探究创业家如何发现机会、评价机会和利用机会。从机会获取这个角度去考察创业家的信息搜集和资源整合活动，而不是考究个体特质差异，对于理解创业现象的本质具有非常重要的意义。但批评性地回顾理论沿革，无疑会进一步加深我们对今后理论发展趋势的把握，正如Low和MacMillan所言，“偶尔停下来盘点一下已有的文献，对发现新的研究方向和面临的挑战非常有益。”自Low和MacMillan上次“盘点”以来，创业研究又经过了15年的发展，出现了许多有见地的研究，如Casson探讨了创业家作为稀缺资源协调者所必需的信息渠道和判断能力，Conner、Alvarez和Barney从资源观角度讨论了创业家能力，而Shane所作的一系列研究试图围绕创业机会建构一个整体的创业理论。所以，我们认为十分有必要对各主要研究焦点和理论视角的发展情况延续性地作一些更全面、更深入的回顾性研究,以期进一步推动创业研究的发展。①

2.1 均衡与非均衡观

大多数经济理论研究都视创业现象为“困扰经济学模型的幽灵”。Corley 认为,经济学未能提出创业理论的一个根本原因在于很难用经济学模型中的术语来表达创业现象的必要假设条件。在主流经济学中,许多研究基本不考虑创业家因素,正如Qussam 指出,他们试图将市场过程中的个性因素剔除掉,主张是经济系统在起作用。这样,交易者就变成了毫无个性的主体,这些主体通过非人格化的市场机制,即亚当·斯密的“看不见的手”,或后来的一般或局部均衡,得以相互连接。Alvarez 和 Barney 认为,大多数经济学观点没能处理好创业现象的两个根本原因在于:一是传统新古典经济学理论将创业看做是企业形成中的一个“神秘”因素;二是创业现象从外部给均衡状态带来了冲击,尤其是创业家创新产生的外部冲击给新古典经济学观点制造了麻烦。

尽管创业研究没能在传统经济学中占有一席之地,但只是屡屡遭到回避,并没有真正被忽视。即便是早期的一些学者,如 Cantillon、Say、Marshall 和 Knight 等,也曾就创业家和创业现象作了一些晦涩但却富有启迪意义的讨论,可惜其对经济理论和企业理论的贡献经常被人们忽视掉。另一方面,持非均衡观点的奥地利经济学派也曾给创业理论的发展带来了一次似是而非的机会。回顾已有的创业文献,奥地利经济学理论及其应用在提高企业战略思想和战略研究方面被认为是最有潜力的。在考虑动态系统时,例如在创业环境下的诸多因素,奥地利经济学理论被广为应用。奥地利学派认为,人们在利用异质性信息导致的价格差异时可以获得创业利润或遭受损失,这样就推动了经济逐渐从非均衡走向均衡。由此看来,奥地利学派是将创业家看做是持续变化(即非均衡)的市场中发现和实现机会的媒介。奥地利学派考虑了信息不对称和创业机敏(Entrepreneurial Alertness),似乎特别适合创业研究;但不可回避的是,因为奥地利学派持非均衡观点,非均衡的核心假设是不能模型化。这样一来,奥地利学派理论也就缺少成为一个好理论的必要条件,那就是没有什么预测能力(Predictable Capability)。进一步,奥地利学派不讨论可持续性创新问题,因而在微观经济学,尤其是在创业企业成长研究方面更没有多少价值。

---

① 李政. 经济学中的创业研究:一个历史性回顾[J],创业管理研究,2007(3).

对创业研究贡献最大的早期学者是来自非主流经济学领域的Knight和Schumpeter。Knight将创业家存在的原因归于不可测量的不确定性，认为经济理论是“组织系统的科学”，以此强调了创业家在经济活动中的重要性；在其论述中，他第一次指出，创业家不同于其他生产要素。他认为，土地、劳动力和资本的报酬都可以事先估算出来，但创业家报酬却是去除其他生产要素后剩余的部分，很明显这部分报酬的获得要靠创业家的判断能力。沿着这条思路，行为学和管理学领域的很多学者对创业家行为与能力特征进行了深入的研究。Schumpeter的经济模型可能是创业研究中最有用的理论之一，该模型假设经济均衡状态一直保持到被创业家用“破坏性创造”打破为止。创业的重要前提是瓦解市场均衡，其理由在于人类的冒险精神和知识与技术的发展要求创业家在追求利润时进行破坏均衡式创新。Schumpeter指出了增进创新的主要方式，如生产方式、新市场或新产品等的新结合。对比Qussam的表达则是，创业家用新颖的方式组合稀缺资源，从而产生更高的效率。这样，创业家就成了经济变革的发起者。现在，创新已成为研究创业过程和创业家能力的一个核心要素；创新也已被看做是创业精神(Entrepreneurial Spirit)的一个重要特征。

总体来说，经济学领域的创业研究要取得突破性进展，就得放松均衡假设条件，这样才能将创新、变革和企业异质性等因素考虑进来。但因为很难用传统经济学术语和模型来系统地描述和分析创新创业家角色，因而经济学只得尽量回避创业问题，这样，创业家角色在标准经济理论模型中也就缺位了。相应地，企业理论如治理观的企业理论和竞争观的企业理论也基本忽视了创业问题。虽然经济学领域也有一些关于创业现象的探讨，但研究者们主要是对创业家和(或)创新与经济环境两者之间的关系感兴趣。他们的研究目标不是要探究创业家本身这个“黑箱”，不是要理解或预测创业家事件(Entrepreneurial Events)，而是想试图理解这个具有一定特质或特别行为的“黑箱”对经济环境的影响；或者，去建立有利或不利于创业家特质或行为的环境特征。

2.2 资 源 观

早期的资源观(Resource-based View)研究承认创业是资源观研究框架中复杂的一个部分。Conner曾比较了Schumpeter的观点和资源观，认为两者相同的前提假设包括源于新竞争方式的超常规回报、作为企业核心的创业家洞察力，以及总是存在潜在的模仿者。但是当资源观成为企业战略管理研究的主要范式时，资源观与创业研究形成的界面却仅仅为实证研究提供了一个平台。大多数基于资源的研究都没有对创业给予过足够的关注，当前的资源观也就没能将创新和创业家行为结合起来。

Alvarez 和 Barney 曾试图通过分析创业能力而将创业纳入资源观（即竞争观）的企业理论和经济理论模型。他们认为创业战略与创业能力，如灵敏与灵活的决策、创造力、独创性和远见等，在本质上都是不可模仿的资源资产——这些创业能力原因不明，经过多少次也无法模仿。如果随着时间的推移，企业或创业家还能保持这些能力的话，就能产生持续竞争优势。以上的这些创业发现与洞察力属于无形的创业资产，这些资产会给企业带来一系列创新，从而使企业有可能产生持续竞争优势。他们强调，资源观和创业观都一致认为，创新动机在于追求创业发现与创业利润。进而，他们进一步修正资源观点。在借鉴 Schumpeter 创业创新打破均衡观点的基础上，他们认为，传统的资源观是在均衡约束下讨论竞争优势，但如果引入 Schumpeter 的观点，我们就可以发现一系列的打破均衡能导致企业突破这些冲击，从而获得竞争优势。这样，他们就将资源观和 Schumpeter 式的均衡联系起来了。在比较奥地利学派理论的基础上，Alvarez 和 Barney 认为，存在均衡，通过“知识走廊”（Knowledge Corridor）获得的创造力和洞察力等创业能力能激发创新，创新带来竞争优势，这样企业就不会失去全部的竞争优势。

Alvarez 和 Barney 建议将创业能力纳入资源观，既而引入均衡的观点颇有见地；不过，这样虽然可以将三者联系起来，但仍然不能解决如何将引入创新后的动态均衡进行模型化。同时，资源观虽然在解释企业如何赢得竞争优势时具有很强的说服力，但在回答类似于 Kirzner 提出的“创业灵敏性”，即“如何解释创业家更具动员资源的能力”的问题上，Alvarez 和 Barney 以及后来的 Alvarez 和 Busenitz 都同样采用了一个先验性假设——创业家具有更易于发现机会和有效使用资源的独特能力。对照前面的理论观点，不难发现，这种资源观的创业研究还是在创业机会和创业家异质性问题上陷入了困境。

2.3 机 会 观

Venkataraman 认为，以前的研究之所以无法对创业现象给出一个合理的解释，主要是因为他们在考察创业现象时错误地采用了均衡理论。均衡理论认为，当前的价格传递资源流动的所有必需的相关信息；但实际上，在一个给定的时间内，价格机制要成为资源配置者，所有的相关信息都必须能成为价格标的。但不幸的是，在资源配置过程中，价格并不能完全传递所有必需的信息。均衡理论也假定，所有的信息和市场参与者对未来的期望都可以换算成对资源的当前出价，那么所有的产品和服务都必须存在这种未来的市场，既没有好运气也没有坏运气，也不存在创新的空间。进一步说，均衡理论认为所有的决策都是最优决策，但实际情况是，在资源配置中很多重要的决策都不是在给定的约束条件下作出的最优决策，而是由创业者决定到底哪些才是真正的约束条件——这是一个创新的过程。再有，从创业者“创业机敏”角度看，均衡理论认为价格总能准确引导生产性资源的流动，这就忽视了价格机制暂时失灵会导致人们采取不同交易方式的事实，他们或者因为对新组合的潜在利润看法不一，或者因为对别人判断失误的推测不同。这样，我们可以看到，既然市场经济不能充分地达到均衡，或者说，逐利的个体行为经常打破市场均衡，那么，稍纵即逝的创业行为，也即识别和利用有利可图的机会，就应该成为创业研究的核心。

以前的大多数创业研究者都是根据谁是创业家和他（她）都干什么来定义创业，但我们认为，如何识别和捕捉商机比创业家职能和特征研究更有意义、更有成效。受 Mises 对人类行为的描述和 Kirzner 的“洞察机会”（Alertness to Opportunities）等观点的启发，Venkataraman 认为创业研究是“考察什么人通过何种方式去发现、评价和利用创造未来商品和服务的机会”；Shane 和 Venkataraman 认为创业研究的三个基本问题是：(1)为什么存在创造商品和服务的机会？什么时间存在？如何存在？(2)为什么是一些人，而不是另一些人能够发现和利用这些机会？他们又是在什么时间、通过什么方式发现和利用这些机会？(3)为什么会采用不同的行动模式来利用创业机会？什么时间采用？如何采用？在他们的概念框架中，创业个体和创业机会是构成创业研究的核心因素。这样界定创业研究的好处在于，首先可以采用非均衡的分析方法去描述特定的人对于一定环境下的商机表现出的创业倾向，而不是找出所有环境下有别于他人的稳定的特征。其次，可以将公司型创业包括进来，因为正如 Amit 和 Qussam 等解释的那样，创业同样可以发生在已有的组织内。在这个思想的指导下，我们进一步发现商机可以进行交易，而商机的拥有者恰恰是根据产业组织特征、机会、先前知识（Prior Knowledge）和可挪用时段（Appropriability Regime）等特征来决定是否自己创业。

Shane 等人提出的创业研究机会观在发展创业理论和指导创业实践上都产生了

极大的影响。AMR 辟出一个专栏讨论了 Shane 和 Venkataraman 提出的机会观创业研究,Zahra 和 Dess、Singh 和 Son 与 Shane 和 Venkataraman 等分别就概念框架、创业机会定义和创业研究维度等作了辩论。但我们认为,除了 Shane 和 Venkataraman 自己提出的问题仍然有待进一步探讨外,亟须解决的问题还包括:如何测量创业机会? 哪些因素会影响到创业个体识别与获得机会? 如何影响?

2.4 社会资本观

社会资本观是在研究社会网络现象的基础上发展起来的,主要考察网络结构和内嵌关系性资源对经济活动的影响。Pierre Bourdieu 将社会资本定义为"真实的或虚拟的资源集合,这些资源与由相互默认或承认的关系所组成的持久网络有关,这些关系或多或少是制度化的"。Putnam 认为,社会资本是"能够通过推动协调的行动来提高社会效率的信任、规范和网络"。

社会资本观视角的创业研究认为,价格机制失灵而导致的不确定性和不完全信息给创业家留下了创新空间,创业家可以利用自己的关系网络来获取相关信息,从而识别和把握创业机会。Qassam 认为,创业家专业于对稀缺资源协调的判断,他们的这种判断力高于其他人,之所以高明是因为他们取得信息的渠道和能力优于别人。对于创业网络的重要性,Brown 和 Rose 特别指出,"(贯穿这些研究的)一个最重要的主题是影响和形成创业战略的财务网络、信息网络与信任网络的作用……通过这些网络,财务与管理的外部化也使企业运作得同样有效。"①从这个意义上,我们可以说,创业就是通常说的网络行为。

社会资本观的创业研究基本上可以分为两个学派:组织社会学学派和社会经济学学派。前者着重于网络分析,考察网络结构如何影响创业机会与创业行为;后者认为网络结构性资源和关系性资源,如信任和规范等,同时影响着创业家的创业活动。组织社会学学派有关创业研究的代表学者是芝加哥大学的社会学家 Burt,以及 Eisenhardt、Francis 和 Aldrich 等。Burt 认为,"对大多数创业者来说,他们最重要的资源是错综复杂的个人网络",他从结构洞(Structural Holes)理论出发,提出了有关创业研究

① 刘有名. 安全防范型企业创业研究[D],中南大学硕士论文,2006.

的三个假设:(1)从连接结构的个体横截面看,创业家具有强联系的社会资本越丰富,创业的可能性越大。因为他能更早接近各种广泛的观点、技能和资源。(2)创业家拥有的社会资本越多,企业就越有可能摆脱困境。(3)创业家拥有可利用的强联系社会资本越多,创业成功的可能性也就越大。但是我们认为,强联系社会资本只是网络结构资本的一个方面,有时弱联系在获取某种信息时却更重要,这关键要看创业过程、创业环境和相关的信息内容等因素。

经济学社会学派的社会资本观研究学者目前还没有将目光投向创业研究领域,但Coleman、Putnam和Ghoshal等人的研究将会对创业研究的发展产生更深远的影响,因为他们不仅仅考虑了网络的结构性资源,如社会交往和联系,还考虑了内嵌于网络中的关系性资本,如信任和规范等。实践表明,结构性社会资本和关系性社会资本是创业家借以识别和利用创业机会的重要资源。一般来说,新创企业都缺乏财务资源、人力资源、经营信息、社会支持,乃至创业必备的创业能力等,交往和联系只是信息传递和各类资源流动的载体,但信息与资源的质量、数量及信息扩散效率却还要受到人际信任和规范等因素的制约。

当然,创业家在利用社会资本进行创业时也应该认识到,建立与维护网络同样存在成本和收益问题,许多时候我们还必须面临网络外部性问题。了解这些不足,我们就可以部分地理解为什么“网络不促进企业的成长”,网络的作用尚不明确,以及创业阶段建立的网络对后来的绩效没有影响。

2.5 创业研究的非经济学观

2.5.1 创业研究的社会心理观

创业现象中涉及的创业家远见、创业机敏、直觉和智力等因素无法在经济学中找到答案,那么这些有关于创业家特质的先验性假设就自然地成为社会心理学领域创业研究的重点。在社会心理学看来,创业是创业家所特有的一些个性特征或行为。不过社会心理学领域的研究一直存在着两种截然不同的观点,一些学者认为创业家具有一定的个性与心理特征(如成功需求、内控点、高风险偏好、高模糊容忍度等),另一些学者却认为创业家个性与心理特征和创业决策之间不具有什么因果关系。Sexton和

Bowman 的实证结果就发现成就需要与创业决策之间并没有必然的联系；Gartner 将创业家分八类，观察到创业家之间的差别和创业家与非创业家之间的差别一样多。从这些研究结果看，社会心理学领域中的创业研究甚至比经济学领域的研究更令人失望。社会心理学领域中的大多数创业研究都是描述性的，没有把这个领域真正推进为创业理论。无怪乎 Baker 和 Obstfeld 失望地总结道，总体说来，20 世纪 90 年代以前心理学领域就成功创业家的个性与心理特质所共同作出的种种研究并没有产生有见地的观点。针对这种情况，部分学者转而研究创业家的社会特征，如教育水平、社会家庭背景和创业家经验等，但同样，许多研究结果都彼此矛盾。这些研究想要描述典型创业家的个性心理特征，但都忽视了创业家产生和成长的过程与环境因素，自然天生就注定是徒劳的。于是部分学者又开始将创业家研究置于一定的动态环境之下，去考察组织环境与过程导向中的种种创业家特征。

2.5.2 创业研究的社会文化观

与社会心理学领域的创业家个性心理特征研究及后来的创业家社会特征研究不同的是，社会文化理论将创业的产生和影响置于一定的社会文化环境之中。用社会文化理论研究创业的开山鼻祖是 Weber，他在《新教伦理与资本主义精神》一文中最早将创业和社会环境（Social Context）联系起来，认为新教主义的兴起鼓励了勤劳、节俭和为积累物质财富而奋斗等精神，这又反过来促进了资本主义的发展。受韦伯的影响，许多学者发现在某些特定的文化下更容易产生创业家，某种特定的文化必然培育某种特定的创业行为与方式，所以他们将文化看做是创业的决定因素。社会文化观点认为，既然文化价值和信仰各不相同，那么创业家行为活动也必然有很大差别——社会文化会影响身处其中的人们具有一定的个性特征，使得他们采取一定的行为。由此可见，社会文化观点的创业研究侧重于考察特定文化和特定创业家个性特征与创业过程之间的特定关系。在理解不同国家和地区的创业家活动时，这种社会文化视角的方法能给我们许多启示，如 Ohe 和 Suzuki 就比较了美国和日本不同的社会文化与商业环境对创业活动的影响。在我国，北京、天津、上海、江苏、浙江、广东和陕西等省市的创业活动最为活跃，这些不同的区域文化对创业家和创业方式是否产生不同的影响？所谓的“海派文化”或“岭南文化”真的会对创业活动产生特别的影响吗？另一方面，社会文化理论在理解与分析相同文化背景下的创业家特征和创业过程时，是否能给出一个合理的解释呢？

2.6 总　结

随着创业创新在经济活动中的地位变得越来越重要，创业研究引起越来越多学者的关注。早期的创业研究侧重于考察创业家职能、个性心理与行为特征和社会文化背景，随着研究的深入，许多其他学科的学者也加入了创业研究领域，以环境和过程为导向的研究愈发受到人们的重视。不过，尽管各学科的研究对创业理论发展的贡献不一，但所采用的理论观点和关注的问题却有很大差别。

传统的新古典经济学一直无法解决创业现象从外部给均衡状态带来的冲击，奥地利学派虽然持动态系统的观点，对形成创业理论很有帮助，但因为其非均衡的核心假设不能模型化，所以也就缺少成为一个有预测能力的好理论的必要条件。同时，奥地利学派不讨论可持续性创新问题，因而在微观经济学，尤其是创业企业成长研究方面更没有多少价值。Knight 从不可测量、不确定性角度，Schumpeter 从创新角度分别探讨了创业家利润问题，为创业研究打下了坚实的基础。社会心理学视角的创业研究探讨了创业家的各种个性心理与行为特征，但研究结果相互矛盾，并没有产生多少有见地的观点。社会文化学观点的创业研究讨论了社会文化环境对形成创业家个性与行为特征的影响，但同样没有取得什么重要的进展。资源观试图将创业能力、资源观和均衡联系在一起，但仍然不能解决如何将引入创新后的动态均衡进行模型化；同时，在思考为什么创业家更具动员资源能力等问题上，资源观也无法给出令人信服的解释。机会观摒弃均衡分析方法，转而考察创业过程中的创业个体和机会因素，关注创业家何时、何地，通过何种方式去识别和利用创业机会；机会观为创业研究建构了一个全新的研究框架。从非均衡理论和机会网络分析角度看，社会资本观的创业研究是机会观创业研究的深入。这种观点试图进一步探讨创业家如何在不完全信息和不确定性约束条件下利用网络与内嵌的社会资本去发现和利用创业机会。

总体来说，到目前为止，创业经济研究领域虽然还没有形成一个完善的理论，但机会观和社会资本观所持的非均衡理论与机会网络分析方法在揭示创业经济现象与本质问题上已开始显示出其强大的解释力。

【本章小结】

随着创业创新在经济活动中的地位变得越来越重要,创业研究引起越来越多学者的关注。早期的创业研究侧重于考察创业家职能、个性心理与行为特征和社会文化背景,随着研究的深入,许多其他学科的学者也加入了创业研究领域,以环境和过程为导向的研究愈发受到人们的重视。不过,尽管各学科的研究对创业理论发展的贡献不一,但所采用的理论观点和关注的问题却有很大差别。

【复习思考题】

1. 比较供给学派与需求学派在解释创业现象上的异同之处。
2. 比较均衡与非均衡理论在解释创业现象上的异同之处。
3. 创业资源观、创业机会观、创业社会资本观的主要内容是什么?
4. 创业的非经济观有哪些?其主要内容是什么?

第三章　创业的成本、收益和利润

【知识目标】

创业成本是人们从事某一经济活动的总用度，一般包括会计成本、机会成本和边际成本。由于创业丧失从事其他固定职业可能挣得的收入值就是创业的机会成本。会计成本反映了创业项目需要的投资及运行用度，而机会成本则是创业者现有利益和创业者资源未来价值的反映。创业的收益一般指创业者投入资源后的实际产出核减会计成本后的剩余部分。通过本章学习，让学生认识创业成本以及成本分析，认识创业收益以及创业收益分析，认识创业垄断以及如何形成创业垄断地位，认识创业利润以及创业利润的分析与计量。

【本章概要】

创业是一个经济行为，创业是有成本同时产生收益的行为。通过本章学习，学生能够了解创业利润如何产生，以及怎样形成创业垄断地位。

3.1　创业选择的成本与收益

3.1.1　创业选择的成本分析

成本是人们从事某一经济活动的总用度，一般包括会计成本、机会成本和边际成本。创业者决定创业时，一定要选择一个项目，并且围绕这个项目要投进劳动、资本、智力成果，购买一定的设备，租赁办公用房，支付工资。创业者在创办企业，向社会提供产品或服务过程中必须支付的实际用度，构成了创业的会计成本。创业者创业就意味着放弃原有职业，失去原有收入，同时时间是有限的，将时间投到创业项目就不可能再从事其他职业。这种由于创业丧失从事其他固定职业可能挣得的收入就是创业的机会成本。

成本是创业进入的壁垒，成本高创业的障碍就大。会计成本反映了创业项目需要的投资及运行费用，而机会成本则是创业者现有利益和创业者资源未来价值的反映。

机会成本影响创业抉择，机会成本与创业的可能性间呈逆向关系。机会成本越大，即在位者的利益越多，未来价值越小，创业的可能性越小；反之，在位者现有利益越小，未来价值越大，敢于创业的可能性越大。这一经济学分析，正好阐述了 Dickie Clark 提出的“社会边缘状态”（Social Marginaling）这一新的概念。Clark 以为，当个体的属性——身体特征、智力特征、社会行为方式与其所处的社会环境中承担的角色发生冲突时，个体就处于社会边缘状态。实际上处于社会边缘状态者所获得的现实利益少，个体放弃现有利益进行创业的机会成本小，因而创办自己企业的可能性增大，创业也成了社会边缘状态者摆脱孤独感，寻求心理平衡的重要途径。我国改革开放之初的创业者大多是难找到工作的回乡知识青年、城市无业游民、几乎没有提升机会的公务员、无法在经济社会中找到适当位置的中年退伍军人、预计无法晋升的大公司职员或极端个人自治主义者。这些处于“社会边缘状态”的人，在现实中没有占据“有利地形”，没有太大的现实利益，也谈不上在社会正规渠道上有大的发展，因此，他们创业的机会成本小、顾虑少，他们通过创业，不仅能够获得收入，找到新的发展平台，而且能够找到一种控制命运、实现自我的感觉。正如毛泽东同志在研习中华古典文学时所言：“贫人、贱人、被看不起的人、地位低的人”，反而“生命力旺盛、迷信较少、顾虑少、天不怕、地不怕、敢想敢说敢干”，富有创业精神。

创业项目的会计成本形成了对创业者选择的项目的预算约束。“金钱不是万能的，但没有钱是万万不能的”、“巧妇难为无米之炊”，这些都形象地反映了会计成本对创业项目选择的制约。任何大企业都是从小企业成长的，任何大富翁都始自小小的创业者，纵使是大企业内的创业，也是先成立研发小组从小做起，这说明控制会计成本，对创业和企业的成长十分重要。

3.1.2　创业选择的收益分析

创业者面临着较大的压力，表现为七个方面：只能成功的压力、独立决策的压力、长时间工作的压力、家庭亲情的压力、一定时期内得不偿失的压力、非程序事务压力、来自企业内部利益斗争的压力。据统计，新创企业能活过一年的仅占 60%，从创业到成功上市的仅占 6%；一般而言，成功率不足 10%。尽管这样，在过去 10 年中，美国新创公司的数量每年翻一番，从每年 30 万家左右增加到 60 万余家。在中国，每 100 人中就有 12.3 人创业。创业是“经济人”的理性行为，创业收益大于创业成本是创业者热心创业的主要原因。“创业的理由可以说出上千万条，但最终还是逃不出一个钱字”。新经济的代表人物，网络英雄张朝阳认为“商业可以作为人的最高理想，商业的目标是为了赚钱”。

创业的收益一般指创业者投入资源后的实际产出核减会计成本后的剩余部分。一般来说，创业者投入越大，产出越高；创业的会计成本越低，创业的实际收益越高。尽管创业成功率低，但是一旦越过盈亏点，创业者的收益会大大超过工薪阶层。

延伸阅读

邱君的故事

邱君8年前是一家国有企业的省城办事处主任，为解决夫妻分居问题，他自己投资5万元，开了一家湘味酒家。由于定位准确、有特色，每天的营业额都在1 500元左右，半年就收回了投资。第一年纯利润有6万元，第二年他索性辞了工作和爱人一起打理生意。通过加强管理、改善环境、突出特色，该酒家已拥有一批固定的“食客”。邱君已在3年前买了一辆小轿车，最近又买了一套复式住房，个人资产逾百万元。如果他仍然留在企业上班，现在可能已经下岗。

预期收入是创业者创业的主要动因。按照西方理性预期学派的观点，创业者作为“经济人”，设法规避风险、追求利益最大化是其本性。因此，在作出创业决策之前，必然会搜寻一切相关的信息，并进行合理的分析、测算，来形成对创业收入的理性预期。尽管这种预期是心理的、主观的，但由于这种预测的客观概率分布的期望值等于主观概率分布的期望值，因此，这种主观的预期仍是创业者进行创业抉择的客观基础。预期收入与创业者选择的项目和进入的行业相关，与其能控制的资源相关。不同的项目和行业、不同的资源收入，带给创业者的预期收入是不同的；同时，创业者所在环境中其他创业者的示范效应也影响创业者的预期收入。其他创业者的成功概率、财富状况，客观上会左右着创业者对收入的预期。因此，好的创业环境是提高预期收入、促进创业活动的要素。不断改善创业环境，有利于招商引资或自主创业。

社会收益是创业者在“看不见的手”的引导下贡献给社会的财富，也是创业者们回报给社会提供的创业环境的酬金。个人的创业成就取决于一个国家或地区的体制和环境的优劣。创业者个人收益和社会财富间呈现出一种正相关的关系。一个国家或地区市场化程度越高，体制环境和商务环境优越，创业成功者越多，该国和地区的财富就越多，社会收益越大。据统计，全世界有476人拥有10亿美元以上个人财富。美国有222人，占总数的47%，财富总价值达7 030亿美元；欧洲有134

人，占总数的38%，财富总价值达3 940亿美元；亚洲有61人，其中日本有19人、中国香港有11人，财富总价值达1 450亿美元；中东和非洲有59人，财富总价值达690亿美元。不难看出，创业者个人财富越多的国家和地区，社会财富越多，福利越好。同样，那些个人创造财富最多的国家和地区，也是创业体制和环境最好、创业社会收入最高的地方。

3.2 创业垄断地位的形成

3.2.1 要先人一步做蛋糕

从需求的层次来看，一个人的需求是多方面、多层次的，同时不同的人有不同的需求。这些潜在的需求是不同于市场上已经真实存在的需求，真实存在的市场需求我们可以比作一块蛋糕，当这个市场越来越成熟的时候，那么这个市场需求的蛋糕做大的可能性就越来越小，企业之间的竞争就进入了切分蛋糕的阶段，我们进入这样需求真实存在的市场的风险就非常高，因为我们相对成熟的竞争者不具备比较优势，关于这一点前面已经进行过详细的分析。所以，我们需要做的是开发潜在的市场需求，这个过程是做蛋糕的过程，这样才有可能获得价值的增值。具体做蛋糕时要把握以下几点：

（1）从宏观的层面把握市场需求的变化趋势。一个趋势是人们对生理层次需求得到基本满足之后有向更高需求层次发展的方向，在别人还在为生理层次的需求市场争得头破血流的时候，先人一步开发安全层次的市场需求就能获得先机，获得先机就会提前与消费者进行了信息对称，当别人开始转向对安全层次市场需求的供给时，你已经牢牢地培养了一大批的忠实消费者，这就是占先效应。因为消费者都有路径依赖的偏好，尝试新东西是有风险成本的。另一个宏观的趋势是，我们进入了一个多样化的个性时代。当人们在满足了基本的生理需求之后，除了安全层次的需求被激发之外，其他层次和方面的需求也逐渐显露出来。满足人们多层次、多样化、个性的需求能力的大小直接决定着企业价值增值能力的大小。

（2）在微观层面要对潜在市场需求进行细分和精细化定位。精细化准确定位是满足多样化个性需求的基本途径。具体到产品和服务的开发就是实现有效的差异化策略。越是趋同的行业实现差异化的策略的效果会越好，实现价值增值的可能性会越大。

延伸阅读

一个创业者的感想

很多同学问过笔者，大学毕业之后能不能回农村去创业，我说只要你具备了实现差异化的价值增值能力到农村的机会会更多，农村市场的竞争相对于发达的城市市场基本上还是一种高度趋同化的简单竞争模式。同时，随着城里人生活水平的提高，他们对差异化农产品的潜在需求也是很大的。一个重要的原因可能是我国农村的发展程度相对滞后，对市场的信息占有更不对称（当然大学生到农村去发展，会有较高的价值成本和农村对变革强烈的路径依赖，但是随着中国农村改革的深入，我个人觉得这个时机已经基本成熟）。

实现定位的精细化实际上就是最大可能地坚持人本化关怀的理念。你对人和社会理解得越透彻，对人存在与发展的价值思考得越到位，你就越容易发现潜在的市场需求，因为价值的增值最终还是要体现在人与社会福利的提升上面。当今的大学缺乏对人文社会知识的积累和思考可能是我们很难培养做大蛋糕和引领市场开发精英的一个重要原因。

（3）具有很强的资源整合的能力。Schumpeter说过，创新就是把一种关于生产要素和生产条件的“新组合”引入生产体系。换句话说，我们光发现了潜在的需求是不行的，还是需要进行一定的资源配置进行生产，离开了生产就谈不上供给，没有供给的市场的潜在需求也谈不上看法，最多是一种想法。资源的整合与配置能力是创业者的基本素养，它反映的是一个人的合作意愿和开展合作的过程控制能力。他需要有开阔的视野、足够对称的信息、能够敏锐地找到最适合合作的人，并具备给合作者带来实际的福利增加的能力。实际上，我们很多人一方面是缺少合作的意愿，另一方面在具体合作的过程中存在沟通困难，尤其是在利益分割的时候我们很难把握准则。在社会发展高度复杂的今天，个人的力量是非常薄弱的，一个人做蛋糕的时代已经过去，我们需要善于找到合适的合作对象。在合作的时候，要么我们损害了合作者的利益，要么自己的利益被合作者损害，所以合作很难持续和长久进行。我们中的绝大多数人缺少开展合作方面的经验，在我们的成长历程中，社会环境尤其是教育体制很少有给我们提供这种成功的合作体验的机会。对于我们每一个人来说，一是要开放自己、培养强烈的合作意愿，二是要为合作者提供确定的福利增加。唯有此，合作才有可能继续进行下去，损人利己的思维是合作的最大绊脚石。只要时机成熟，我们就要整合最大的资源和力量，才有可能快速地做大蛋糕，形成规模垄断。

3.2.2 让不确定性变为确定

明确的预期激励是人们决策的最根本动力。从经济学里我们知道不确定性是一种巨大的机会成本。在做大蛋糕的过程中存在着一个庞大的利益集团，有生产的合作者，有消费者，还有竞争者，利益相关者的博弈直接决定着各方福利增加的程度。而在博弈的过程中有一个重要的条件决定着博弈结果福利的大小，就是预期的确定程度。下面主要分析一下生产者与消费者之间的博弈。

消费者在做大蛋糕的整个过程中起到重要的作用。虽说消费者是上帝，但是在中国传统的市场里面消费者却是处在一种绝对弱势的地位，分散的消费者除了力量上与生产者无法抗衡之外，在信息的对称方面，消费者也处在一种极度不对称的状况，消费者很难获得对称的关于产品和服务的信息。市场上存在"劣币驱逐良币"的基本特征，说明消费者的剩余经常会被强势的生产者攫为己有，甚至连最基本的利益都难以保证。消费者为了规避由于信息不对称而造成的风险成本，就形成了选择品牌的偏好，毕竟大家的信息会更加对称一些，大家的选择就是最好的选择，所以你会发现在一个技术复杂的行业（比如电器）和一个风险成本比较高的行业（比如食品），消费者更趋向于选择大品牌的产品，因为这些行业的消费者很难获得专业的和全面的对称信息，具有很大的不确定性，选择大品牌是消费者为了规避风险的一种理性偏好。所以，给予消费者足够对称的信息，让他们对选择你的产品和服务有更加确定的价值增值预期，是做大蛋糕的关键。

从这里我们可以理解品牌的理性内涵，就是给消费者带来确定的价值增值的承诺，换句话说，品牌传递的是能够带给消费者价值增值的预期。如果这个预期是不能有效兑现、是不确定的，那么我们就谈不上品牌。当中国一大批知名企业传出一系列损害消费者利益的丑闻的时候，你还能说我们中国有多少大品牌的企业？消费者们集体愤怒了，不确定性使得他们对风险成本的评价越来越高，以至于出现对中国生产的这些产品和服务的集体不信任，导致很多行业里的企业的破产。当"忽悠"成为一个社会的流行词语的时候，也从侧面反映出当今时代不确定性的泛滥，从另一个方面说明市场对确定性的巨大潜在需求，谁能够开发这种潜在的需求，谁就能更容易地做大蛋糕。这里可以从两个方面着手对这种潜在的需求进行有效的供给。

(1) 真正地做品牌。就是要能够有效地兑现品牌传递给消费者价值增值的承诺,生产者不能凭借自己的强势地位来攫取、掠夺消费者的剩余。在通过与消费者多次动态的博弈中,生产者要严格履行品牌所传递的各种承诺,实现消费者价值的持续增值,进而培养消费者对品牌的忠诚度,这样就能使消费者的不确定变为确定。作为生产者来说,只要把握住企业的一切活动都是为了实现企业自身与消费者福利协调增长的原则,就能很好地实现自身的发展。随着信息技术的发展,消费者联合的成本越来越低,损害消费者利益的负和博弈的机会成本越来越高,一旦处理不好很容易导致企业的破产和倒闭。所以,可以预见,随着技术发展的推动,人们的信用体系将会逐渐建立起来,坑蒙拐骗的"一锤子"买卖模式将越来越艰难。在大家还处在信用体系混乱的时候,把握先机,认认真真地做人,认认真真地做品牌,严格兑现我们给消费者的各种承诺,时时刻刻为消费者的福利增长所考虑,我们做大蛋糕就成为可能。至此,我们可以给品牌一个更为具体的定义:品牌就是能够带给生产者和消费者福利协调增加的、能够兑现的、确定的承诺。任何一个要素不具备都称不上品牌。

(2) 将消费者纳入产品的开发体系,给予消费者更加对称的信息。当一系列关于生产者损害消费者的核心价值利益以及生产者与某些所谓专业鉴定机构共谋的丑闻通过网络和媒体被揭露出来的时候,消费者愤怒了! 在过渡竞争的时代,这种现象更容易发生,尤其在我们的市场机制还不够健全的时候。所以,处于弱势地位的消费者具有强烈的参与产品生产过程的潜在动机,以获取足够对称的信息来维护自身的利益。聪明的创业者们已经敏锐地观察到了这一变化的趋势,主动邀请消费者代表参观企业的生产线,尽最大可能公开对企业有利的信息以赢得消费者的信任。实际上,随着信息技术的快速发展,仅仅有选择地公布自己的生产信息已经远远不够。真正地走进消费者,将消费者纳入企业产品开发和企业发展的体系已成为一种发展的方向。这里有两个方面的因素:一是消费者有获得对称信息的需求;二是消费者越来越个性化的需求将推动定制化设计与生产模式的革新。谁能与消费者走得更近,谁就能够获得消费者的青睐、获得更大的发展空间。真正的企业是一个关注社会、消费者、竞争者与自身利益协调增长的可持续发展的组织,没有消费者的参与,企业的发展之路将会十分艰难。[①]

---

① 引自百度空间"修罗地带":价值增值型至垄断地位的形成——在经济严冬时期我们的路径选择(二)——创业的经济学解释(四).

3.2.3 获得持续增值的能力

企业应先人一步,同质化中实施差异化(此为开发潜在需求的差异化而非成本的差异化),实现消费者和自身价值的协调增长,进而达到社会福利水平的整体提高。但是,仅有这些并不能保证企业垄断地位的形成。只有具备持续的价值增值能力,才有可能获得真正的垄断地位。持续的价值增值能力是什么呢?考察现有市场上的企业,形成持续价值增值型的垄断企业大概可以分为两种模式:

第一种是英特尔(Intel)创新模式。

就是执著地不断自我否定,挑战自己,在别人还没有撼动自己的地位之前,自己先把自己否定掉。英特尔创始人之一戈登·摩尔(Gordon Moore),在1965年提出了著名的摩尔定律,他认为集成电路上可容纳的晶体管数目,大约每隔18个月便会增加一倍,性能也将提升一倍。在将近半个世纪里面Intel一直遵循着摩尔定律,不断超越着自我,使其在CPU行业一直保持着行业的垄断地位。世界上很多具有超强竞争力的大企业实际上就是运用这种模式才获得了长久的行业领导者地位。所谓生产一代、研究一代、贮存一代的企业发展模式也是这样的。比如在电视机行业,日本企业一直是行业技术的领导者,当中国人掌握了彩色显像管技术的时候,日本企业已经开始生产液晶电视机;当我们也开始涉足液晶电视机的时候,他们又开发出了更为先进的激光电视机。当你一直是行业发展(这里强调的是行业发展,也就意味着能够给消费者带来持续的价值增值和社会福利的提升)的领导者的时候,你的垄断地位就很容易形成。

但是,行业领导者的位置并非那么好坐的,就连摩尔自己也表示,摩尔定律可能还将延续10年时间,之后在技术上将会变得十分困难,所以企业要关注行业内部新技术的发展,尤其是那些具有颠覆性的革新技术的发展。一旦错判了行业技术发展的方向,企业将会为此付出巨大的代价,最近美国通用和克莱斯勒汽车集团的困境就是一个真实的写照。其实基于新技术的涌现而不断缔造出的新的需求曲线正在不断地改变着财富的分配格局,以美国硅谷为代表的创新模式,将会在很长一段时间持续引领世界财富尤其是中国财富的创造模式。虽然美国这一次由于所谓的金融创新而导致了经济发展上的巨大损失,但实际上这只是一种倒退的、变相的资源垄断型的财富创造模式的一个周期性的必然,真正支撑美国发展的还是它全球最具竞争力的创新体系,这也是很多人坚信美国不会大伤元气的原因所在。

不断地否定自己、紧跟变化的趋势已经是远远不够的了，还要不断地“尚前”，Action for Ahead！当前我们的社会乃至整个教育体系的主流文化还仅仅停留在一种“适应变化”的阶段，我们一直在试图调整自己来适应各种变化，结果我们一直也没能适应变化的发展。变化就是创新，它不同于创意，对于创新的理解前面我们已经作了大量的分析，就是持续的价值增值的能力。换句话说，我们要具备一种“尚前”的意识，不断地进取、引领变化是获得持续动态垄断地位的重要途径之一。

第二种是可口可乐的价值构筑模式。

实际上，并不是所有行业的技术发展都是日新月异，但这并不影响这些行业价值增值型垄断企业的形成。在很多低门槛的行业，比如餐饮、食品行业并不具备很高的技术含量，可能一道工艺的改进，或者对市场的进一步细分而开发出的一个新的市场就能获得社会福利的增加。一个问题是，我们怎样保证它们不被复制而撼动自己的垄断地位？构建品牌可能是我们唯一的出路，品牌的内涵前面我们分析过了。只要我们坚守与消费者利益共享的理念，时刻为消费者的价值增值考虑，将消费者纳入企业发展和产品开发的体系中，努力降低消费者对价值增值预期的不确定性，并能有效地兑现对消费者的价值持续增值的承诺，我们就能有效地发挥市场开发的占先效应进而形成强有力的市场垄断地位。

产品的生产工艺和服务流程虽然很容易复制，但是企业所选择的发展价值理念是很难复制的。消费者对企业发展理念的认同可以转换为消费者对品牌的忠诚度。品牌从消费者的角度理解就是消费者对其未来价值增值的预期。价值增值的大小和预期、实现的确定程度是衡量品牌价值的两个重要技术指标。品牌的理念实际上也反映的是企业所选择的舍与得、合作与共赢、实现企业与消费者福利协调增长、和谐共生发展的价值判断。它不仅包含企业自身与消费者价值增值的可能性，还包含企业的社会责任。它要求我们的企业要尽量节约社会资源、实现资源的最大利用率，在获得消费者社会福利增长的同时来实现企业的自身发展。在现实中，我们看到了很多基于资源垄断型的企业虽然做得很大，但是，要么严重伤害了消费者的福利，要么对社会造成了很大的外部成本，最终他们的发展都出了问题。

当前市场上实现价值持续增值的最大阻力来自于市场的投机主义。只专注于企业自身的财富增长，不惜伤害消费者的核心价值和社会的整体福利的短视发展理念对于我们大多数企业具有很大的诱惑力。能否真正地抛弃短期利益，从长期的可持续发展角度来认真地经营，将是衡量一个企业能够实现持续的垄断地位的重要标准。这需要我们社会方方面面的共同努力，尤其是教育机构承担起应有的责任，在传递“公平”、“公正”的核心理念的同时，还需要传递“合作共赢”、“和谐可持续发展”的新价值。

在中国，一个基于资源掠夺和资源配置为主的资源型垄断的财富创造时代已经结束，即将迎来一个基于价值增值型垄断的全新财富创造模式，每个人将面临更多的财富创造的机会，通过创新不断地开发潜在的市场，构筑新一轮的需求曲线，并通过实现消费者、企业、社会多方福利的协调增长而达到企业与社会的和谐发展，将是这个新时代的主题。

3.3 创业利润

3.3.1 创业利润定义

创业利润(Constitutive Profit)是指股份公司的创办人通过发行股票所取得的收入，它是股票的出售价格总额与实际投入企业的资本总额之间的差额。资本家创办新的股份企业，或者把若干独立企业改组为股份企业，以及原有股份企业扩大营业、增发股票，都有可能获得这笔额外收益。

3.3.2 创业利润形成的原因

创业利润形成的原因，在于股份公司所支付的股息与银行现行利息率之间存在着差别，因此股份公司可以将股票以高于自己的票面金额的价格出售，使股份公司创办人获得一笔额外收益。例如，股份公司集资100万元，每股股票的票面价值为100元，股息为10%，银行利息率为5%，根据股票价格 = 股息/利息率这一公式，每股票面金额为100元的股票，就能以200元出售。这样，100万元的股票，就可以卖200万元。出卖股票的收入与实际投入企业的资本之间的差额100万元，就形成创业利润。

此外，股份公司创办人还可通过其他形式获得创业利润。其中最常见的一种形式就是资本掺水。即在股份资本并未实际增加的情况下，由于预期利润的增长，可以为更多的股票发放原定的股息，因此就可以发行更多的股票，夸大公司的财产，使名义财产额掺水膨胀。这种多发股票而取得的收入，也是一种创业利润。资本掺水甚至可以在企业利润不变的情况下进行。如公司管理处采取降低股息的措施，也可以发行更多的股票。这样,尽管每股股票的市场价格会下降,但可以从增发的股票中取得更多的收入。攫取创业利润的另一种形式是发行不同类型的股票:带有固定股息的优先股股票和带有可变股息的普通股股票。股份公司往往先发售优先股股票,而把普通股股票留在手里,当公司利润趋向上升时,由于普通股股票股息提高,其价格就会上升,这时再把普通股股票出售,由此产生的收入也形成创业利润。除此之外,股份公司还可以通过组织空头公司,进行股票行市投机等形式获得创业利润。

创业利润是资本主义利润的一种特殊形式,从表面上看它表现为不等价交换,是财产再分配的结果,掩盖了它与剩余价值的联系。其实,创业利润的真正来源仍然是剩余价值。如果把一些非本质的、偶然的情况剔除,创业利润的规模,终究要依存于企业预期的或实际的盈利率。企业越是盈利,其股票价格就越高,在其他条件不变的情况下,创业利润也就越大。所以,获得创业利润之后,股份企业就必须组织好生产,把盈利率维持在应有的水平上;否则,它就可能亏损,甚至破产。在这种情况下,它就会失去过去获得的部分或全部创业利润。创业利润的大小,归根结底是以企业所创造的利润的大小为转移,它不过是企业利润的一种转化形式。企业利润决定它所能提供的股息的水平,而在其他条件不变的前提下,股息的水平又决定股票的市场价格,创业利润既然是股票价格总额超过实际投资总额而形成的那部分收入,所以,创业利润最后仍依存于企业利润。正像股票价格是资本化的股息一样,创业利润可以看成是资本化的企业利润。

3.3.3 创业利润的表现

举个最简单的例子。如果股份公司发起人所持股份每股净资产为 1 元,而增资募股时以每股 3 元的价格发行股票,这种持股成本的差异就是发起股东获得创业利润的表现。

经济学史上最先提出“创业利润”概念的是 19 世纪末德国经济学家鲁道夫·希法亭(Rudolf Hilferding),他在其名著《金融资本》中对创业利润作了最早的、经典性的论述。列宁在《帝国主义论》中肯定了他的论述。希法亭举例说,假定一个实业企业有 100 万马克的自有资本,每年可以获得 13 万马克的纯利润,也就是产业资本的收益率为 13%。设当时货币资本的无风险收益率(存款利息率)为 5%,优先股息率为 7%(5% 的利率加 2% 的风险收益率),那么,根据收益资本化原则,该企业 100 万马克的产业资本(实投资本)在获取收益的能力上相当于 186 万(=13 万 ÷7%)马克的货币资本。也就是说,在获取收益能力这一点上,该企业 100 万马克的产业资本等价于

186 万马克的货币资本,那么 186 万马克中超过 100 万马克实投资本的部分(86 万马克)就是该企业创办人的创业利润。

这就是希法亭的经典式阐述。显而易见,创业利润是以产业资本收益率高于货币资本收益率为源泉和前提条件的。当然,创业利润通常并不以货币形式由创业者收入囊中,其存在形式是:在没有新投资人入伙企业的情况下,不论创业者的资本收益率多高,都只以超额利润的形式存在,不过超额利润中隐含着成功的创业行为所带来的处于潜在状态的创业利润;但在有新的投资人入股企业时,创业利润就会显现出来,当然不是新入股的投资人在投资之外再拿出一笔钱给创业者做创业利润,而是表现在二者持股成本的差异上。以希法亭所举的例子来说,由于创业者投资的 100 万马克能产生 13% 的收益率,而货币资本的收益率只有 7%,所以新入股的股东不能以 100 万马克的货币资本与创业者 100 万马克的实投资本(净资产)对等,而应以 186 万马克的货币资本与之对等。因为 186 万马克货币资本的收益才等于那 100 万马克产业资本的收益。当该独资企业变为一个发起设立的股份公司时,如果种子发起人的 100 万马克净资产折成 100 万股的话,新入伙的发起人需用 186 万马克的货币资本或其他资本才能折成 100 万股。从"每股实投资本"的角度说,新进入者的持股成本是种子股东的 1.9 倍。种子发起人在持股成本上的优惠,就是其从新进入者那里获得了创业利润。狭义地说,只有股份公司创始人(创业者、种子股东)才可能获得创业利润;广义地说,凡是较早进入股份公司的股东,在后来有新股东进入(如增发新股)时,只要新增股份每股出资高于原有股份的每股净资产,都可获得创业利润。

对应于股份公司发起设立、股票首发和股票增发的三种情形,创业利润也有三个层次。股份公司在发起设立的阶段,可能存在创业利润,也可能不存在。比如,按照我国法律,须有 5 个以上股东才可发起设立股份公司。如果 5 个或 5 个以上股东都是以货币资本投入从无到有地创立一个公司,那么这些股东的每股出资必然相同,即使一些股东用土地使用权、技术等资产入股,他们的持股成本也必然相同,因为他们同时进入一个新企业,不存在谁有创业贡献的问题。但是,如果股份公司的设立是在某一个既有独资企业的基础上再向几个新投资者招股而成,那么原独资企业的投资人就在几个股东(几个发起人)中处于"种子发起人"的独特地位,其他投资者则为"响应发起人"。这时,"种子发起人"往往要获得创业利润。这是第一层次的"创业利润",它的表现形式是"响应发起人"为获得每一股份所投入的货币资本多于种子发起人每一股份所含的净资产(实投资本)。股份公司创立之后,若再向社会公募股份而成为上市公司,那么股份公司的所有发起人都会从社会公众股东那里获得创业利润。这是第二层次的创业利润,也是最典型的"创业利润",它的表现形式是社会公众股的发行价高于发起人股份的每股净资产值。一个已上市的公司,若它向社会投资人再增发新股,那么全体原有股东又可能从新入伙股东那里获得创业利润。这是第三层次的创业利润,它的表现形式是增发价高于原有股份的每股净资产值。

后进入股份公司的投资人往往以货币资本入股。货币资本是不需要评估的,因为货币本身就是价值尺度。某些投资者以单项实物资产(如厂房、设备)入股,虽要评估作价,但通常都比较简单。实际情况是股份公司的发起人往往不是以货币资本或某项实物资产入股,而是以其创立的整个企业入股。这个企业虽然有一个账面净资产,但如果就以其净资产折股,则发起人(创业者)就会吃亏,因为属于发起人所有的企业品牌、商誉、供销网络、经营管理经验及其他一切能赚钱的资源都投入到股份公司中了,而这些资源的价值往往不能在账面净资产中反映出来。这就要用创业利润来解决企业创业者或先入股东与新入伙股东的利益平衡问题,创业利润问题的实质是:企业创业者或先入股东不允许新入伙的股东白白分享自己在企业创业和发展过程中所创造、积累的种种赚钱资源,只有当新入股东向他们支付了创业利润之后,他们才愿意把后者看做一家人,允许其同股同权地分享自己贡献给企业的种种赚钱资源。这是一种交易:你给我支付创业利润,我让你分享资源。为了实现创业利润,创业者或先入股东通常不会允许新入股东的每股出资与他们的每股净资产相对应,而要求与每股企业价值相对应。

3.3.4 创业利润的计量

创业利润的源泉有三个:(1)本企业职工所创造的剩余价值;(2)无产阶级过去所创造的、体现在已积累起来的资本中的一部分剩余价值;(3)过去劳动所创造的、存在于其他社会阶层手中的一部分货币财富。

创业利润的源泉是创业者的产业资本收益率与货币资本收益率的差别,在前者高于后者的条件下,企业价值会大于企业的净资产(其含义是企业资本的实际价值大于企业的名义资本值),二者的差额就是创业利润。由于企业净资产是一个确定的数值,所以创业利润的计量就转化为企业价值的计量。设货币资本基准收益率为 R_0,发起人企业的净资产收益率(产业资本收益率)为 R_1,那么企业价值(企业资本实值)和创业利润可用如下公式计量:

$$企业价值或企业资本实值 = \frac{企业的年盈利额}{货币资本基准收益率(R_0)}$$

$$= \frac{企业净资产 \times 净资产收益率(R_1)}{货币资本基准收益率(R_0)}$$

$$= 企业净资产 \times \frac{净资产收益率(R_1)}{货币资本基准收益率(R_0)}$$

$$创业利润 = 企业价值 - 企业净资产$$

由上式可知,净资产收益率与资本基准收益率的比值 R_1/R_0 是企业价值和创业利润的决定因素。当 $R_1/R_0 > 1$ 时,企业价值大于企业净资产,创业利润为正值;当 $R_1/R_0 = 1$ 时,企业价值等于企业净资产,净资产直接等价于货币资本,创业利润为零;当 $R_1/R_0 < 1$ 时,企业价值小于企业净资产,创业利润为负值。

企业价值(企业资本实值)之所以等于企业净资产(企业名义资本)与 R_1/R_0 的乘积,其暗含的理论是:当净资产收益率(R_1)高出货币资本基准收益率(R_0)X 倍时,每 1 元企业净资产在盈利能力上相当于 x 元货币资本,从而可以把 1 元净资产(名义资产)的实际资本价值("资本实值")估价为 x 元货币资本。这一理论是收益资本化评估法的灵魂。因此,只要收益资本化评估法是科学的,上述计量企业价值和创业利润的公式就是科学的。

公式中的"货币资本基准收益率"如何界定,是一个必须讨论的问题。它是存款利率、贷款利率、企业债券利率,还是产业资本的平均利润率?首先,这里既不是讨论企业与企业之间的关系,也不是讨论平均利润与超额利润的问题,所以 R_0 不应该是产业资本的平均利润率。这里讨论的是企业创始人或先入股东与新入股东之间的利益关系。由于新入股东用货币资本入股企业,其风险至少不低于购买企业债券的风险,所以,新入股东入股企业的机会成本,不是银行存款利率,而是包含风险收益的企业债券收益率。所以,R_0 的值应取平均企业债券利率。如果企业债券利率为 5%,那么新入股东若投资 100 万元参股某企业,他的资本收益预期值也应该不低于 5 万元(不低于他放弃购买企业债券时的机会成本)。因此,创始人的企业资源,在与新入股东对应时也应该用企业债券利率折算成"投入企业的货币资本",而不应用存款利率折算为"存入银行的货币资本"。如果一个净资产为 400 万元的企业每年能带来 60 万元利润收益(净资产收益率为 15%),那么该企业资源就可以折算为 1 200 万元(400 万元 ×15%/5% 或 60 万元/5%)"投入企业的货币资本,"。

用这种方法把创始人的企业价值折算为"投入企业的货币资本"后,创始人贡献的企业资源就和新入股东贡献的货币资本同质了。在这个前提下，二者的利益平衡问题就好解决了。

从上面的论述可得出结论：创业者企业的净资产收益率 R_1 高于货币资本基准收益率 R_0 时，企业价值大于净资产，其差额构成创业利润的来源；创业利润的实现途径是先入股东的每一股份支付的货币资本多于创业者或先入股东的每股净资产；若新入股东为每一股份支付的货币资本恰好等于创业者每一股份的企业价值时，则创业者获得正当的创业利润，两类股东的利润平衡得到实现；若创业者获得过度的创业利润，其结果与资本掺水无异。

【本章小结】

创业利润的源泉是创业者的产业资本收益率与货币资本收益率的差别，在前者高于后者的条件下，企业价值会大于企业的净资产（其含义是企业资本的实际价值大于企业的名义资本值），二者的差额就是创业利润。由于企业净资产是一个确定的数值，所以创业利润的计量就转化为企业价值的计量。

【复习思考题】

1. 什么是创业的会计成本、机会成本？
2. 怎样分析创业的成本与收益？
3. 如何形成创业垄断地位？
4. 什么是创业利润？为什么能够形成创业利润？
5. 创业利润应该如何计量？

第四章　创业机制

【知识目标】

通过本章学习，让学生认识创业机制形成的动因主要包括创业推动、政策驱动、需求拉动、学习效应及其交互作用；创业机制包括创业驱动机制、创业决策机制、创业管理机制和创业者收获机制；创业投资的运行机制分为静态机制与动态机制，以及创业投资发展的动态模型。

【本章概要】

创业投资静态的机制研究只是确定了投资者、创业投资机构、创业企业三者在创业投资过程中的相互关系，它是以一个假定的当前创业投资的完整过程理想模型为对象的。这种创业投资机制研究的意义主要是为投资者如何选择合适的创业投资机构和投资方式，为创业投资机构如何筛选评估创业投资项目、控制风险、撤回投资，以及创业投资企业如何获得创业资本等提供了理论依据。但是当我们把目光投向投资者、创业投资机构、创业企业是如何产生并越来越投身于创业投资中来，它们与国家政策法规、经济环境、技术创新等的相互影响是怎样，创业投资随着历史的发展会有怎样的变化规律等这些问题时，静态的机制研究就不能很好地予以解答了。对这些问题的回答只能依靠创业投资的动态机制研究加以解决。

4.1　创业机制的动因和架构设计

4.1.1　创业机制的形成动因

创业已经成为当前社会一种普遍的经济现象，建立适合中国特点的创业机制，促进个人创业和企业内创业也已经达成比较广泛的共识。创业机制的形成涉及政治体制、法律制度、经济运行、文化教育等社会各个层面，是一个复杂的系统。①

创业机制形成的动因主要包括政策驱动、创业推动、需求拉动等。

(1) 政策驱动

创业已经成为各国就业和经济增长的强大推动力，如何鼓励和推动创业已经成为各国政府经济政策的核心。英国政府早在1998年就发表了《我们竞争的未来：建设知识推动的经济》白皮书，提出：新经济社会对企业家的挑战，要求他们是创新的、有创造性的，能够持续改善性能，建立新的联盟和合作冒险。对政策制定者的挑战是创造一个框架，用这个框架支持科技杰出性的持续发展，加强竞争以及创业和创新文化，并使环境得到有效保护。如果有一个稳定的金融和经济背景，有一个支持创业的商业和社会环境，市场、技术和资金容易获得，有一支教育精良、技术熟练、灵活的劳动队伍，创业就更能获得成功。2000年新加坡政府为推动科技企业发展和培养科技实业家，决定拨款建立科技企业家投资种子基金。目的是要吸引更多创业基金公司到新加坡投资和鼓励更多的创业活动，争取在25年内使新加坡发展成为国际上一个重要的科技企业中心。在我国，全国人大常委会原副委员长、民建中央原主席成思危先生力主在中国建立风险创业机制。各地高新技术园区又单独划出一部分成立了创业园区，纷纷出台了系列政策，鼓励海外学子归国创业，鼓励博士们到创业园区进行创业。1999年8月30日，《中华人民共和国个人独资企业法》出台，一个鼓励创业、保护创业、崇拜创业的大环境正在逐渐形成。这些都将对创业机制的形成具有极大的驱动作用。

(2) 创业推动

传统的观念或经济学中的主流观念认为，大企业创造了整个社会中绝大多数的就业机会、产品和服务，是经济发展的主导力量和社会福利的主要来源。但是有许多研究表明，新创企业和小企业已经成为经济发展的重要动力，提供了大部分的就业机会。以美国为例，在20世纪50年代，美国每年大约诞生93 000个新企业，而到80年代，新企业的诞生速度上升到每周大约12 000个。1997—1980年间，列入"《财富》500强"的企业削减了300万个职位，但1970—1980年间，新创企业在美国则提供了大约2 000万个新的工作岗位。1980年以来，小企业和创业者每年创造了70%以上的新就业机会以及新产品和服务。特别是近10年来，美国经济的推动

① 张立利. 企业家创业行为的理论分析[J]，经济与管理研究，2003(5).

力越来越多地来自创业和创新型企业。同时,创业对于经济发展的作用绝不仅仅局限于提高人均产出与人均收入水平,更重要的是,创业还促进新的社会结构和经济结构的形成,让更多的人来参与经济发展的过程和获得相应的回报。未来学家约翰·奈斯彼特(John Naisbitt)也认为,创业是美国经济持续繁荣的基础。因此,创业者和创业企业的增多以及创业对就业和国民经济增长的贡献增大将是推动创业机制形成的一个重要原因。

(3)需求拉动

任何创新和创业都是从好的创思开始的。创思要顺利地进入产业创新和创业过程,就首先要使创思活动及其结果能够进入市场,即要有一个完善的创思市场。为培育新创企业,建立风险资本市场是一个重要的战略选择。许多新创企业在开业后很长时间内,资金短缺是其面临的最棘手的问题之一,而它们往往不乏好的项目和产品,所缺少的只是驾驭风险、进行风险投资的人才和机制。风险资本是投入到具有快速增长潜力并能带来一定资本收益的拟创立的新企业或刚刚诞生还处于创业阶段的新创企业的一种权益资本,是风险资本与高新技术、风险资本与创业机会、风险资本与企业管理的高效组合,是高新技术迅速转化为生产力和产品的新型投资机制。如果相关的法律和政策配套措施得当,可以预见进入创业领域的风险资本的数量将十分可观。证券市场是风险资本退出、创业者融资或收获创业收益的最便利方式之一,但是新创企业在深、沪主板市场上市难度较大。这主要是由于新创企业较难得到上市额度,经营业绩一般难以达到深、沪市场的上市标准。所以我国目前的证券市场还不能为风险资本退出、创业者融资或收获创业收益提供必要的渠道,应该尽快建立二板市场。可见,创业需要建立相应的创思市场、风险资本市场和证券市场,以便为创业企业获得创思、创业资本和创业收益提供便利,而这些市场的建立进一步带动创业机制的形成。

4.1.2 创业机制的架构设计

创业机制包括创业驱动机制、创业决策机制、创业管理机制和创业者收获机制。

(1)创业驱动机制

国家应采取一些切实可行的措施鼓励和推动创业活动的开展,即建立创业驱动机制。

① 应鼓励和保护创新思想。创思是创新的基础和源泉，只要是好的创思，就应该鼓励和保护，并促进其加快实现市场价值。即要有一个完善的创思市场，让各种创思进入市场评价和市场交换，特别是要让创思能够体现为对企业产权的拥有，这不仅可以促进创思以及使创思产业化和市场化，而且有助于形成技术创新过程中的合作关系，减少同类企业的重复投资。其主要制度安排之一是完善知识产权制度。而且，在企业制度上也要允许知识产权和知识型劳动者能够更多地参与经济剩余的分配。

② 财税上对创新和创业进行扶持。政府应在充分发挥现有各类科技工业园区带动、辐射功能基础上，研究总结区域性、行业性中小企业技术创新服务机构的成功经验，加快培育中小企业技术创新基地和产业化基地。积极鼓励社会各类投资者以技术等生产要素投资创业，并且要根据财力情况，安排一定的资金投入，重点用于中小企业的信用担保和创业资助、科技成果产业化、技术改造项目贴息以及税收减免等。

③ 建立、健全风险投资的运作机制。创业市场与金融市场的有机结合是产业创新过程的一个突出特点。在我国，金融机制特别是风险投资的运作机制不完善是制约我国产业创新和创业的重要障碍之一。创新机制与风险投资机制的密切结合，是促进高新技术和创思迅速实现产业化的强大推进力量。一些好的创思，只要能够获得一定的资金支持，就有可能开创非常可观的产业发展领域。从美国等发达国家 20 世纪 90 年代以来高技术产业发展的状况看，创新机制与风险投资机制的密切结合，是促进高新技术及创思迅速实现产业化的强大推进力量。因此，在我国，健全风险投资的运作机制是推动创业不可或缺的重要条件之一。

④ 建立创业文化。风险投资、技术以及创思在推进创业中的作用固然重要，我们也不能忽视创业文化的培育。建立有利于知识和信息传播的、鼓励人才频繁流动的运行机制，人才流动应成为一个人人都能理解和接受的观念，工作的高流动率甚至应受到公司的鼓励，形成促使员工成才和成功的环境；创业充满了风险，一个企业要想能够承受高风险，实现快速发展，就必须在企业内营造敢于冒险、理解冒险、支持冒险、容忍失败的宽松进取的文化氛围；应该倡导企业家精神，鼓励员工创业，树立将创业作为工作目标的工作观念，鼓励基于创业目标的各种创新活动，鼓励为实现创业而勤奋工作的敬业精神，倡导将工作视为乐趣的工作态度；培养尊重人的选择和首创精神，崇尚企业内部和企业之间的竞争，同时又互相学习的、和谐的人际关系等。

⑤ 加强创业教育与培训工作。在高等院校和职业学校中普遍开设创业学课程，在继续教育中进行创业培训。

（2）创业决策机制

为了促进创业活动的健康发展，应该建立一个科学合理的创业决策机制，以保证创业活动不会出现重大失误。一个完整的创业过程应该包括创业项目筛选、创业项目评价与创业决策等。

① 创业项目筛选。只有极少数的创思能够形成创业项目，其中更少数量的创业项目能够实现商业化并获得成功。因此，创业者应对创业项目进行认真的筛选。

② 创业项目评价。项目评价涉及对项目的技术评价和经济评价两个方面。项目的技术评价通常应由所属行业及其相关行业的专家就项目的技术完善或成熟程度、技术流程的合理性和可行性等进行综合评价，评价的依据是有关技术知识和各种技术标准；经济评价主要是有关创业计划的评估。

③ 创业决策。根据决策标准，包括持续盈利能力、企业成长性和企业的市场地位等，选择风险较小、市场前景和盈利较好的创业项目。持续盈利是创业成功的第一大要素，也是企业存在的标志。持久盈利取决于企业的获利能力和盈利的持久性。企业成长性主要考察企业是否形成自己的核心能力。核心能力就是企业竞争优势，是企业长期积累的、具有辐射作用、其他企业不可复制的优势，包括技术、管理和企业文化等方面特定的经营管理能力。新创企业在产业或市场上的地位对于企业未来的发展也是非常重要的一个方面。

（3）创业管理机制

在创业管理中，一些传统的管理思想和管理方式已经不能适应创业活动的需要，如传统的企业奖励、短期的工作定额、预算和努力避免犯错误等。因此，实施管理创新，要建立一套适合我国实际情况的创业管理机制。

① 实施管理创新，改变传统的管理思想，对管理流程进行某种程度的再造。它包括：建立鼓励创业的氛围；通过对企业之间的交叉运作，为创业人员提供能够开展风险事业的自由空间；允许创业人员按照自己的方式工作；采用一些迅速的、非正式的方法为新创意的实验提供所需要的资源，比如建立一套鼓励冒险、容许犯错的体制等。

② 实施多重激励，建立和健全创业动力机制。创业的动力来自人们开展创业的积极性，也就是说，要使创业具有强大的动力和旺盛的生命力，就必须具有发挥

创业者积极性的机制。创业需要承担很大的创业风险，创业能否获得成功，在很大程度上取决于创业者的素质、事业心和努力程度，因此，对于创业者，除了通过理念激励、目标激励、兴趣激励等措施调动其积极性外，还必须通过报酬激励、产权激励等满足创业者及其团队的独立的经济利益。创业者责、权、利的统一是建立创业机制的中心环节。

③ 制定创业评价办法，建立和健全创业约束机制。为加强对创业活动的监控，要制定创业评价办法，进一步建立创业约束机制。首先，要有多重的利益约束机制。要形成管理者利益、创业者利益和员工利益的利益制约关系，实现利益的均衡。其次，要有健全的财务约束机制。创业投资也是一项风险极大的投资活动，高风险的创业投资迫使创业者必须建立一套科学严密的资金配置、运用和监管的机制，同时要求创业者要对未来技术和市场有敏锐的感觉和预测能力、勇敢的冒险精神和谨慎严密的投资谋略。最后，要有权力制衡约束机制。创业活动具有较大的灵活性和自主性，但这并不意味着创业人员和创业团队就不受任何的约束，而应该是在现代企业制度的权力制衡下对创业团队和创业人员保持必要的柔性，形成既灵活又相互制约的权力结构关系。

(4) 创业者收获机制

创业者收获企业创造价值的一些方法也被风险投资者用作获取收益的退出机制。不同的是，风险投资者大多在企业进入成熟期之前就退出，而创业者更多地将企业看成自己的事业所在，虽然收获战略的实施使他们获得了盼望已久的企业流动性，但往往对企业的易手充满伤感。收获的主要途径有：

① 公开上市。这是创业者收获最便利的方式，但由于上市的门槛较高，只有极少数企业能够实现。

② 直接出售。这是收获企业价值的最普通的方法，将企业卖给大企业是一种主要的收获战略。

③ 员工股票选择权计划。即创业者将企业经营一段时间之后出售给员工。

④ 管理人员买断。即将企业出售或移交给忠诚的、关键的员工，这也是一种很有吸引力的所有权转移的解决方案，而且对于大企业和小企业都是适用的。

⑤ 由于我国有许多新创企业属于较为典型的家族型企业，移交给家族成员也是创业者收获企业价值的一种途径。

4.2 创业投资机制

创业投资的运行机制存在静态与动态的区别。对创业投资动态运行机制的研究，有助于明确创业投资的产生、发展、完善的机理，对解决当前我国创业投资发展的困境将起到重要的启示作用。

4.2.1 静态机制与动态机制的区别

静态分析一直是一种重要的经济分析方法，但在现代经济学中，人们开始忽略了对静态分析的强调，尤其是在与创业投资有关的研究中，人们可能难以想象“静态分析”是如何与一个“运行”机制联系在一起的。尽管马克思的简单再生产理论是一种常识看来动态的过程分析，但是西方经济学公认其是静态分析的绝佳范例，因为它是在假设生产要素相对于时间不变的情况下，对各种要素之间关系的分析。那么，什么是动态分析呢？动态分析即是在时间作为主变量时，对事物要素之间的相互关系体系及变化的分析。进一步而言，静态分析与动态分析的区别就创业投资来看，静态分析是对创业投资发展到当前阶段最完整状态的描述，而它以前是什么样的运行机制、以后会不会有变化、将变成什么样子，这些都不是静态分析所能说明的，只能靠动态分析来解决。

根据静态与动态的分析方法，可对创业投资的运行机制中的静态机制与动态机制进行一个划分，以明确它们各自运行机理的区别。

4.2.2 创业投资的静态运行机制

创业投资的静态运行机制被概述为投资者受到创业投资市场利润的刺激，在选择合适的创业投资组织机构和形式后，将资金交给创业投资机构管理；创业投资机构筹集到资金后，便从收集到的投资项目中寻找具有高成长潜力的创业企业，在经过严格分析评估后，最终确定投资对象注入资金，随后根据创业企业具体情况提供各种管理和辅导，使创业企业发展增值；当创业企业成熟时，创业投资机构开始寻找合适的途径撤出资金、收回投资和收益，然后寻找下一个投资目标或进行下一个创业投资运作过程。

可以看出，上述运行过程的描述只是确定了投资者、创业投资机构、创业企业三者在创业投资过程中的相互关系，它是以一个假定的当前创业投资的完整过程理想模型为对象的。这种创业投资机制研究的意义主要是为投资者如何选择合适的创业投资机构和投资方式,以及为创业投资机构如何筛选评估创业投资项目、控制风险、撤回投资,甚至创业投资企业如何获得创业资本等提供了理论依据。但是当我们把目光投向投资者、创业投资机构、创业企业是如何产生并越来越愿意投身到创业投资中来,他们与国家政策法规、经济环境、技术创新等的相互影响是怎样的,创业投资随着历史的发展会有怎样的变化规律等这些问题时,创业投资的静态机制研究就不能很好地解答了,而只能依靠动态机制研究加以解决。

4.2.3 创业投资的动态运行机制

创业投资是人类对自己的经济行为进行选择的结果,这种选择行为会受到其参与主体、客体和外在相关因素的影响。下面分别对这三个方面进行分析,以找出创业投资动态变化的依据。

(1) 创业投资的主体因素

① 创业投资者。任何资金持有者都是潜在的创业投资者,但是这些潜在的投资者最终能否成为现实的创业投资者首要的一条就是其资金是否足够充裕。只有资金足够充裕时,他们才敢进行高风险的创业投资。此外,创业投资者的形成及投资积极性与一个国家的经济环境和文化环境也有很大的关系,只有经济比较景气、文化传统鼓励人们勇于承担高风险时,创业投资者才会大量形成。当创业投资的运行机制一旦在一个国家确立,创业投资者能否顺利形成及其形成效率如何就主要取决于已有创业投资的成功水平了。

② 创业投资家。创业投资家的原始来源主要有两个:一是传统的成功创业企业家或创业者;二是传统的投资家。在这两个来源中,前者较后者是更成功的来源。只有一个国家中出现了比较普遍的创业活动,很多人从这种创业活动中受到锻炼并脱颖而出时,这个国家才具有了创业投资家产生的较好基础。而当创业投资机制在一个国家形成后,在创业投资的过程中就会自动形成创业投资家的淘汰机制。

③ 创业企业家。创业企业家的形成受到一种意识的影响,即整个社会的创业意识。也就是说,整个社会是否鼓励创业,人们是否崇尚创业、是否勇于创业。但可以想象,创业活动是否能够成为普遍现象与社会当中是否具有相当数量的成功创业典型有很大关系。创业投资机制确立以后,创业企业家的产生与形成就取决于创业投资开展得成功与否和社会科技发明活动的多少了。

（2）创业投资的客体因素

① 创业资本。创业资本的形成有两个历史前提:一个是传统的生产方式已经非常发达,使得传统资本难以在传统领域得到预期收益;另一个是社会的制度安排允许传统资本探求新的增值方式。创业投资机制确立后,创业资本的形成效率也与这两个条件有关。

② 创新技术。这里的创新技术包括高新技术、营销技术和经营方式等。技术及其产生来源的广泛称呼是知识,知识的积累和发展是有其自身规律的,这种规律主要体现在知识的可积累性、继承性、加速发展性。创新技术的发展对创业投资是有很大推动作用的,但是总的来看创业投资的发展与技术创新是互动的。

（3）影响创业投资发展的外在因素

① 政府和政策法规。政府将从创业资本来源、创业投资运行机制的顺利运行以及创业投资的退出三个方面来影响创业投资运行的全过程。但政府对创业投资的影响完全是外生的,各国政府在创业投资发展中作用的好坏与大小只是取决于政府对创业投资的认识、重视程度及其促进创业投资发展的积极性。

② 经济环境。经济环境将从国家的经济景气情况、经济发展水平及市场发展情况三个层次来影响创业投资的发展。首先,当国家的整体经济水平处于发展的低谷时,创业投资的发展必然要受到影响出现回落;当国家的整体经济水平处于快速发展期时,必然也会带动创业投资的快速发展。其次,国家的经济发展水平愈高,将愈能促进创业投资的产生和向高的水平发展。这一点可以从创业投资主要在经济发达国家发展,尤其在经济发展水平最高的美国达到最成熟的情况得到印证。最后,市场体系包括人才市场、产权市场、技术市场和金融市场等相对发达、能够为创业投资的发展营造出相对完善的市场环境时,才能实现创业投资的快速发展。另外,中介机构的发展与成熟将对创业投资的发展起到巨大的推动作用。

③ 文化环境。首先,文化环境会影响创业资本的形成。社会文化越是具有投资倾向和投资传统,公众越是普遍掌握一定的投资技巧,越是有利于创业投资的发展。其次,文化环境会影响创业投资的运行。当社会文化普遍认可和鼓励创业时,会产生广泛的创业基础,吸引很多优秀人才加入创业队伍中,这样一来就会为社会培养出充足的创业投资家和创业企业家,并产生充足的可供创业资本选择的创业投资对象。另外,科学技术本身即是文化的一种。只有当科学研究和发明受到了社会很高重视和得到了很大支持的时候,科学技术才会快速发展。而科学技术的创新程度和速度对创业投资发展的影响是至关重要的。

4.2.4 创业投资发展的动态模型

总结以上分析,可以简单勾勒出一个创业投资发展的动态模型。

(1) 创业投资的产生条件

随着经济和技术的发展,人类社会生产中的分工越来越趋向细化和专业化,当知识(技术)从一种经济的辅助因素变成一种主要因素时,将知识(技术)转化为财富的经济活动就作为一种新的经济形式产生了,而且在分工专业化的条件下,这种经济活动类型趋向于作为一个独立的产业体存在,这时创业投资就产生了。

(2) 创业投资的产生过程

创业投资产生之前,创业投资者和技术创新者已经存在,二者在将其资金和创新财富化时,在传统投资机制条件下,都出现了交易成本过高使得总成本大于收益的状况。对于前者,过高交易成本的产生是由于投资内容越来越复杂和专业的影响而造成的;对于后者,则是因为市场变化越来越快,企业管理越来越专业化,使得其需要很多投入才能寻找到资金并将其与创新很好地结合起来形成效益。因此,投资者和创新者当中就开始有开拓者专职于减少二者的交易成本,即帮投资者进行高风险高收益的创业投资,帮创新者寻找资金并帮其创业。由于这种开拓者的出现,投资者和创新者的成本减少、收益提高,他们也愿意拿出一部分利润给予开拓者。此时创业投资机制便诞生了。

(3) 创业投资的演进与完善机制

随着经济和技术的发展,创业投资的三种经济主体——创业投资者、创业投资家、创业企业家开始明晰地确立起来,并为了最大化自己的经济利益,开始从两个方面来完善投资机制:一是将新产生的经济运行的各种规则通过各种途径制度化;二是为了在新经济运行方式中尽可能分享更多的利益,避免风险,减少交易成本,开始签订并逐步完善各种交易契约。慢慢地,创业投资机制就达到了较完善的程度。创业投资的这一演进过程受两个外部因素的制约,即经济环境和文化环境。整体经济越繁荣,文化氛围越鼓励创业和创业投资,创业投资的发展就越迅速。

(4) 创业投资机制的退出

创业投资机制作为一种高级的经济组织形态有可能只在一种情况下被淘汰,也就是产权私有制度的废除。此时,由于各种生产要素为社会所共有,能够在社会各种经济主体之间自由流动，资本、技术、劳动力能够自由地结合，所谓的创业投资者，甚至所有的投资者就失去了存在的基础，创业投资机制也就不存在了。

【本章小结】

创业机制的形成涉及政治体制、法律制度、经济运行、文化教育等社会各个层面，是一个复杂的系统。创业机制包括创业驱动机制、创业决策机制、创业管理机制和创业者收获机制。对创业投资动态运行机制的研究，有助于明确创业投资的产生、发展、完善的机理，对解决当前我国创业投资发展的困境将起到重要的启示作用。

【复习思考题】

1. 创业机制形成的动因有哪些？

2. 创业应该建立有哪些机制？

3. 创业投资的静态机制与动态机制有什么不同？

第五章　创业风险与创业机会

【知识目标】

通过本章学习，让学生认识创业环境的不确定性，创业机会与创业企业的复杂性，创业者、创业团队与创业投资者的能力与实力的有限性，是创业风险的根本来源；让学生掌握创业风险的类型，掌握风险投资的特征以及风险投资过程中的风险复杂性特征。

【本章概要】

创业机会的识别是创业的起点。创业过程就是围绕着机会进行识别、开发、利用的过程。识别正确的创业机会是创业者应当具备的重要技能。

5.1　创业风险的来源与分类

对创业风险的界定，目前学术界还没有统一的观点，大多数国内外学者都只针对自己所研究的领域或角度来界定，而并没有将其一般的概念提炼出来。Timmons 和 Devinney 将创业风险视为创业决策环境中的一个重要因素，其中包括处理进入新企业或新市场的决策环境以及新产品的引入。赵光辉主要从创业人才角度界定创业风险，认为创业风险就是指人才在创业中存在的风险，即由于创业环境的不确定性，创业机会与创业企业的复杂性，创业者、创业团队与创业投资者的能力与实力的有限性，而导致创业活动偏离预期目标的可能性及其后果。无独有偶，牟永红也从人员风险的角度对创业风险进行了阐述，认为创业过程是需要不断地吸收风险投资的过程，而风险投资家们在对新创企业进行风险评估时，首先看重的就是创业的人员，而不是项目本身。人员风险具体表现在人员的能力、人员的流失和人员的道德三个方面。刘骅将创业风险分为系统风险和非系统风险，系统风险是指由于创业外部环境的不确定性引发的风险；非系统风险是指非外部因素引发的风险，即与创业者、创业投资和创业企业有关的不确定因素引发的风险。

5.1.1 创业风险的来源

创业环境的不确定性，创业机会与创业企业的复杂性，创业者、创业团队与创业投资者的能力与实力的有限性，是创业风险的根本来源。研究表明，由于创业的过程往往是将某一构想或技术转化为具体的产品或服务的过程，在这一过程中，存在着几个基本的、相互联系的缺口，它们是上述不确定性、复杂性和有限性的主要来源，也就是说，创业风险在给定的宏观条件下，往往就直接来源于这些缺口。

(1) 融资缺口。融资缺口存在于学术支持和商业支持之间，是研究基金和投资基金之间存在的断层。其中，研究基金通常来自个人、政府机构或公司研究机构，它既支持概念的创建，还支持概念可行性的最初证实；投资基金则将概念转化为有市场的产品原型（这种产品原型有令人满意的性能，对其生产成本有足够的了解并且能够识别其是否有足够的市场）。创业者可以证明其构想的可行性，但往往没有足够的资金将其实现商品化，从而给创业带来一定的风险。通常，只有极少数基金愿意鼓励创业者跨越这个缺口，如富有的个人专门进行早期项目的风险投资，以及政府资助计划等。

(2) 研究缺口。研究缺口主要存在于仅凭个人兴趣所做的研究判断和基于市场潜力的商业判断之间。当一个创业者最初证明一个特定的科学突破或技术突破可能成为商业产品基础时，他仅仅停留在自己满意的论证程度上。然而，这种程度的论证后来不可行了，在将预想的产品真正转化为商业化产品（大量生产的产品）的过程中，即具备有效的性能、低廉的成本和高质量的产品，在能够从市场竞争中生存下来的过程中，需要大量复杂而且可能耗资巨大的研究工作（有时需要几年时间），从而形成创业风险。

(3) 信息和信任缺口。信息和信任缺口存在于技术专家和管理者（投资者）之间。也就是说，在创业中，存在两种不同类型的人：一是技术专家；二是管理者（投资者）。这两种人接受不同的教育，对创业有不同的预期、信息来源和表达方式。技术专家知道哪些内容在科学上是有趣的，哪些内容在技术层面上是可行的，哪些内容根本就是无法实现的。在失败类案例中，技术专家要承担的风险一般表现在学术上、声誉上受到影响，以及没有金钱上的回报。管理者（投资者）通常比较了解将新产品引进市场的程序，但当涉及具体项目的技术部分时，他们不得不相信技术专家，可以说管理者（投资者）是在拿别人的钱冒险。如果技术专家和管理者（投资者）不能充分信任对方，或者不能够进行有效的交流，那么这一缺口将会变得更深，带来更大的风险。

（4）资源缺口。资源与创业者之间的关系就如颜料和画笔与艺术家之间的关系。没有了颜料和画笔，艺术家即使有了构思也无从实现。创业也是如此，没有所需的资源，创业者将一筹莫展，创业也就无从谈起。在大多数情况下，创业者不一定也不可能拥有所需的全部资源，这就形成了资源缺口。如果创业者没有能力弥补相应的资源缺口，要么创业无法起步，要么在创业中受制于人。

（5）管理缺口。管理缺口是指创业者并不一定是出色的企业家，不一定具备出色的管理才能。进行创业活动主要有两种：一是创业者利用某一新技术进行创业，他可能是技术方面的专业人才，但却不一定具备专业的管理才能，从而形成管理缺口；二是创业者往往有某种"奇思妙想"，可能是新的商业点子，但在战略规划上不具备出色的才能，或不擅长管理具体的事务，从而形成管理缺口。

5.1.2 创业风险的分类

（1）按风险来源的主客观性划分，可分为主观创业风险和客观创业风险。主观创业风险，是指在创业阶段，由于创业者的身体与心理素质等主观方面的因素导致创业失败的可能性。客观创业风险，是指在创业阶段，由于客观因素导致创业失败的可能性，如市场的变动、政策的变化、竞争对手的出现、创业资金缺乏等。

（2）按创业风险的内容划分，可分为技术风险、市场风险、政治风险、管理风险、生产风险和经济风险。技术风险，是指由于技术方面的因素及其变化的不确定性而导致创业失败的可能性。市场风险，是指由于市场情况的不确定性导致创业者或创业企业损失的可能性。政治风险，是指由于战争、国际关系变化或有关国家政权更迭、政策改变而导致创业者或企业蒙受损失的可能性。管理风险，是指因创业企业管理不善产生的风险。生产风险，是指创业企业提供的产品或服务从小批试制到大批生产的风险。经济风险，是指由于宏观经济环境发生大幅度波动或调整而使创业者或创业投资者蒙受损失的风险。

（3）按风险对所投入资金即创业投资的影响程度划分，可分为安全性风险、收益性风险和流动性风险。创业投资的投资方包括专业投资者与投入自身财产的创业者。安全性风险，是指从创业投资的安全性角度来看，不仅预期实际收益有损失的可能性，而且专业投资者与创业者自身投入的其他财产也可能蒙受损失，即投资方财产的安全存在危险。收益性风险，是指创业投资的投资方的资本和其他财产不会蒙受损失，但预期实际收益有损失的可能性。流动性风险，是指投资方的资本、其他财产以及预期实际收益不会蒙受损失，但资金有可能不能按期转移或支付，造成资金运营的停滞，使投资方蒙受损失的可能性。

（4）按创业过程划分，可分为机会的识别与评估风险、准备与撰写创业计划风险、确定并获取创业资源风险和新创企业管理风险。创业活动须经历一定的过程，一般而言，可将创业过程分为四个阶段：识别与评估机会；准备与撰写创业计划；确定并获取创业资源；新创企业管理。

机会的识别与评估风险，指在机会的识别与评估过程中，由于各种主客观因素，如信息获取量不足、把握不准确或推理偏误等使创业一开始就面临方向错误的风险。另外，机会风险的存在，即由于创业而放弃了原有的职业所面临的机会成本风险，也是该阶段存在的风险之一。准备与撰写创业计划风险，指创业计划的准备与撰写过程带来的风险。创业计划往往是创业投资者决定是否投资的依据，因此创业计划是否合适将对具体的创业产生影响。创业计划制订过程中各种不确定性因素与制订者自身能力的限制，也会给创业活动带来风险。确定并获取资源风险，指由于存在资源缺口，无法获得所需的关键资源，或即使可获得，但获得的成本较高，从而给创业活动带来一定风险。新创企业管理风险，主要包括管理方式，企业文化的选取与创建，发展战略的制定，组织、技术、营销等各方面的管理中存在的风险。

（5）按创业与市场和技术的关系划分，可分为改良型风险、杠杆型风险、跨越型风险和激进型风险。改良型风险，是指利用现有的市场、现有的技术进行创业所存在的风险。这种创业风险最低，经济回报有限，即风险虽低，但要想生存和发展，获取较高的经济回报也比较困难，一方面会遭遇已有市场竞争者的排斥或进入壁垒的限制，另一方面即便进入，想要占有一定的市场份额也非常困难。杠杆型风险，是指利用新的市场、现有的技术进行创业存在的风险。该风险稍高，对一个全球性公司来说，这种风险往往是地理上的，常见于挖掘未开辟的市场，如彩电行业，利用原有技术进入农村市场。跨越型风险，是指利用现有市场、新的技术进行创业存在的风险。该风险稍高，主要体现在创新技术的应用方面，往往反映了技术的替代，是一种较常见的情况，常见于企业的二次创业，领先者可获得一定的竞争优势，但模仿者很快就会跟上。激进型风险，是指利用新的市场、新的技术进行创业存在的风险。该风险最大，如果市场很大，可能会带来巨大的机会，对于第一个行动者而言，其优势在于竞争风险较低，但是知识产权保护力度很弱,市场需求不确定,确定产品性能有很大的风险。

(6) 按创业中技术因素、市场因素与管理因素的关系划分,可分为技术风险、市场风险和代理风险。其中,技术风险和市场风险在前面已提到,这里就不再赘述。代理风险,是指高级经营管理人才、组织结构以及生产管理等能否适应创业的快速增长或战胜创业企业危机阶段的动态不确定性因素的风险。这三类风险之间相互作用,使得创业企业运作的各个层面上的诸多因素的不确定性更加复杂,并且在创业企业不同的发展阶段上,各因素的风险性质也将产生一定的变化。

5.2 风险投资

5.2.1 风险与风险投资的定义

风险是指未来结果的不确定性和波动性。从风险事件产生的结果看,风险分为纯粹风险和投机风险。纯粹风险是指不能带来机会、无获得利益可能的风险。投机风险是指可能带来机会、获得利益,又隐含威胁、造成损失的风险,风险投资所面临的风险是投机风险,有三种可能的结果:盈利、损失或者既不盈利也不损失。风险投资(Venture Capital),国内又有人译作创业投资。“风险投资”是指那些从种子期直到上市前培育企业成长壮大,帮助它们从某个创新的技术或想法发展成为实际存在的构架健全、经营稳定的成熟企业的投资活动。风险投资是一种权益资本,其实质是一种科学技术和金融相结合,将资金投入风险极大的高新技术开发生产中,使科技成果迅速转化为商品的新型投资机制,是高新技术产业化中一个资金有效使用过程的支持系统。

作为一种新型的投融资机制,风险投资具有以下特征:

(1) 高风险与高收益投资(High-risk and High-return Investment)。风险投资的对象主要是具有高成长潜力同时又蕴藏较大风险的中小型企业,尤其是高新技术企业,并对其全过程进行投资,因而具有投资方面的前沿性和前瞻性,以及投资价值的高风险性和高收益性。所期望的投资收益不是企业的利润分配,而是通过股票上市、收购和企业回购等方式出售所投资于风险企业的股权而获得高收益。

(2) 权益性投资(Equity Investment)。风险投资是一种权益投资,而不是一种债权投资,因此风险投资的着眼点在于其投资对象的发展前景和资产的增值。风险投资的目的是希望通过上市或出售获得高额的回报,而不是持有企业的控股权。在被投资企业发育成长到相对成熟后,即退出投资,以便于一方面实现自身的资本增值,另一方面能够进行新的投资,从而与那些长期持有被投资企业的股权以获取股息为主要收益来源的普通资本形态有着本质的不同。

(3) 组合型投资(Portfolio Investment)。组合投资的目的是尽可能化解非系统性风险,为了分散风险,风险投资通常是投资于一个包含若干个项目的项目组合,利用成功项目退资后所取得的高回报来抵偿失败项目的损失并取得收益。

(4) 专业型投资(Professional Investment)。风险投资机构不仅仅提供资本金支持,而且提供特有的资本经营、管理及市场等服务,积极参与和创业者共同创办的风险企业的经营管理,尽力帮助创业者获得成功,追求企业成长期、成熟期后通过股权转让实现高回报。风险投资注重参与对所投资风险企业的管理,参与管理的作用绝不亚于资金投入,目的既在于监控风险,更在于实现投资的成功。

(5) 分段式投资(Periodical Investment)。分段投资的目的是化解不对称信息的管理风险,从而形成有效的风险防范机制。风险投资家通常把风险企业的成长过程分成几个阶段,并相应地把风险投资资金分几次投入,上一发展阶段目标的实现成为下一阶段资金投入的前提。

5.2.2 风险投资过程的风险特性[①]

1. 风险投资过程及其风险特性

基于科技成果的科技企业创业的技术经济过程,所形成的现金流曲线如“死亡之谷”。对科技企业创业过程的投资,在3—7年的时间里,随着创业过程的深化,财务报表上所产生的现金流先是向着负的方向发展,而且负得越来越多,随着创业的产品越来越受到市场欢迎,收入增量大于投入成本时,现金流曲线越过谷底慢慢趋向正的方向发展,最终通过盈亏平衡点,达到正的收益。

风险投资的第一步,是风险投资家根据创业企业的需求,到风险资本市场融资,即根据风险投资的需要,设立投资计划书,并由此发起组建风险投资机构。

第二步,风险投资家根据自身的资本实力、投资策略、投资方向的偏好、投资经验

① 王俊峰. 风险投资——实务与案例[M],清华大学出版社,2000.

以及对高新技术产业发展的战略判断等,对创业的投资项目进行筛选。

第三步,就筛选出的投资项目,进行专业评估。评估的内容主要涉及:该项目技术的先进性、成熟性、市场性;该项目创业需要的技术、设备、人员、市场的条件;该项目创业者的能力、经营管理水平、信用道德、需要给予的帮助;创业的风险因素及可控性、所需的风险资本及自身的承受能力;风险投资后的收益分析,以及风险投资的现金流量分析等。

第四步,根据评估结果,进行决策。如果不符合风险投资家的要求,则放弃投资,回到第二步进行新的项目筛选和专业评估;如果符合风险投资家的要求,则进行投资管理。

第五步,根据第一轮的投资管理,以及创业企业的成长情况,决定是否要进行再一轮的投资,如果不需要,则进入第六步;如果需要,则要对创业企业的成长性和将来前景以及所处的困境进行专业评估。此时的评估内容涉及产业成长的可能、困境的原因分析、竞争者的发展情况等。评估后进行第四步的程序。

第六步,在风险投资之后,创业企业的成长价值如何,是否有增值的价值,给出风险投资家的判断。如果没有增值价值,则清算,将清算回收的资金返回到风险资本市场或风险投资家手中;如果有增值价值,则根据投资者的投资战略和市场情况,选择上市、并购、创业者回购或者其他方式,从创业企业中撤出,该撤出资金是通过撤出渠道获取的已增值的资金。风险投资不同于传统的投资行为,它是创造企业的投资行为。风险投资的运行过程是风险资本增值流动的过程,风险投资的良性循环是由三个紧密关联的环节构成,即融资—投资—撤出,这三个过程之间互相联系、互相作用,形成一个循环过程。本书的“风险投资过程”专指包含融资、投资和撤出的一个完整的风险投资运行过程。

风险投资的运行过程表明,风险投资的成败取决于创业企业的创业和成长性。判断风险企业的成长性是风险投资价值增值极为关键的一步,如果判断失误,增值的价值会有不应有的损失,风险投资的价值实现在于撤出渠道的选择。总之,风险投资过程运行的特性是以高新技术企业创业需求为拉动,是高新技术知识产权股份期权价值实现的过程,也是风险投资股份期权价值实现的过程。

新经济的发展过程中,随着高新技术的飞速发展,一大批高新技术企业成为各自行业的风云人物。揭开这些企业超速成长的神秘面纱,我们发现了一种行之有效地促进新企业成长的融资体制——风险投资。正是由于风险投资的支持才使得这些企业获得了超常发展。可以说,借助风险投资实现企业腾飞已成为新经济时代创业的基本规则。

美国斯坦福大学国际研究所所长米勒说:“由于科学研究的早期有风险投资的参与,使得科学研究成果转化为商品的周期已经由20年缩短为10年以内。”英国前首相撒切尔夫人曾经针对欧洲的经济说:“欧洲经济落后于美国,在很大程度上是由于欧洲的风险投资落后于美国造成的。”风险投资极大地促进了美国经济的发展,推动了世界经济的快速增长,风险投资已经成为创业者的亲密伙伴。

创业者创业大致要经过以下过程:确定需要解决的问题、创造解决问题的办法、规划企业、选择创业组、筹集创业所需要的资本、制造并试销产品。在这个过程中,一个创业者所遇到的最大的障碍就是资金短缺。创业者往往具有创业的热情和一定的技术能力,但缺乏的是企业起步和发展过程中所需要的资金。

在新经济时代以前,一般情况下企业的融资可以通过银行贷款、个人借贷、贷款担保、供应商贷款、应收账款贷款、权益性融资等途径来解决,在国外有时还可以通过小型公司管理机构获得一定的优惠贷款。在新经济时代,风险投资作为权益性融资的一种方式经过近几年的发展,日益成为重要的融资方式,并且逐渐向着专业化的方向发展。通过风险投资的发展以及形形色色的神话般的企业成长过程,我们可以看出风险投资是新经济企业诞生的催化剂,是创业者坚定的支持者。

风险投资,又称创业投资。根据美国全美风险投资协会的定义,风险投资是由职业金融家投入到新兴的、迅速发展的、有巨大竞争力的企业中的一种权益资本。国际经济合作和发展组织(OECD)则将风险投资定义为,凡是以高科技与知识为基础、生产与经营技术密集的创新产品或服务的投资。相比之下,这个定义就宽泛许多。

风险投资是投资的一个组成部分,与商业银行相似之处在于风险投资家也像银行家一样,充当投资人(如贷款人)与企业家(或借款人)之间的媒介和渠道。但与商业银行贷款截然不同之处在于:银行家总是回避风险,而风险投资家则试图驾驭风险。银行在贷款前,总是向借贷者要求财产抵押;而风险投资家则是一旦看准了一个公司或项目有前途,他们就会投入资本,同时他们还会帮助他们所投资的公司经营管理。因此,对那些处于起步阶段的创业者而言,接受风险投资,投资家们带给他们的不单纯是钱,还常常有更重要的,诸如战略决策的制订、技术评估、市场分析、风险及回收的评估以及帮助招募管理人才等等。

风险投资也是一种主动从事创新冒险的行为，与被动防御市场中不可预测又难以避免的不确定性有本质上的差异。根据风险收益的配比原理，风险投资之所以迎着风险而上，是因为预期资本能大幅增值。从根本上说风险投资的高收益来自极具潜力的新兴高科技产业，但也与这一资本运营制度内部有效的运作机制密不可分。

从严格意义上说，风险投资是介于直接投资与间接投资之间的新型金融体制。它以风险投资公司为中枢，一方面要吸收闲置资金形成风险基金，另一方面还要评估、筛选目标企业或项目，并直接参与企业的战略规划和经营管理。显然风险投资家要面临技术、生产、市场等风险。面对投资成败起关键作用的不是来自投资而是融资方面的风险。这一点使风险投资中介机构的业务性质区别于其他传统金融中介，如商业银行和投资银行等。人们习惯上把后一种金融机构的业务称为“卖方金融”，而把风险投资业务归入“买方金融”。这是因为后者的主要职能是通过出售自己的中介服务赚取利润，其收入表现为利差、佣金和手续费。而风险投资机构则不同，它首先要以所筹得的资金购买充足的权益资本，再以所筹得的资金购买新兴科技企业，经过几年的经营再适时出售企业股份，取得资金。其盈利来源是资本买卖的差价。与传统的经营借贷资金业务的机构相比，进行高风险收益的买卖活动无论在筹资难度还是在资金成本上都远大于前者。所谓“买方”，是强调在这一金融过程中，融资（购买资本）较之投资地位更为重要，融到资金对风险投资家而言往往就是成功了一半。因此，来自资金提供方的经营压力无形中就构成了风险投资内部的一个有效的动力机制。

风险投资的初衷是作为风险资本投资于新的或年轻的小企业。然而，随着时间的推移，它几乎已成为一个为私有公司进行股权融资的通称，在北美以外的地区尤其如此。风险投资家也开始涉足那些本属于投资银行家的事务。在西欧，绝大多数风险资本被用来收购那些业已成立的高科技公司，或者投资于创新企业的较晚期的发展阶段。由于机会众多，东欧的风险投资公司甚至可以选择既有很高的报酬率又有很好的稳定性的公司作为投资对象。可见，风险投资功能和作用几乎涵盖所有有关金融投资、高科技投资、小企业投资的内容。

对新经济时代的新生企业来说，风险投资是其权益资本的主要来源，它构成了新生企业创业的重要部分。可以说，风险投资造就了新经济时代的创业机制。

从这个角度出发，我们现在所说的“风险投资”应该称作“创业投资”更为恰当。

2. 从经济技术过程分析风险投资特性

风险投资金融经济价值的实现是在风险投资规避了高新技术企业创业高风险的

前提下获得的，从逻辑关系上看，风险投资的高风险源于创业的技术经济过程，高新技术企业创业过程的复杂经济学特性，决定了风险投资高风险产生的机理。可以从静态和动态两个角度，深入到创业的技术经济过程内部，将创业的技术经济过程作为一个系统来分析风险投资过程中的风险特性。

（1）静态风险特性

从静态的角度分析，在公司初创或早期阶段有五种典型风险：开发风险、生产风险、市场风险、管理风险和发展风险。开发风险，是指一个高新技术企业创业源于科技成果，基于该科技成果能否研究开发出市场所需要产品的过程中，可能遇到的因技术不确定性而承担的风险。生产风险，是指基于科技成果开发出的产品，当市场接受该产品，并需要一定生产规模时，能否按时按质地生产出规定数量的产品，即在生产产品过程中可能遇到的因生产因素不确定性带来的风险。市场风险，是指基于科技成果开发出的产品，当市场已经显现出来时，创业企业能否及时将产品卖出去，即所遇到的因市场因素不确定性带来的风险。管理风险，是指当创业企业能够将产品卖出去时，却因企业本身经营和管理方面的不确定性导致的风险。发展风险，是指在规避了前面几种风险的基础上，企业还面临着进一步拓展市场、持续发展等方面的各种问题，即企业因设计和构建未来发展战略的因素不确定性带来的风险。这五种静态的典型的风险是风险投资过程中高风险的构成要素，也是传统的投资风险分析方法用于风险投资风险分析的局限性所在，实际上，传统的投资风险分析方法，仅仅是从某个截面上来分析投资风险而已，只有将创业过程中的每一个截面上的风险都分析到，才能够全面地分析出风险投资的风险结构问题。上述五种风险始终贯穿在整个创业的过程中，但在整个创业过程中的不同阶段，不同的因素对创业企业的影响作用是不同的，因此在分析风险投资的风险问题时，还必须从整个创业的动态过程来分析。当我们将这五种典型的静态风险纳入整个创业过程，其所表现出来的风险特性，才是真正的风险投资的风险特性。

（2）动态风险特性

风险投资过程中的风险特性，来源于创业的技术经济过程，从动态的角度看，存在着四大方面的特性：风险的多元动态性、风险的组合性、风险的期权性、风险的复杂性。

① 风险的多元动态性。是指将创业技术经济过程所面临的各种风险看成是一个系统，也就是说在科技成果转化为经济生产力的过程中，即在一轮创业的进程中，存在的风险是一个由五种风险构成的系统风险，而且这种系统风险同时也是一个动态变化

的过程，先是研究开发的风险，紧接着是生产风险，进而是市场风险，再就是管理风险，最后是发展风险，即在创业进程的不同环节，具体风险的主导性质是不同的。这种系统风险多元化的动态性，是构成高科技产业发展技术经济过程中高风险的风险特性之一，也是风险投资过程中的风险特性之一。

② 风险的组合性。是指将创业过程本身看成是一个技术经济系统，科技成果的技术经济价值的实现必须是在完成创业的技术经济系统过程之后。科技产业创业技术经济过程中的五种风险，不单单是研究它们之间的动态性，更重要的是它们之间有机地组合于创业的技术经济过程中，研究开发的风险直接影响和关联着生产风险、市场风险、管理风险以及发展风险的规避问题，同样别的风险也直接影响和关联着其他风险的规避问题。随着创业技术经济过程的深化，这些多元的风险是一个一个地被组合到创业过程中的。当创业的技术经济过程完成之时，也是多元的风险组合完成之时。这种系统风险的组合性是构成高科技产业发展技术经济过程中高风险的风险特性之一，也是风险投资过程中的风险特性之一。

③ 风险的期权性。是指将创业技术经济价值的实现看成一个系统，不论是持有科技成果的科技企业的创业者，还是对其进行投资的风险投资家，他们能否获得创业的技术经济价值以及风险资本的金融经济价值，都要取决于高新技术企业创业的技术经济过程的完成，创业过程周期的长短决定着实现一项科技成果技术经济价值周期的长短。在该周期内，只要有一项风险没有规避和控制好，或是系统风险多元的特性和组合性管理控制不到位，创业的技术经济价值就难以或不可能实现。这种基于科技成果创业的技术经济价值实现的风险收益的期权性，以及风险资本的风险收益的期权性，远远高于其他投资方式的投资收益周期。这种创业技术经济价值实现系统风险收益的期权性，是构成高科技产业发展的技术经济过程中高风险的风险特性之一，也是风险投资过程中的风险特性之一。

④ 风险的复杂性。是指风险投资过程是由为数众多、目标各异、彼此相互影响的参与主体组成的，他们之间存在着极大的差异，呈现出极不对称性。风险投资过程的融资、投资、撤出过程是相互联系、相辅相成的。风险投资过程充满了各种各样的风险，风险投资过程的风险是一个高度开放的非线性复杂系统。

风险投资过程中的风险复杂性特征如下：

第一，高维度性。风险投资过程参与的主体由投资者、风险投资家和创业企业家组成，无论从参与主体的数量来看，还是从影响风险投资过程的组成要素来看，都可以说是绝对的高维度。也就是说,影响风险投资过程的风险因素不具有低维的简单性,但在另一方面,风险投资过程中的风险维数也还没有达到完全随机运动所要求的程度,还不足以产生像统计物理学上微观粒子运动那样宏观的超高维的简单性。

第二,动态性。风险投资是一种中长期的市场经济行为,基于高风险来寻求高收益。由于市场、技术、环境和利益是不断发生变化的,因此风险投资面临的机遇和挑战也是在不断发展变化的,即风险投资过程是一种动态选择的过程,风险投资过程中的风险体现为动态风险和投机风险。

第三,开放性。当今的世界经济是一个高度开放的经济,风险投资作为经济活动中最活跃、最敏感的部分,更是如此。它不仅受到社会、经济、政治、心理等方面因素的影响,而且对这些影响因素的反应也很敏感。风险投资过程时刻向其所处的环境开放着,也时刻受环境的影响并影响着环境。

第四,联动性。风险投资过程中的风险是由多种不同的具体风险构成的,这些具体的风险不是相互独立的,而是相互联系、相互影响的。从纵向看,前一过程的任何一个风险的变动都会引起后一过程的风险变化,呈连锁反应,最终导致整体风险的变化。从横向看,处在同一层面的具体风险之间也是相互影响、相互作用的,相互之间也呈动态的连锁反应。

第五,远离平衡态性。风险投资过程在很多方面都表现出远离平衡态性。风险要素在风险投资过程中地位不同、角色各异,各自有各自的任务、权限和适用范围,呈现出极不对称的特性。从参与主体来看,投资者、风险投资家、创业企业家由于其占有信息的不对称,必然会表现出不同的行为模式,从而呈现出极不对称的远离平衡态性。

5.2.3 风险投资的类型、特征与对策

1. 风险投资的类型、特征

(1) 风险投资的类型

根据风险投资企业的不同阶段,我们一般可以将风险投资分为四种类型。

① 种子资本。那些规模很小,或者刚刚处于发展早期的高新技术企业,既不可能从传统的银行获取信贷(原因在于缺乏可以抵押的财产),也很难从商业性的风险投资公司获得风险资本。除了求助于专门的金融渠道(如政府的扶持性贷款)以外,这些企业将更多的目光投向提供“种子资本”的风险投资基金。种子资本主要是指为那

些处于产品开发阶段的企业提供小笔融资。由于这类企业可能在很长一段时期内(一年以上)都难以提供具有商业前景的产品,所以投资风险极大。对“种子资本”具有强烈需求的往往是一些高科技公司。它们在产品明确成型和得到市场认可前的数年里,需要定期注入资金,以支持其研究和开发。尽管这类投资的回报可能很高,但绝大多数商业投资公司都敬而远之,主要是因为:对投资项目的评估需要相当的专业化知识;由于产品市场前景的不确定性,导致这类投资风险太大;投资公司进一步获得投资人的资本承诺困难较大。

② 导入资本。当一个公司拥有了确定的产品,并具有较明确的市场前景后,由于资金短缺,企业便可寻求“导入资本”,以支持企业的产品中试和市场试销。但是由于技术风险和市场风险的存在,企业要想激发风险投资家的投资热情,除了本身达到一定的规模外,对导入资本的需求也应该达到相应的额度。这样才能更具规模效应,增强抵御市场风险的能力。

③ 发展资本。就量而言,能够发挥更大作用的是用于企业扩张期的“发展资本”。这种形式的投资在欧洲已成为风险投资业的主要形式。以英国为例,目前“发展资本”已占到风险投资总额的30%。这类资本的一个重要作用就在于协助那些高科技企业突破杠杆比率和再投资利润的限制,巩固在行业中的地位,为它们进一步在公开资本市场获得权益融资打下基础。

④ 风险并购资本。风险并购资本是一种特殊的风险投资工具,一般适用于较为成熟的、规模较大和具有巨大市场潜力的企业。它与一般杠杆并购的区别在于,风险并购的资金不是来源于银行贷款或发行垃圾债券,而是来源于风险投资基金,即收购方通过融入风险资本,来购并目标公司的产权。以管理层购并为例,由于风险资本的介入,购并所产生的营运协力效果(指购并后反映在营运现金流量上的效果)也就更加明显。

(2) 风险投资的特征

与一般投资相比,风险投资具有以下四个显著特征:

① 投向集中。风险投资集中于风险大、周期长、资本收益高的项目,尤其是高新技术产业。但在不同时期,产业投资的重点也有所不同。在20世纪80年代以后,产业投资重心开始向软件产业、医疗保健产业、生物技术产业和通信产业转移。

② 周期性强。经济学家通常将企业成长划分为创立期、扩展期和成熟期三个主要阶段。风险投资家则通常在扩展期或成熟期的早期就开始通过出售股权等方式撤

回资金，去从事其他新项目的风险投资。这便是风险投资“投资—亏损—高收益—再投资”的周期循环。

③ 风险大。由于受种种因素制约，科技项目调研论证的难度比一般项目大得多，风险投资机构对自己投资开发的项目前景如何，能否顺利投产、达产，产品销售行情怎样等一系列关键问题都难以做到了如指掌，因此常有如履薄冰之感。

④ 回报率高。风险投资家采取分散投资的方式，往往能以某些项目的高额利润补偿另一些项目的风险亏损，使投资始终处于高收益状态。

2. 风险投资的对策

(1) 寻求政府支持

创业困难是什么？就是市场风险，也就是投资风险，你要赚钱就得投资，这个投资有时会血本无归。这是创业者必须面对的。政府支持全民创业就是降低投资者的风险。对投资风险，市场经济国家通行的做法就是发展“风险投资”。什么是风险投资，就是智力与资本的结合。比如某人有技术，发明了一种产品或者经营模式，就让一个有钱的人（即风险投资者）来进行投资，待企业做成之后，风险投资者一方面可从企业收入中收回投资，另一方面可以通过企业上市收回投资。国外股市创业板门槛很低。我国目前的风险投资市场还不成熟，必须要政府来支持。如何支持？一是降低准入成本，让申办企业成本降低为“零”；二是在经营过程给予税费支持；三是给予经营者保护，让他们有安全感和幸福感。因为他们既是劳动者又是纳税人，理应给予更多的支持和保护。

(2) 风险投资人给创业者的建议

① 执行力很重要，想到就去做，这是创业者的优势。但同时要有战略的眼光和长远的目标。因为有足够的执行力，所以很多草根创业团队都能很快地把企业从 0 做到 1、做到 5，但大量的企业在这里停滞不前，做不到 50、100。很多时候是因为企业的领导者缺乏战略眼光，一开始就看错了方向，或者一直只盯着眼前，对未来缺乏思考。

② 不要三心二意，要做伟大的公司，就一定要专注。现在的市场竞争非常激烈，要比别人强，就得把一样东西做到极致，什么都做的结果就是什么都做不好。

③ 要注意成本控制，但该花的钱也得花。草根创业者往往艰苦惯了，不仅自己能吃苦，也要求员工能吃苦，这对创业，尤其在早期非常重要。但是不少草根创业企业规模已经逐步发展起来了，员工仍然非常苦，拿着不到行业平均 1/3 的工资，试问这样还

能留住或招到足够优秀的员工吗？没有优秀的员工，企业还能走多远。

④ 心胸放宽广一些，学会分享。独裁式公司治理在中国很普遍，一定程度上也很适合中国的环境。但是企业要想走地远，学会信任他人，学会分享是非常必要的。因为只有这样，企业的领导者才能聚拢住追随者。

⑤ 不一定要追求最先进的技术，但一定要重视技术。很多时候，技术是一项长远投资，能带给你长久的竞争力，不要等到技术上出问题，跟不上企业发展的时候才后悔不已。

⑥ 财务上尽早正规化。应尽早关掉“小金库”，清理账本，算算该交的税，看看还剩下多少利润，不要等到要融资了、要上市了才发现麻烦来了。

⑦ 对自己的价值给予一个公正合理的评估。想一想自己的价值到底在哪里，不要把自己看高了也不要看低了。从经验来看，多数人把自己看得过高，这很容易影响到做事的心态。

⑧ 诚信为上，遵守商业道德。业务上如此，与风险投资打交道也是如此。风险投资是个阳光的行业，而且圈子就这么小，若想凭小聪明骗取风险投资的钱？请你先想清楚后果。不赚黑心钱，晚上睡觉踏实些。

5.3 创业机会

5.3.1 创业机会的定义和识别

1. 有关创业机会的定义

Kirzner(1979)认为，创业机会是一系列的市场不完全(Market Imperfections)。因为市场参与者是基于信念、偏好、直觉以及准确或不准确的信息来进行决策的，他们对可能的市场出清的价格以及将来可能产生的新的市场有不同的推断。正如Casson(1996)所指出的，“市场过程的实质是每个个体都坚持自己的信念，这些信念通过询价来传递，而询价在传递信息的同时，也意在于误导他人。”[①]因此，由于缺乏完全信息，人们必须彼此猜测对方的信念、偏好、价值观等等。由于这些猜测并不总是正确，这一市场过程就导致

① 姜彦福，邱琼. 创业机会评价重要指标序列的实证研究，科学研究[J]，2004(2).

一些资源被错误地分配到不同的市场,从而产生了一系列的创业机会。①

Schumpeter(1934)指出,创业机会是通过把资源创造性地结合起来,满足市场的需要,创造价值的一种可能性。由于技术、政治、社会以及其他因素的各种变化,市场时刻处在不稳定、不平衡的状态,为人们发现新的盈利机会提供了可能。以互联网为例,最初只是为了沟通的方便,现在已经变为新产品不断产生的平台,它提供了分销渠道、产生了新的资源供给,同时使新的组织形式(虚拟组织)的出现成为可能。

以上界定中,Kirzner 强调市场不完全所带来的创业机会,Schumpeter 则更强调企业家结合资源创造价值的可能性。结合以上观点,本书认为创业机会可以界定为:一种满足未满足的有效需要的可能性。这种需要有可能暂时得到部分满足,有待于激发和再组织。这种有效的需要还必须具有盈利潜力,因此这个需求具备以下要素:一是满足这个需求的成本低于人们满足需要所期望的价格;二是需要水平本身要足够高,这样才能为满足这个需要的努力提供合理的回报。换言之,机会必须能经得住市场的考验,能有持续的利益潜能;创业机会有其市场定位,有其价值脉络与竞争的前景。

创业活动的实质是创业者识别、开发与利用创业机会的行为过程,通过这一过程,将创业者资本转化为能为市场带来新价值的产品或服务。

机会识别或感知是创业过程的核心要素,是创业过程的开端,旨在识别能为市场创造或增加新价值的产品或服务(Timmons,1999)。创业者感知创业机会的过程其实就是搜集、处理信息的过程,始于对具体市场或工作问题的反应。创业者以往对市场、产业或技术知识的积累有助于提升正确判断信息价值的能力,使其能够识别被他人所忽略的关系与联系,因此决定着创业者的机会感知力,即在缺乏调查的前提下处理信息以识别潜在创业机会的能力(Kirzner,1979)。

Teach 等人(1989)揭示了与机会识别过程相关的八个要素:正式计划、正式评价、市场与技术驱动、细致调查、意外发现、先前职业、创新与改进、信息调查。他们提出了四种不同的机会识别模式。第一种模式印证了机会鉴定是一个深思熟虑的过程,即创业者需要做一些"功课",例如从图书馆、商家或其他地方寻找与机会相关的知识;第二种模式是根据正式计划和评价过程按部就班地对机会进行鉴定;第三种模式是自主

---

① 曹随,王海梅. 中国大众创业学[M]. 中国经济出版社,2003.

开发产品，自我鉴定机会；第四种模式是把机会鉴定看做是一个随机过程，没有正式的计划或评价。

Singh、Hills 和 Lumpkin(1999)认为，“创意”是通向机会的垫脚石，一个创建企业的想法并不等同于一个机会。Bhave(1994)把机会识别的过程称为机会阶段，在内部和外部因素刺激下，最初的想法被“过滤”或“提炼”成机会。在这一阶段，创业者将整合知识、经验、技能和其他市场所需的资源。创业者的社会背景在机会识别过程中也起到一定的支持作用(Jack and Anderson,2002)。

创业过程总是表现为一个机会识别、机会评价、决定开始并以资源获取结束的连续过程(Bygrave,1994)。实际上，机会识别就是把一个一般的泛泛而谈的创意打造成一个较具体的商业概念过程，在这一转变过程中，创业者开发必要的资源并引进自己控制的资源，为此，机会识别必须和资源的评估互相结合。创业者逐渐有机会开发的意向，而开发决定并不总是一个正式的或有意识的行为。不管是有意识的还是无意识的、正式的还是非正式的，寻求机会的意向在企业创建中起到重要的作用(Bhave,1994)。有些创业者可能在仅有一个基本的创意时就有开创企业的意向，有些则详尽地描述创意，并且在机会培育和资源获取不再有障碍的时候才完全有开创企业的意向。

Brush、Greene、Hart 和 Haller(2001)提出了一个构造资源平台的简明模型。首先，企业必须聚集资源，即根据商业概念确定资源需求及其潜在的供应者。企业必须参与获取必要资源的交易过程，即整合看中的资源，推动商业概念转换成可销售的产品或服务。在这个阶段，创业者拥有的不再是一个商业概念，而是一种现实产品或服务。

创造产品或服务是创业者应对在机会识别过程中感知到的市场需求的一个办法。Bhave(1994)把产品和服务描述为用来连接供应方(创业企业)和需求方(消费者)边界的一座桥梁。不管在机会开发过程的任何时刻，如果有越来越明显的迹象表明创业者不能有效组织供应方(适当的资源组织)或弥补需求差异(市场营销)，那么商业概念很有可能被修改甚至放弃。这可能导致最终将创意转让给其他人。

从机会定位和追求中获得的经验促成了创业者的个人发展和成长，创造、整合新知识的能力有助于未来创业机会的培育。换言之，经验推动了未来创业，即使创业计划失败仍然会增进知识或推动生产方法的改进，创业者可以从自己的过失中吸取教训；意外的失败可能构成将创意转换成商业机会的知识平台，不管是对创业者本人还是其他企业家来说都是如此，一个创业者的过失从某种意义上讲就是另一个创业者的机会。

2. 创业机会的识别

创业机会的识别是创业的起点。创业过程就是围绕着机会进行识别、开发、利用的过程。识别正确的创业机会是创业者应当具备的重要技能。

创业机会以不同形式出现。虽然以前的研究中，焦点多集中在产品的市场机会上，但是在生产要素市场上也存在机会，如新的原材料的发现等。许多好的商业机会并不是突然出现的，而是对于“一个有准备的头脑”的一种“回报”。在机会识别阶段，创业者需要弄清楚机会在哪里和怎样去寻找。

（1）现有的市场机会

对创业者来说，在现有的市场中发现创业机会，是很自然和较经济的选择。一方面，它与我们的生活息息相关，能真实地感觉到市场机会的存在；另一方面，由于总有尚未全部满足的需求，在现有市场中创业，能减少机会的搜寻成本，降低创业风险，有利于成功创业。现有的创业机会存在于：不完全竞争下的市场空隙、规模经济下的市场空间、企业集群下的市场空缺等。

① 不完全竞争下的市场空隙。不完全竞争理论或不完全市场理论认为，企业之间或者产业内部的不完全竞争状态，导致市场存在各种现实需求，大企业不可能完全满足市场需求，必然使中小企业具有市场生存空间。中小企业与大企业互补，满足市场上不同的需求。大、中、小企业在竞争中生存，市场对产品差异化的需求是大、中、小企业并存的理由，细分市场以及系列化生产使得小企业的存在更有价值。

② 规模经济下的市场空间。规模经济理论认为，无论任何行业都存在企业的最佳规模或者最适度规模的问题，超越这个规模，必然带来效率低下和管理成本的提升。产业不同，企业所需要的最经济、最优成本的规模也不同，企业从事的不同行业决定了企业的最佳规模，大小企业最终要适应这一规律，发展适合自身的产业。

③ 企业集群下的市场空缺。企业集群主要指地方企业集群，是一组在地理上靠近的相互联系的公司和关联的结构，它们同处在一个特定的产业领域，由于具有共性和互补性而联系在一起。集群内中小企业彼此间发展高效的竞争与合作关系，形成高度灵活、专业化的生产协作网络，具有极强的内生发展动力，依靠不竭的创新能力保持地方产业的竞争优势。

（2）潜在的市场机会

潜在的创业机会来自于新科技应用和人们需求的多样化等。成功的创业者能敏锐地感知社会大众的需求变化，并能够从中捕捉市场机会。

新科技应用可能改变人们的工作和生活方式，出现新的市场机会。通信技术的发展，使人们在家里办公成为可能；互联网的出现，改变了人们工作、生活、交友的方式；网络游戏的出现，使成千上万的人痴迷其中，乐此不疲；网上购物、网络教育的快速发展，使信息的获取和共享日益重要。

需求的多样化源自人的本性，人类的欲望是很难得到满足的。在细分市场里，可以发掘尚未满足的潜在市场机会。一方面，根据消费潮流的变化，捕捉可能出现的市场机会；另一方面，根据消费者的心理，通过产品和服务的创新，引导需求并满足需求，从而创造一个全新的市场。

（3）衍生的市场机会

衍生的市场机会来自于经济活动的多样化和产业结构的调整等方面。

首先，经济活动的多样化为创业拓展了新途径。一方面，第三产业的发展为中小企业提供了非常多的成长点。现代社会人们对信息情报、咨询、文化教育、金融、服务、修理、运输、娱乐等行业提出了更多更高的需求，从而使社会经济活动中的第三产业日益发展。由于第三产业一般不需要大规模的设备投资，它的发展为中小企业的经营和发展提供了广阔的空间。另一方面，社会需求的易变性、高级化、多样化和个性化，使产品向优质化、多品种、小批量、更新快等方面发展，也有力地刺激了中小企业的发展。

其次，产业结构的调整与国企改革为创业提供了新契机。党中央反复强调，要深化国有企业改革，进一步探索公有制特别是国有制的多种有效实现形式，大力推进企业的体制、技术和管理创新。除极少数必须由国家独资经营的企业外，积极推进股份制，发展混合所有制经济。因此，随着国企改革的推进，民营中小企业除了涉足制造业、商贸餐饮服务业、房地产等传统业务领域外，将逐步介入中介服务、生物医药、大型制造等有更多创业机会的领域。

（4）成功的创业机会识别所需的条件

面对具有相同期望值的创业机会，并非所有潜在创业者都能把握。成功的机会识别是创业愿望、创业能力和创业环境等多因素综合作用的结果。

首先，创业愿望是机会识别的前提。创业愿望是创业的原动力，它推动创业者去发现和识别市场机会。没有创业意愿，再好的创业机会也会视而不见或失之交臂。

其次，创业能力是机会识别的基础。识别创业机会在很大程度上取决于创业者的个人（团队）能力，这一点在陆学艺2004年主编的《当代中国社会流动》中得到了部分印证。报告通过对1993年以后私营企业主阶层变迁的分析发现，私营企业主的社会来源越来越以各领域精英为主，经济精英的转化尤为明显，而普通百姓转化为私营企业主的机会越来越少。国内外研究和调查显示，与创业机会识别相关的能力主要有：远见与洞察能力、信息获取能力、技术发展趋势预测能力、模仿与创新能力、建立各种关系的能力等。

最后，创业环境的支持是机会识别的关键。创业环境是创业过程中多种因素的组合，包括政府政策、社会经济条件、创业和管理技能、创业资金和非资金支持等方面。一般来说，如果社会对创业失败比较宽容，则有浓厚的创业氛围；国家对个人财富创造比较推崇，则有各种渠道的金融支持和完善的创业服务体系；产业有公平、公正的竞争环境，那就会鼓励更多的人创业。

3. 机会识别模型

识别和选择创业机会是一个动态的过程，机会评估活动贯穿于整个创业的全过程。机会识别和评价是零星的思维片段通向创业实践的桥梁，近年来，学者们提出了大量的机会识别模型，以下进行简要评析。

Timmons（1999）总结概括了一个评价创业机会的框架，涉及8类53项指标，从行业与市场、经济因素、回报能力、竞争优势、管理团队、是否存在致命缺陷、企业家个人特质以及战略性差异等8个方面来对创业机会进行评估。与蒂蒙斯提出的全面的分析框架不同，有些学者认为机会识别是个体的内在的识别过程，强调企业家在机会识别过程中的能动性。Ardichvili（2003）等提出了一个基于企业家能力的识别模型，认为企业家警觉（Entrepreneurial Alertness）越高，创业机会识别与开发的成功率就越高，而高的企业家警觉则与企业家的个人特质（如创造力和乐观等）相关；成功的创业机会识别有赖于社会网络的运用；企业家特别的爱好以及市场知识是成功识别创业机会的关键。

有些学者则通过比较来对创业机会识别和评估的影响进行研究。Noel和Justin（2002）通过比较企业家和私人投资者对机会识别和评估的过程，发现两者在机会警觉、创意产生、搜寻过程与战略、机会动因等方面没有很大的差异。姜彦福等（2004）

根据 Timmons 总结概括出的评价分析框架分析了企业和一般管理者在评价创业机会评估关键指标时不同的排列序列，结果表明，“资深创业者比管理者更重视创业团队的组成、经验和创业者个人承担压力的情况，更重视机会的经济价值和战略意义，更重视机会不能存在任何缺陷”。

各个学者研究的角度不同，得出的结论也呈现多样化的态势。Timmons 更多的是从一个机构投资者或者旁观者的角度出发，结合机会本身的特点和企业（或企业家）的特质来综合考虑。Ardichvili 等人则更注重企业家精神在机会识别过程中的应用，而比较分析则有助于我们更为清晰地了解不同类型的人对创业机会的认识。

对于创业机会的特性的进一步认识有助于我们更进一步了解如何来发掘机会。识别与评估创业机会是企业家在运用机会进行创业的前奏，机会识别被认为是创业过程的关键环节，在这一环节稍有疏忽就会使创业活动功亏一篑。现有的研究主要集中在创业机会的评估方面，学者们从不同的研究角度设计出了多个机会评估模型。而围绕创业机会的识别、评估和开发过程，还有很多方面值得进一步研究，如企业家们发现创业机会受哪些因素的影响、决定创业机会开发成功或失败的因素有哪些等等。

5.3.2　创业机会的来源

企业家从事创业，而创新正是展现企业家精神的特定工具，是赋予资源一种新的能力，使之成为创造财富的活动。德鲁克指出，“能使现有资源的财富生产潜力发生改变的任何事物都足以构成创新”。[①] 他进一步指出，创新机会有七个来源，前四个机会来源来自企业的内部，分别是：出乎意料的情况、意外成功、意外失败、意外的外部事件；不一致，即实际状况与预期状况之间的不一致或者与原本应该的状况不一致；以程序需要为基础的创新；产业结构和市场结构的改变，出其不意地降临到每个人身上。另外三个创新机会的来源来自企业或产业以外的变化：人口的变化；认知、情绪和意义的改变；科学及非科学的新知识。这几个来源按照可测性和可预知性的递减顺序排列。Timmons 认为创业机会主要是来自改变、混乱或者不连续的状况，主要有七个来源：法规的改变；技术的快速变革；价值链重组；技术创新；

① 彼得·德鲁克.《创新与企业家精神》[M]，机械工业出版社，2009.

现有管理者或投资者管理不善；战略型企业家；市场领导者短视，忽视下一波客户需要。Ardichvili(2003)等人利用价值创造能力(Value Creation Capability)和价值诉求(Value Sought)两个维度来描绘创业机会。在第一象限，在价值诉求不明确和价值创造能力不能界定(即问题及其解决办法都不确定)的情况下，机会不过是一个艺术家式的梦想；在第二象限，在价值诉求明确而价值创造能力低下(即问题明确而没有解决办法)的情况下，创业机会是设计一组新的产品或服务来满足快速增长的市场需求；在第三象限，在价值诉求不明确而价值创造能力确定(即问题不明确而存在解决方案)的情况下，创业机会侧重于寻求技术的应用而不是发展产品或服务；在第四象限，在价值诉求明确、价值创造能力已界定(即问题明确、解决方法也存在)的情况下，机会发展包括运用可得的资源来匹配需求以形成创业，并以此来创造和传递价值。

我国学者也对创业机会的来源进行了探索，刘常勇指出创业机会来源有四个：其一是现有产品和服务的设计改良；其二是追随新趋势潮流，如电子商务与互联网；其三是时机合适；其四是通过系统研究来发现机会。冯婉玲等从创业机会的来源进行研究，将创业机会分为技术机会、市场机会和政策机会三类。

如上所述，创业机会来源众多；但是，在一个现存的创业机会面前，如前面所提及的，由于在信念、偏好、信息拥有等方面的不同，企业家们并不能完全采用同样的方式来对其识别和评估。因此，有必要对企业家如何识别和评估现有机会进行进一步的研究，以探明某些企业家为何、何时、如何能识别被其他企业家错失的机会。

当一个新兴产业出现之际，必然能够提供许多创业机会，引发创业热潮。不过追随新趋势潮流的背后，也存在相当的风险。因为，究竟这项新兴产业的规模有多大，如何具体发掘潜在的顾客需求，似乎都还不确定。个人计算机产业出现时，曾引发大量的上下游相关产品与服务的创业机会，但也并非所有的创业都能获得成功。

有一些人将创业点子的产生，归因于机缘凑巧，所谓“无心插柳柳成荫”。不过，研究创意的专家以为，创意只是冰山上的一角，没有平日的用心耕耘，机缘也不会如此的凑巧。无数的人看到苹果落地，但却只有牛顿能产生地心引力的联想。所谓机缘凑巧或第六感的直觉，主要还是因为创业者在平日培养出侦测环境变化的敏锐观察力，因此，能够先知先觉形成创意构想。例如，在旧金山淘金热形成之际，无以计数的穷人满怀着美丽憧憬奔向旧金山，李维公司创办人却机缘巧合地看到了“供应坚固耐用的帆布”这个商机。于是，他立即开展以帆布为布料制作牛仔裤的事业，把产品卖给上述众多淘金客，从而成为日后创业的美谈。

发掘创业机会的做法，大致可以归纳为七种方式：

① 经由分析特殊事件，来发掘创业机会。例如，美国一家高炉炼钢厂因为资金不足，不得不购置一座迷你型钢炉，而后发现迷你型钢炉的获利率要高于大型钢炉的意外结果。再经分析，才发现美国钢制品市场结构已产生变化，因此这家钢厂就将往后的投资重点放在能快速反应市场需求的迷你炼钢技术。

② 经由分析矛盾现象，来发掘创业机会。例如，金融机构提供的服务与产品大多只针对专业投资大户，而占有市场七成资金的一般投资大众，却未受到应有的重视。这样的矛盾，显示为一般投资大众提供服务的产品市场，必将极具潜力。

③ 经由分析作业程序，来发掘创业机会。例如，在全球生产与运筹体系流程中，就可以发掘极多的信息服务与软件开发的创业机会。

④ 经由分析产业与市场结构变迁的趋势，来发掘创业机会。例如，在国有事业民营化与公共部门开放市场自由竞争的趋势中，我们可以在交通、电信、能源产业中发掘极多的创业机会。又如，在政府推出的经济振兴规划中，也可以寻得许多新的创业机会。

⑤ 经由分析人口统计资料的变化趋势，来发掘创业机会。例如，单亲家庭快速增加、妇女就业的风潮、老年化社会的现象、受教育程度的变化、青少年国际观的扩展……必然提供许多新的市场机会。

⑥ 经由价值观与认知的变化，来发掘创业机会。例如，人们对于饮食需求认知的改变，造就了健康食品市场等新兴行业。

⑦ 经由新知识的产生，来发掘创业机会。例如，人类基因图谱的产生，必将在生物科技与医疗服务等领域，带来极多的新的创业机会。

虽然大量的创业机会可以经由有系统的研究来发掘，不过，最好的点子还是来自创业者长期的观察与生活体验。创业就好像十月怀胎，创业构想在创业者心中不断地思索酝酿、反复钻研，一直到创业者感觉时机到了。

补充阅读材料一

创业机会识别要务——发现难题

创业是创立事业，事业要先有事而后有业，事即想法，因为想法可以让资源改变方向、重新配置。人类活动的方向是将资源从低效率的地方配置到高效率的地方、从低价值的地方配置到高价值的地方，这个从原来处于被使用状态的资源转换到退出使用，再重新被使用，就是创业的过程。创业何以能够让资源通过重新配置获得效率增长呢？那就是将资源引导到人类最急需的方向上去。听到这句话，很多同学会说，我急需资源，资源越多越好，这是贪心，而不是需要。我们说过需要是有代价的，一个人获得某种产品是以支付自己的资源为代价的，他用手中的某种形态的资源换取另外一种形态的资源，而不是无偿的。想无偿获得资源，是贪心的表现，而不是有价交换。显然，愿意支付更多的资源，意味着希望得到产品的人对产品非常急需，也就是说个人能接受的意愿价格是个人急需程度的显示信号，别无其他信号。同样，如果一些资源组合以后获得的价格有所增加，表明这种资源正在从人们不急需的产品中退出，转向急需的产品，这种价格差越大，表明转移资源越具有效率，这种创业的意义越大。

发现急需变成了创业的重要环节。什么是急需呢？它有很多方面的表现，但其中一个重要的方面是人们面临着难题，而你恰好给他提供了解决难题的产品，这种急需就是最重要的。

为什么要发现难题呢？其实人们有时根本不知道自己陷于难题之中，需要分析和揭露，也就是说发现难题不仅在于观察到人们的一些别扭、不满、抱怨、困境，以及各种伤害，还要分析出一些行动背后的人们的障碍及其原因。先讲一个例子。有一个女生宿舍同学之间老是闹别扭，搞得宿舍里的气氛紧张，原因是一些同学晚上用电脑上网，另一些同学怕吵、嫌影响休息。开始没有人愿意去想这个问题，觉得怪罪同学用电脑的那位有点娇气，也觉得用电脑的那位有点霸道。其他同学持有利益导向，也用电脑的同学支持使用电脑，认为怕吵的同学需要锻炼神经，而也怕吵的同学，则站在似乎是公正的立场，希望提前结束上网。总之，没有人把这个闹矛盾的事情作为一个问题，更不要说是难题。原因是什么？就是大家觉得这只是人的问题，而不是一个技术上的问题。终于有一天，创业实验室的同学听说，就将这个问题拿到创业实验室，问大家能否解决？（她的原话是能否发明一种无声的键盘）对面一位同学说:“无声键盘已经有了。”这句话,让提出问题的同学无比地泄气,她觉得自己做了一个落后的创意。起初我心中一阵欣喜,觉得那个提出问题的同学有重要进步,但当对面同学回答了以后再看她的表情,我又有一些沮丧,原因是她没有将这个难题提炼成问题,而是想自己一步解决,走向了不创意、不提出方案,就不想问题方面去了。我默不作声,等待同学们的反应,终于有位同学按捺不住说可以改进这个键盘,还有同学想再改进原理。我觉得我必须得讲话了,我说,你们思维方向出现了问题,没有难题意识,等你们发明出来,同学吵架都吵到毕业了,你们缺少解决问题的意识,而只想自己的发明。我说,现在已经发现了一个难题,就是同学吵架,原因是键盘,对面同学已经提出了解决方案,并且厂商也已经生产了这个东西,你们如果有解决难题的意识,就应该问,哪里有卖,然后你去商场买一个给这些同学,如果她们不想买,你买来一个送给她也可以,但我相信,她吵架都吵到这个程度,不会不愿意买这个能够解决问题的产品。旁边一位同学插话说,键盘除了声音以外,还有电脑会发光,也会影响别人睡觉。我说,这是另外一个难题,目前可能解决不了,但你得记住,什么时候解决了,什么时候告诉我。我再次重申,发展难题的意识是道德使然,一个不愿意发现周围人的难处,看到矛盾绕着走,既不观察也不提炼,不是好人,最多是老好人,老好人是好人的底线,再向前走一步,就是坏人了。一个人不愿意去解决世界上的问题,不仅仅是懒惰,也是无情,是寄生思想,这样的人如何能够称其为好人呢?换言之,有发现难题意识的人是创业的开始,而其背后是他想做解决世界难题的好人。这个好人,不是让有难处的人等在那里,自己去求最好和更好,而是立即用手边的资源、可以获得的资源去解决,其具体的行为就是商业活动,也是创业活动。绕开眼前的解决问题的方法,去寻找遥遥无期的未来,从根本上说,他不是一个创业者,因为他没有“事”。

这世界上的难题到处可见,只是我们通常不愿意去发现。君不见,路上行人行色匆匆?他们很忙,如此之忙,却没有人想办法解救?又不见,人们用怀疑的眼光去购买中国生产的食品,买回以后,几乎是抱着铤而走险的态度食用;再不见,一些员工承受不了激增的心理压力而跳下高楼;还不见,中国游子社会已经形成,但社会却没有亲情连接的方式……大大小小,林林总总,一经别人提醒,你便会发现,那就是中国人面对的难题。不需要调查,几乎每个人都在亲身经历,但却难题在,无人解。原因是什么?是人们的一种思维惯性,就是别人没有发现,我也不会去发现,甚至还有用如果这也算是难题,那到处都是难题,或者为什么别人不去解决这样的问题来给自己找理由推脱。发现难题需要一种精神,就是敢为天下人找难题和提出天下人没有提出的难题的精神。

找难题不是为了炒作自己，而是为了用商业的方法来帮助那些有难题的人们。有时，一些表面上的难题会引起一些人关注，甚至出面来解决，不能说这些人没有社会责任感和胆量，但就解决问题来说，他们并没有根本性解决。前些时候的院士之辩就是在学术打假的气氛中进行的，中国学术的难题并不在一两个具体的问题和个人，而是整体的学术生态环境与效率，去克服这种难题没有解决问题，相反还掩盖了很多本质性的问题。借势发挥，炒作自己，是人类难题活动的持久话题。曾经的永动机、曾经的水变油也是难题，都让一些人在当时成了名人。

发现难题的目的是为了解决它，但并不因为没有办法解决就不去发现它，发现本身也具有意义，但更重要的是解决它。你可能现在没有办法解决，但是你要记住，你有一个梦想，就是要解决这个难题。这样，你就有了创业的起点，在这个方向上，去积累知识和资源来解决，迟早会将这个问题解决掉。比如，福特认为美国农民应该用上汽车，但以当时的设计和制造成本，农民无法买得起，这成了他的难题。两次创业失败之后的第三次创业，福特发明了流水作业生产方式，提出了分销的概念和标准化生产，将生产规模扩大，并将成本大幅度降低，使自己最初的梦想得以实现。类似的例子在中国也有，如格兰仕。只有长期坚持一个难题，反复地想和试，总会有办法将难题解决的。

解决一个难题的办法有时很简单，只是那个难题你不曾提出过。比如，格兰仕要将3 000元的微波炉价格降低到800元，办法是工业化生产中最常见的——规模化生产。为了规模化生产，需要同时在国内开展大规模的促销活动。为什么中国只有格兰仕，而不是其他企业呢？原因在于只有格兰仕看到了世界已经形成了微波炉的消费趋势，技术已经成熟，而在中国人看来电器不仅仅是一种奢侈品，更重要的它是改变生活节奏的工具，微波炉将会让居家生活简化，而这正是快节奏生活方式压力所致。还有一个例子，就是人们以前出行无法携带饮品。如何方便人们携带饮品出行是生活中一件难事，而此时，饮料业已经开发出装饮品用的瓶子，只有那些知道出行不方便喝水的人才会想到将水装到瓶子里出售，并且可以将水的价值提高1 000倍。别把解决问题的方法想得太难，关键不在于解决问题的办法，而在于提出难题的深度。

抱怨是难题，但你得能够听到。很多人以为自己关在房间就会想出难题，有时会是这样。比如孙正义想出的日语翻译机，他知道日本人学习英语也非常费劲，是个难题，在别人没有发现时，他发现了。但多数情况下，你需要用一种制度将难题搜集起来。很多创业者并不是做他们初期的创业业务，却将事业做大了，原因是他们通过商业活动，从顾客那里获得了难题的信息。这被称为“开门有益”的创业方法。

补充阅读材料二

网络创业

1. 网络创业的基本概念

网络创业,是指通过网络建立自己的事业,或者在网络上建立自己的事业。两种方式的侧重点各有不同,第一种是通过网络开展自己的事业,是用网络实现传统行业的延伸。第二种是建立网络事业,打造自己的网络产品或者服务,是一种纯粹的技术性、服务性的事业。

2. 网络创业项目的原则

(1)合法;

(2)长久;

(3)稳定;

(4)制度好,能赚到大线;

(5)零风险,不伤人脉;

(6)必需品,好推广,易接受;

(7)市场大,前景广;

(8)国家支持;

(9)有成熟的系统和团队。

3. 网络创业项目的选择标准

(1)选择个人有兴趣或擅长的项目;

(2)选择市场消耗比较频繁或购买频率比较高的项目;

(3)选择投资成本较低的项目;

(4)选择风险较小的项目;

(5)选择客户认知度较高的项目;

(6)可先选择网络创业(免费开店),后进入实体创业项目。

补充阅读材料三

“草根创业时代”的来临

互联网行业从不缺少概念。几年前，互联网在国内第一次掀起了全民创业的热潮，在北京中关村大街上，任何一个手提电脑包的家伙都可能是某家网站的CEO。如今，以博客、SNS（个人社会网络）为代表的创业模式，预示着互联网“二次革命”的到来。“海龟们”似乎被冷落了，取而代之的是“土鳖们”———他们往往已在这个行业摸爬滚打了许多年，经历了泡沫吹大继而破碎的过程，积累了经验又更加冷静。最重要的是，当中国网民已经突破1亿大关的今天，“土鳖们”对本土网民的网上生活方式和需求格外了解，因此更容易从实际出发，而不仅仅是空谈理念。

由“土鳖们”掀起的这一轮创业浪潮，有人称之为“草根创业时代”。目前，从价值层面上看，这次创业热潮至少有两个值得回味的特征。

其一，英雄不问出处的“平民创业”价值。创业意味着风险，在最终的商业模式得到市场检验之前，创业者个人的背景往往成了重要的决定因素。尤其是被赋予“高科技”概念的互联网行业，对学历、出身的推崇可能达到偏执的程度。然而今天，教育背景逐渐被淡化，职业经历和经验则增加了更大的权重。这也是一个行业逐渐成熟的标志。

其二，在技术和应用上强调“实用主义原则”。基础网民数量已经“规模化”，因此需求分层越发明显。不同的网民、网民在不同的时段，需求差异明显。引用一个来自传媒行业的简单概念，互联网行业的“大众需求”已经普及和基本满足，而“分众需求”可能刚刚萌生。这就需要创业者将创业的基点建立在挖掘普通网民的真实需求上，而在技术应用上更强调“实用原则”。也就是说，“不一定先进，但一定好用”。

事实上，从微观层面看，互联网行业的“草根创业时代”也可以用来描述我们社会的整体状态。“把小生意做成大买卖”的普通人的创业故事正在不断变换着各种花样呈现出来：安徽农民在上海开起了馒头连锁店，叫板洋快餐；东北农民研制出“玉米特强粉”，企业资产已达5 000万元；还有卖扁豆卖成“大王”的，做印花布拿到奥运会订单的，卖臭豆腐干卖到酒吧里引领饮食时尚的……

不过，有调查发现，国内"草根创业者"最成功的行业仍然是餐饮业、农业加工业和服务业等相对来说门槛低、资金周转快的行业。这说明，在一些对社会进程更具影响的重要行业，我国的"草根创业者"的确还缺乏一些必要的资源。当然，这可能只是暂时的。

一般学者认为，更应该关注的仍然是观念层面的变化。当人们习惯于为中国大企业不断成功欢呼的时候，我们可能会形成一种思维定势：创业似乎过于伟大，以至普通老百姓只能敬仰，不能接近。而"草根创业时代"的来临，意味着对创业的这种误解彻底消除了，每个人都能够尝试，每个人都可能成功。当敢于冒险、勇于进取的创业精神成为一个民族精神内核的一部分时，才真的值得为之骄傲和欢呼。

小贴士

网赚好项目的十大标准

互联网创业的机遇很多，但是如何分辨真伪呢？

在百度里随便输入"网上赚钱"，就可以找到"2 150 000"个结果！我们相信，其中不乏真正好的商机。但也有很多的骗局！

有条件经常上网的网友，如果你也对"网上赚钱"感兴趣的话，那么，一定要睁大眼睛，分辨其中的真伪，切实保障自己的利益。

我们根据很多网友的经验，总结出以下"网赚好项目的十大标准"，以供参考，务求让网友们个个具备"火眼金睛"，不要让那些"美丽的谎言"给骗了！

(1) 收益可以直接打入自己的账号，按"成交单"来结算，而不是"按时间定期结算"。

这一点非常重要，很多网友辛辛苦苦赚到了属于自己的钱，却被无良的商家"无偿占用"，这些商家又往往将"结算期"定得非常长，导致很多网友无法"第一时间收到自己的收入"。

(2) 是真正的好产品。

很多网赚项目，是某些"货价不符"的低劣产品。结果导致该项目很难做长久，而你的利益当然也要受损。

没有持续性的项目，必然是难以真正赚到钱的项目。而衡量"持续"的关键，就在于产品的价值——产品能否真正帮助人们解决问题？能否真正有效？

(3) 产品的市场潜力非常大,发展空间很大。

如果一项产品,只有很少的人需要,那么,其赚钱的可能性也就很低。因为需求的人太少了! 所以,你无法开发大量的顾客来购买,当然也就无法赚到大钱。

(4) 所加盟的网站有非常好的售后服务与技术支持。

如果你努力推广的产品,根本缺乏商家的售后服务与支持,那将导致你不得不浪费大量的时间与精力去弥补这方面的缺陷! 导致自己无法集中精力于最增值的"推广环节"。当然最终产生的结果,就是:你不得不花大量的时间去做"无用功",牺牲了"最有生产力的时间",你的收益能得到保障吗?

(5) 有完整的网赚操作教材与指导。

很多网站把网赚项目描述的"天花乱坠",却不提供完整的操作教材与指导,导致网友加盟后,只知其然不知其所以然——完全靠自己的摸索与研究!

缺乏完备的操作指南,你如何能够快速地赚到钱呢? 缺乏长期的指导与培训,你如何能够快速解决各种疑难问题,从而快速进步呢? 所以,如果无论某项目介绍的如何美好,如果它缺乏完整的教材与培训,你就要"小心",因为自己无法真正地学到知识!

(6) 有很多的成功案例可以借鉴。

如果你所加盟的网赚项目,没有前辈成功的案例,那么你十有八九做了"先驱者",帮助后人去探路! 先驱往往成为"先烈",你想做这个没有成功案例的网赚项目的先烈吗?

(7) 操作方法必须简单、易学、易实施。

如果某个项目,看起来非常复杂,难以掌握,就意味着你要花大量的时间去琢磨、去学习,那你如何能快速地见效呢? 一般来说,步骤越多的项目,其实施的困难度越大! 你是希望体验"复杂"的项目,还是"简单易行"的项目呢?

(8) 竞争者比较少。

如果某个项目,已经有众多的网友加盟,并实施了较长时间,那么你的实施就一定会比他们要困难得多! 因为根据马太效应,越是领先者收益越高,所以你一定要看清某个项目的加盟者是否已经太多了。

(9) 产品的收益率较高。

这一点是所有条件中最重要的标准之一。如果某件产品,经你的转介绍,收益只占售价的20%、30%,甚至只有10%,那你的"利润率"就太低了。所以,一定要注意:

收益率是否高于50%——这是“好项目”的起步条件。

(10) 是否可以保障自己的长久发展。

很多网友参加某个项目，只为了赚眼前的小钱，却忽视了自己的成长与未来发展。而这才是衡量“好项目”的核心！

你不仅应该注重目前的发展，还应该侧重未来的发展——尤其是个人智力的提高与知识的积累！我们是为了未来的美好生活而努力的，不是仅为了眼前的得失！如果一个项目，不提供培训、不提供交流社区、不提供持续升级、不提供知识普及，你能从这个项目中“体验未来的发展”吗？

综上可知，真正的“网赚好项目”——同时满足以上十大标准的——非常之少，所以，你要睁大自己的眼睛，用自己的智慧去判别真伪！

有准备的人，一定能找到满足以上十大标准的好项目。

【本章小结】

创业困难在于市场风险，也就是投资风险，要赚钱就得投资，这个投资有时会血本无归。这是创业者必须面对的，政府支持全民创业就是降低投资者的风险。对投资风险，市场经济国家通行的做法就是发展“风险投资”。风险投资就是智力与资本的结合，创业活动的实质是创业者识别、开发与利用创业机会的行为过程，通过这一过程，将创业者资本转化为能为市场带来新价值的产品或服务。

【复习思考题】

1. 创业风险来源于哪些地方？
2. 创业风险有哪些类型？
3. 什么是风险投资？风险投资有哪些特征？
4. 风险投资过程中的风险复杂性特征有哪些？
5. 风险投资有哪些类型？

第六章　创业经济载体

【知识目标】

通过本章学习，让学生认识创业经济的三种载体：科技企业孵化器、中小企业以及产业集群。

【本章概要】

创业就是创办企业，即如何做生意的问题。核心竞争力包括创业者团队、品牌传播、产品技术、市场营销、客户服务等，它是通过一个创新的商业模式来解决的。优秀的创业团队与正确面对失败至关重要。

6.1　科技企业孵化器

有特殊知识或技能的人可以低成本创业，不需要大的资金投资，只需要智力投资，包括特有专长或某方面的专长，如专利或管理才能、营销才能等。这方面的例子很多，如著名作家、律师、高级工程师、职业经理人、发明家等。实际上，个人的智能和专长就是一种资源。这种类型的创业经济载体通常是企业孵化器。创业者能充分挖掘、利用、整合资源和信息，创业者是善于借势的人。这里的重点是利用别人的资源，成就自己的事业。如风险投资，就是一些人的智力资源和另外一些人的资本资源的结合。这里的智力资源范围很广，如专利、创业点子等。

6.1.1　科技企业孵化器是什么

1. 科技企业孵化器的定义

随着技术创新的飞速发展，一大批高新技术企业成为各自行业的领军企业。以美国为例，微软、英特尔、康柏、网景和雅虎等信息业巨子显赫辉煌。微软公司目前股票市值已经超过了全美三大汽车公司市值的总和；雅虎在经过短短的 4 年发展以后，市值便达到了近百亿美元，这是传统工业企业往往需数十年甚至上百年才能企及的目标。这是一个个真实的神话，一个个令人瞠目的奇迹。这些 IT 业的先锋能取得如此辉煌的成绩并各领风骚，就使得关注经济发展动态的专家学者和关心经营管理的企业家共同聚焦于这样的分析和研究：究竟是什么原因促进了这些高科技企业如此迅速地发展？在这些企业的创业发展过程中，有没有一些揭示新经济时代发展规律及共性的创业规则？答案是肯定的。这就是企业孵化器与风险投资的介入，使企业走上一条新的生存发展之路。

科技企业孵化器，是一种为培育新生企业而设计的工作环境，是新经济时代新技术企业由雏形到新生的“子宫”。企业孵化器一经问世，便成为催生、催熟高新技术企业的利器。因此，利用企业孵化器催生高新技术企业，便成为新经济时代的创业规则之一。

科技企业在企业孵化器里运营的初期就通过优化其内部结构，使之具有独立的成熟的经营能力以及相应的吸引风险投资的能力。有了风险投资家的直接介入，高科技企业便会一飞冲天，以令人吃惊的速度发展起来。如果企业孵化器仅仅是高科技企业孕育者的话，那么风险投资便是高科技企业的接生者。新经济时代的高新技术企业，借助风险投资实现企业的腾飞，也就成为新经济时代另一创业规则。

例如，网景公司凭借风险基金和在纳斯达克上市，乘互联网之东风，一夜之间从一文不名的小公司变成了拥有 20 亿美元资产的企业巨星；雅虎公司尚未营业就被风险投资公司确认拥有 400 万美元的资产了，成立刚刚一年，两位创业者就从穷学生一跃变成令世人瞩目的亿万富豪了。可以说，在新经济时代的今天，一些拥有高新技术，甚至只是一个好主意或者只是具有高智力的创业者，通过企业孵化器的孵化、风险投资的推动，顷刻之间就会成为拥有亿万资产企业的当家人。

在新经济时代，创业不论资历。15 岁的戴尔创办了戴尔电脑公司，20 岁的比尔·盖茨创办了微软公司，网景公司创办时马克·安德森只有 25 岁。这些年轻的创业者们拥有的不是资历而是智慧，这就是新经济时代特有的创业规则。新世纪学生创业的崛起又一次突显了这一创业规则。

传统经济无法想象这样的事实：企业可以孵化，企业能够孵化。企业孵化器是新经济带给新世纪人们的一个杰作、一个奇迹。

2. 各国对创新中心/孵化器的认识

科技企业孵化器诞生以后，由于其独特的运作方式和特殊的功能定位，引人注目。但各国学者对其认识有所不同。

(1) 美国

美国著名的孵化器专家 Lalkaka 认为，企业孵化器是“一种为培育新生企业而设计的工作环境”。在这个环境中，人们试图创造一些条件来训练、支持和发展一些成功的小企业与盈利的企业。其特点包括：精心挑选有潜力的新建或处于初期阶段的企业；为每个租户提供指定的空间及接入通信与办公等方面的公用设施；负责训练、开发与协助新生企业的小规模管理队伍；提供获得法律和金融方面专业服务的渠道；可以接受的房租和服务收费；企业进驻孵化器三四年后，将“毕业”离开。中央与地方政府通常支持这种机构的建立并在运营中给予帮助，但孵化器本身一般实行企业化运作并经过最初几年运营后达到经济独立。

(2) 欧洲共同体委员会(欧盟的前身)

欧洲共同体委员会所推动的“企业创新中心”是类似企业孵化器一样职能的综合系统。该委员会认为要唤起沉睡的创业者精神，必须运用社会及行政的力量通过审慎的步骤，创建新的创新型企业。因而欧共体积极地创建“企业创新中心”，为潜在的创业者提供支持与服务，包括进行创业者基本素质和管理技能的培训、有关建立企业和准备商业计划的咨询等等。按照欧共体委员会的看法，这类企业创新的中心基本特征是：进入运营中期后，应能自负盈亏；以标准化的形式提供一揽子服务与支持；具有一套选择潜在创业者的程序。这样一些企业创新中心将为欧洲制造业的小企业的复兴作出贡献。制造业的小企业要获得新生，必须建立与世界技术和市场系统的联系。企业创新中心作为这种世界联系的子系统，可以在这方面发挥作用。除此之外，企业创新中心还利用多种现存的系统、网络和计划项目，将创业者与技术开发、技术转移活动相结合。运营一个企业创新中心意味着各种因素结合起来用于创业者的培养过程。

(3) 英国

英国学者认为创新中心就是临近研究或开发机构的一幢或一组建筑，在其中为来自研究机构或商业机构的个人或团体准备了可以短期使用的工作、生活空间，以使其得以进行战备研究或开发等活动。该中心的管理团队将提供以下服务：

① 提供秘书人员、办公设备和会议室与洽谈室等共同设施；

② 就研究成果在本地区工业和商业上应用的可能性进行调研；

③ 对使用大学和企业的商业上应用的可能性进行调研；

④ 为办理税收、执照、市场开拓和商业发展等提供建议。

（4）德国

对于德国来说，大多数企业孵化器基于这样的概念：能够改建成可容纳 10 家至 30 家小企业的建筑。其中具备为所有创业者服务的公用设施，包括装备良好的办公室和会议室、秘书及行政管理人员。这些设施的费用在租房者之间均摊，租房者可以在房租等方面享受优惠待遇。德国学者认为，创新中心具有如下特征：

① 创新中心聚集一些当地的年轻企业，其中多数是新建企业。这些企业的业务集中于新技术产品的开发和市场化，非常需要外部咨询，在启动期特别需要资金但没有抵押或担保能力；创新中心能够为企业提供一般办公及服务设施与公共服务，提供建议、信用以及与中介机构的联系渠道等。

② 创新中心的目标是创造一个在其他情况下自然生长起来的有利于企业发展的人工环境。该环境的特点是企业尤其是技术型企业的大量聚集与新企业的快速成长。因而，在选址方面，已有企业较密集是创新中心选址的主要条件；其次，一般服务机构如金融机构、咨询与信息服务机构等以及高素质的研究机构的存在就是必不可少的了。

③ 创新中心在内生型发展战略中发挥着重要作用。内生型发展战略没有传统的注重对企业的财政补贴等，转而注重提高企业的创新能力。这种战略，既要提高现有企业的活力，又要增加有创新能力的企业数量，创新中心作为一种实体，在这方面将起到积极作用。

一个企业，尤其是新建企业在创新中心里，可能会得到许多益处，如通过使用创新中心提供的公用设施和服务降低运营费用；被创新中心选中进驻创新中心而获得较好的企业形象；较易获得咨询机构的服务；获得创新中心在信息、咨询等方面的服务并得以与中介机构建立联系；在创新中心扩大经营规模；与创新中心内的其他企业进行接触并建立商业联系的可能性；由于创新中心的良好社会形象而获得金融机构资源等。

虽然各国对企业孵化器的看法不同，但形成的一个共识是：一般来讲，企业孵化器是指在新经济时代一种侧重于为新生企业而设计的创业环境，它可以为科技型、创新型企业提供可租用场地，其目的是成功地协助创业者创造出充满创新战略的企业，及时地为那些处于成长期的新兴企业有组织地提供一些帮助，促进其有步骤地迅速发展。

3. 孵化器的特点

企业孵化器在运作过程中通常存在许多明显的特点：入驻孵化器的企业往往正处

于发展的早期或初期，具有发展潜力，并且必须经过审慎选定；孵化器为每一个入驻的企业提供一定的工作空间、企业运营所需的基础设施，例如通信和管理设施；孵化器要负责训练、开发和帮助企业提高管理能力；孵化器提供有关的法律和金融方面的专业性服务；孵化器租金合理，以使新建企业不致负担过重；入驻企业经过一段时间的“孵化”以后，创业者取得了相应的业务“资格”，则必须从孵化器中“毕业”，另觅场所扩大发展规模。

因此，企业孵化器一般包括生产车间、办公用的房屋和通信等办公设施及行政、经济专家和秘书人员等。其目标设定于“为经过挑选而进入孵化器的新建企业提供低价的生存条件和相关信息，帮助企业制订、评审、修订业务计划，组织必要的培训，以提高创业者的各种技能，使新企业迅速成长，在几年内离开孵化器独立经营”。

4. 孵化器的发展阶段

一般来说，一个科技企业孵化器的发展要经历以下几个阶段：

① 开办准备阶段。准备阶段始于决定建立孵化器并着手进行调研，止于确定了办公地点并开始受理企业进驻申请。这一过程要花费很大力气，要准备详尽的工作计划，包括可行性论证、运营计划等。

② 开办阶段。这一阶段的特征是以注重实际经济效益为目标，较少考虑创新问题，为了尽快吸引企业进入孵化器，以便创收及早还清债务，往往不加选择地接收企业进驻。租户中包括不少已站住脚的公司。同新办小企业相比，它们较有把握交付租费。这时，孵化器与租户公司之间的关系类似于传统的房东与租户之间的关系。在这一阶段，孵化器虽然也提供后勤服务，但很注重其应有的管理咨询等服务。当租用公司占满了孵化器的场地之后，这一阶段就结束了。该阶段可能持续 1—3 年。

③ 业务发展阶段。该阶段的特征是孵化器达到收支平衡，至少是收取的房租基本与维持生存的费用相抵。在这一阶段，孵化器一般开始与租户建立业务协作关系、参与管理，并逐步完善接收步骤与企业“毕业”的标准与程序。

④ 成熟阶段。该阶段有两个特征：一是能够对各种租户公司提供很体面的管理咨询服务和完善的后勤服务；二是申请进入孵化器的公司数量大大超过其接纳能力。这时，孵化器已有较严格的企业接收标准，以保证在其新开办的企业中，能力强的企业占较大的比例；已依明确的程序进行孵化企业的周转；孵化器的收入来源不仅有租费，还有投资利润、租户公司产品销售提成、管理咨询所得等。在该阶段中，孵化器是一个盈利的机构。

在孵化器运作过程中,优秀的管理队伍是企业孵化器成功运作的核心和关键,通常一个成功的企业管理团队应该具有以下标准:

第一,管理人员平均年龄要年轻化、教育水平要高,而且具有国际运作的能力。

第二,企业孵化器总经理应聘请高素质、高水平、国际化的复合型人才,应具备以下技能:能独立参加国际会议或交往活动;会计算机,能熟练使用互联网;有较强的公关活动能力;具备一定的国际经贸知识。

第三,全体管理人员应精通英语及企业经营、贸易和相关的专业知识。

5. 孵化企业的选择标准及步骤

孵化器成功的标志是其孵化企业的成功。因而,孵化企业的选择非常重要。在确定孵化器的形象、主要任务的同时,就要确定选择孵化企业的标准,并实施比较严格的接纳步骤。

芬兰孵化器选择企业的步骤如下:

① 问卷调查。调查创业者的基本情况及其基本商业计划。

② 技术评估。由专家对创业者所持有的技术的特性、潜在专利、有竞争力的方案进行评估。

③ 金融分析。由孵化器委托银行,对创业者的盈利与亏损、资金、发展前景、平衡点等进行分析。

④ 项目评估或商业分析。在该阶段,创业者提供商业计划,孵化器组织专家对其项目的可行性进行分析。

⑤ 创业者综合评估。包括对创业者的资金评估、经营历史调查、查阅以往贸易登记或会谈纪要等。

⑥ 确定接纳。经过以上步骤后,符合条件的创业者或企业就可以进入企业孵化器接受孵化。

企业孵化器所孵化的企业规模一般很小,但其业务领域比较宽泛。入驻企业的业务领域通常涉及服务、制造、技术交易等。其中服务型企业比例最高。

美国和欧洲的企业孵化器一般并未制定企业的毕业标准。据调查,美国的企业在孵化器中的平均入驻时间为2.2年。开办7年以上的孵化器平均每年毕业企业3.1个,开办4年以下的孵化器平均每年毕业企业1.5个。不同类型的孵化器中企业的毕业率相差颇大。

6.1.2 科技企业孵化器的迅速兴起

1. 孵化器的兴起

企业孵化器为创新型高科技企业的成长提供了捷径和硬件支持。在孵化环境中新生的企业明显快于、强于其他类型的创业企业，双方竞争起来孰优孰劣，不言自喻。这就是新经济时代的创业规则，这也是解释新经济中高科技企业为什么一夜之间铺天盖地地萌生并超速发展现象的根本原因之一。

世界上第一个企业孵化器于1959年建立在美国纽约。企业孵化器是伴随着新技术产业革命的兴起而发展起来的。作为一种新型的社会经济组织，企业孵化器在推动高新技术产业的发展、扶植中小企业，以及振兴区域经济等方面发挥了巨大作用，目前已在全球得到高度重视和发展。

美国是世界上拥有企业孵化器最多的国家，而且仍在继续以每周新增一家的速度增长。经其孵化的企业，成活率超过80%，这里的成活率一般是指开办5年后仍运营的企业数占总数的比例。据美国国家企业孵化器协会（在以后的章节中将详细介绍）统计，1995年美国所拥有的750家孵化器中，53%在城区，19%在郊区，28%在农村，共占地295亿平方英尺，平均每家占地59 600平方英尺。美国已有50个州建立了孵化器。

目前，美国和欧洲各自建立了孵化器网络组织，并在孵化器发展中起到了联系和指导作用。美国国家企业孵化器协会，主要是为以美国为主的北美企业孵化提供服务信息的组织。欧洲企业创新中心网络（EBN），于1984年在布鲁塞尔成立。该网络的主要功能是促进、加强和支持企业创新中心（孵化器）的发展。其工作包括：对创立阶段的孵化器进行引导和给予支持，并在诸如孵化器的开办、管理、业务规划、培训等方面提供专业性咨询以改进其工作；通过电子通信、信息库、训练班、研讨会等手段进行信息交流；就欧洲共同体能否提供资金、立法和支持等方面，向其成员们通报情况；根据合同，向欧洲共同体提供服务。

到目前为止，全世界的企业孵化器近5 000家，北美地区有1 000多家，欧洲地区有2 300多家，其中美国有750多家、英国有1 314家、德国有191家、芬兰有26家。许多发展中国家和经济转轨国家也积极采取措施，大力兴建企业孵化器，目前巴西有50多家、俄罗斯有33家、波兰有30家、中国有100多家。

2. 孵化器迅速发展的原因

企业孵化器能够在国外得到迅速发展的原因是：

（1）扶植有潜力的小企业

发展小企业的需要是国外企业孵化器产生与发展的最重要原因。在西方国家的经济发展中，钢铁、化工、电力、石油、汽车等行业，一直是其经济支柱和基础。但自20世纪90年代以来，随着科技革命的不断深入，新领域的不断开拓，上述行业的大公司已不能包揽一切。相反，小企业的数量越来越多，对经济生活产生的作用也日益加大。美国的硅谷、波士顿128号公路等地在以高新技术产业为龙头的带动下，经济迅速发展以及高科技小企业的自发增长，使得越来越多的人对小企业刮目相看。在这样的形势下，出现了重视小企业的作用、重新评价小企业地位的趋势。扶植小企业，以推动经济发展成为美国和欧洲政府加强经济竞争能力的主要决策之一。而企业孵化器则是扶植小企业的一种行之有效的方式。

（2）鼓励发明家成为创业者

建设企业孵化器的另一个原因是试图弥补科学园的缺陷，鼓励有科学发明、新技术的人创办自己的企业。西方科学园的主要功能是在大学和企业之间建立联系及建立技术转让、技术交流的渠道。尽管它吸引了大量的新建小企业，但由于不是专门为小企业服务的，不能满意地解决小企业的需求。科学园往往把精力集中于建设环境优美的办公场所、吸引已经站住脚的公司，而不是把重点放在培养、扶植小企业身上。其扶持的对象也是基本上没有选择的。科学家虽也向发明家提供技术上的帮助，对其成果的商业化提供咨询，却不鼓励发明家成为创业者，去创办自己的企业。许多企业孵化器的目标则是弥补科学园的缺陷，培养创新型的、技术密集型的新建小企业，通过提供整套服务设施和管理咨询服务，使小企业创业的失败率降到最低程度，同时培养一大批科技型创业者。

（3）发展高新技术

高新技术具有产品的附加价值高、产业的发展速度快和就业增长率高等特点，对经济增长的贡献特别突出。因此，世界各国的中央和地方政府都力图从高科技领域寻找出路，以增加本国或本地区的技术和经济竞争能力，或使衰退的传统工业复苏。实践证明，发展高新技术产业，除了一些实力雄厚的大企业之外，大批科技小企业的作用不可忽视。但这类企业在其发展道路上通常会遇到一些问题，如管理问题、“青春过渡期”问题、资本不足问题、成果转化市场问题，等等。高新技术公司只有适当地解决了这些问题，才能脱颖而出。而这些问题的解决，小企业单靠自己的力量难以办到，一般要寻求外界帮助。因此，企业孵化器应运而生。

中国的企业孵化器还在起步阶段，仅在少数几个高科技产业相对集中的地区面世，这是我国众多创业者的希望所在。新经济的创业规则告诉我们：发展新经济离不开高科技企业，而发展高科技需要企业孵化器的扶持与催生。愿中国的企业孵化器更多地为我国的新经济事业尽培育之责、献催化之功。

企业孵化器的目标主要是为新兴高科技项目和企业的创业者提供一定的服务设施以及相应的服务，支持和协助被孵化的项目和企业。企业孵化器提供的服务范围取决于孵化器的目标、租户类型、财政状况和管理水平等。在其发展过程中，孵化器提供的服务需要经历一个由简单的基本服务到较深层次服务的过程。

企业孵化器越多，所孵化目标也就越多；孵化的内容越好，孵化企业的质量也就越好。加速孵化必然带来高科技产业的兴起和高科技企业的强盛。

3. 孵化器对高科技企业的支持

一般来说，企业孵化器对新建高科技小企业的支持主要表现在：

（1）向新建高科技企业提供场地

这是企业孵化器的基本功能。场地包括办公、实验和生产用地。提供的场地要让客户负担得起，且搬进、搬出都很方便。

（2）为客户公司提供后勤服务

提供一系列共享的后勤服务，包括：收发文件和信件、办公室设备及家具、复印、文字处理与打印、计算机设备、商业图书馆、安全设施、库房、接待设备及接待员、会议室、传真、电话、秘书工作、食堂以及场地的维修等。

（3）帮助企业家制订经营计划

企业孵化器向申请的小企业的人员提供基本训练和一般性指导，帮助他们制订一份周密可行的经营计划。这也是企业孵化器筛选、考核申请进入孵化器企业的一个重要步骤。通过这一步，筛选出那些市场前景相当可观的企业进入孵化器，以保证较高的孵化率。

（4）提供科研设备

进入孵化器的公司大多从事高技术的研究与开发，但它们一般都缺乏研究尖端技术所需要的实验设备。孵化器通常利用其与大学或科研机构的紧密联系，促使大学或科研机构向客户公司无偿或廉价提供科研设备。

（5）帮助解决资金

帮助高科技企业打通与商业银行或风险投资公司的联系渠道；建立孵化器自己的种子投资基金，或作为风险投资的代理人；为高科技企业进行资金担保，简化资金借贷手续，使财务资助更方便。

（6）帮助开发市场

通过孵化器与其他机构的联系，建立地区、全国乃至国际市场支持网络，帮助高科技企业开发新产品市场。

（7）提供律师和会计师等专业服务

客户公司所需要的专业服务（如律师、会计师等），有的由孵化器中的行政管理人员中有上述专长的人担任，而更多地则是依靠当地人才库的协助。

（8）提供培训服务

为客户公司的职工，包括经理进行创业和管理技能等方面的培训。具体措施有：企业孵化器自己举办培训班；介绍客户到当地举办的专门培训机构去学习；介绍客户参加当地大学举办的讲座、研讨会，或攻读一部分研究生课程等。

（9）发现人才

企业孵化器有步骤、系统地培养具有特色经营科技企业的人才、即挑选可孵化的创业者。这些人包括：准备创办新企业的人才、现有中小企业的经理和从大公司分离出来的小企业经理。在这方面，孵化器通常要取得已有的科技企业网络的协助，请他们推荐人才。

（10）树立成功创业者样板

通过孵化，鼓励科技人员尤其是有才华的大学生创办风险企业。孵化器为创业者提供相对优越的环境，使成功的机会大于失败的比率，以榜样的力量激励创业者创建高科技企业的精神。

能够得到的数据表明，企业孵化器通过对高新技术企业的扶持，提高了就业机会，在区域经济发展中作出了贡献。例如，从孵化器创办开始，美国平均每个孵化器毕业企业创造的就业机会为 853 个。美国亚特兰大的高技术开发中心在经过了几年的运营后，为社会培育了 22 家企业，并正在孵化 36 家高新技术企业。

在欧洲及发展中国家，企业孵化器也在发挥着类似作用。芬兰第一个孵化器于 1987 年建立，到 1995 年该国已有 25 家孵化器，孵化企业 200 家，雇员 450 人。这些企业多是开发专利项目的新建企业。其中30%的企业拥有一项专利产品或注册设计。这些企业在各自的技术领域具有专长,但需要孵化机构在整个发展方向上进行帮助。据芬兰贸工部的调查,孵化器最受企业欢迎的方面是:能提供资金、形象设计、协调、专家和开发服务。89%的被孵化企业表示,若再兴办企业还愿意入驻孵化器。

捷克的17个孵化器已经孵化了440个新企业,在过去的三年多时间里,平均每个孵化器孵化26个企业,增加1 000个工作机会。其孵化企业的成功率达到80%。

在新经济时代,利用企业孵化器进行创业已成为一条新经济时代的创业者普遍遵循的创业规则。从企业孵化器的作用对象来讲,企业孵化器就是高科技企业迅猛发展的推动力和高科技巨人的加速器。

6.1.3 科技企业孵化器的产业经济学分析

伴随着科技企业孵化器的集群特征日益突出,科技企业孵化器已成为一种新兴的产业,对于科技企业的发展以及区域经济的推动具有重要影响。科技企业孵化器既是科技企业寻求孵化服务的必然结果,亦是科技企业孵化器自身发挥规模经济与范围经济的直接反应。科技企业孵化器可划分为综合性孵化器、专业孵化器、大学创业园区、专利技术孵化器、流动孵化站和行业技术孵化器等多种类型,除各类科技企业孵化器的集聚外,集群内还包括各类中介机构、配套服务部门等,其同时融合共享空间、共享服务、孵化企业、孵化器管理人员、扶植企业优惠政策等要素,由此构成了集群内的产业组织。

从产业经济学的角度出发,科技企业孵化器作为一种特殊的产业组织,其组织规则制定、组织结构特征、竞争与垄断策略对于科技企业孵化器的产生与发展具有重要影响。为考虑更多的区位优势以及空间便利,科技企业孵化器将严格依照科技企业的专业技术领域分布及地理集中度来进行产业分布。

(1) 科技企业孵化器的产业组织特征

科技企业孵化器的产业组织具有依存性、催化性以及选择性特征。

① 科技企业孵化器的组织依存性。科技企业孵化器的形成同其他组织一样是市场选择与专业分工的必然结果,并且各类产业组织之间存在较强的关联性,就此而言,科技企业孵化器表现得更为明显。科技企业孵化器是专门针对科技企业展开孵化服务的组织,特定区域内科技企业的规模、种类与质量决定了科技企业孵化器的可行性与有效性,科技企业孵化器组织对于科技企业具有较强的依存性。具体而言,区域范

围内创新创业意识越强，新增科技创业企业越多，渴求孵化服务的意愿越强烈，科技企业孵化器的发展越为迅猛。科技企业所涉及专业技术领域越来越细，个性化的孵化需求越来越明显，必然会导致孵化器集群的专业分工亦越来越深入，并且科技企业孵化器的分工将依照科技企业的技术领域划分对应进行。不难得出，科技企业孵化器与科技企业产业集群具有正反馈性，即科技企业孵化器能够推动科技企业的快速稳定发展，同时科技企业产业集群亦将推动科技企业孵化器的繁荣昌盛，两者休戚相关，相互依存。

② 科技企业孵化器的组织催化性。同传统的产业组织一样，科技企业孵化器必须综合考虑集群内外的组织格局与竞争态势，参与区域内外科技企业孵化器之间的合作与竞争。作为不完全的竞争性产业组织，科技企业孵化器同样必须具备良好的经营理念、经营环境与经营模式，以盈利为目的并推动科技企业孵化器的良性循环。科技企业孵化器相对于科技企业而言仅相当于“催化器”的作用，即借助于共享空间、共享服务、孵化企业、孵化器管理人员、扶植企业的优惠政策，科技企业孵化器能够为创业者提供良好的创业环境和条件，帮助创业者将理论成果迅速转换为商品进入市场，提供综合服务，帮助新兴的科技企业迅速长大形成规模，为社会培养成功的科技企业以及创业企业家。在此过程中，需要特别指出的是，科技企业孵化器仅为科技企业提供尽可能满足其需要的资金、设施、人员及咨询，其并不会干预创业企业家的决策与选择，更不会要求成为科技企业的控制者或管理者。在完成具有催化特性的孵化服务后，科技企业孵化器将开始下一轮新的科技企业孵化服务。

③ 科技企业孵化器的组织选择性。目前国家、各省市对孵化器项目的鼓励政策主要倾向于生物技术及生物技术产业、环境保护技术及环保装备产业、信息技术及信息服务产业、新材料技术及新型器件产业、新能源技术及节能产业等。从寻求获取国家配套政策扶持的角度出发，科技企业孵化器组织将更倾向于从以上高科技产业中选择对应的孵化项目，即科技企业孵化器的组织选择受到明显的政策导向作用。科技企业孵化器在尚未完全确定其专业技术领域时，对于科技企业及其孵化项目的选择往往具有一定的试错性，即科技企业在孵化器集群中的孵化未必是成功和有效的，某一专业技术领域在孵企业与已毕业企业的数量决定了科技企业孵化器在该领域的能力高低与经验多少。显然，某一领域成功毕业的科技企业越多，意味着科技企业孵化器在该领域的工作是卓有成效的，其有利于科技企业孵化器在此范围内形成专业技能，从而更倾向于与该类科技企业合作，即科技企业孵化器的组织选择受到自身专业方向的

影响。此外，竞争对手对于市场的争夺、专业的选择、方向的判断均会影响科技企业孵化器的组织形态。

(2) 科技企业孵化器的产业关联分析

科技企业孵化器的产业关联是指其他产业与科技企业孵化器产业通过孵化服务供需而形成的相互关联、相互依存的内外联系，其可体现为两个方面：其一为科技企业孵化器的要素产出，即其所提供的综合性服务和必要设施、良好的创业环境、资金等，是科技企业在创业初期需求最为迫切的生产要素；其二为科技企业孵化器的产业供给，即接受过孵化服务的优秀科技企业毕业生及其创新创业能力，将成为整个科技产业发展重要的投入要素。通常情况下，产业关联度可以用产业影响力系数（反映产业的后向联系程度）和产业感应度系数（反映产业的前向联系程度）来衡量。

① 科技企业孵化器的产业触发度。科技企业集群以及科技企业孵化器的形成并不是一蹴而就的，而是两者之间相互触发的结果。具体而言，是指科技企业孵化器在依托某一学科优势，积累足够丰富的政策资源、资金资源、设备资源、场地资源等之后，影响科技企业孵化器生存与发展的各种因素（包括政治、经济、技术、社会等间接环境，以及政府、大学、科研机构、竞争者、创业者、投资者、中介者、劳动力市场等直接环境）一旦具备，适应于在该孵化环境下生存与发展的科技企业集群亦将随之形成。同样，在科技企业产业链及科技企业集群越来越趋于完善时，区域范围内创业资源的有限性、创业环境的复杂性以及创业路径的不确定性必然会导致科技企业生存与发展面临资源瓶颈与能力缺口，而不断新兴的科技企业又为孵化器集群提供了丰富的客户资源，其将极有可能诱发科技企业孵化器的兴起。

② 科技企业孵化器的产业敏感度。科技企业孵化器的产出是科技企业与科技企业孵化器共同作用的结果，且与两者具有极大的依存性，表现为科技企业孵化器的产出与科技企业和科技企业孵化器的数量及质量具有严格的正相关性。即成功孵化或潜在的等待孵化的科技企业数量越大，其可能创造的价值越大，并且经过孵化的科技企业中优秀毕业生越多，其创业过程中可能创造的价值亦会越大。科技企业孵化器的种类及规模越多，能够提供的孵化服务越专业和全面，孵化器的质量越高，对应的孵化服务质量亦越高。科技企业孵化器的产业敏感度突出表现为科技企业与科技企业孵化器数量变化所导致的科技企业孵化器产出的变化，即类似于数量与产出的弹性系数。广义的科技企业孵化器产业敏感度并不局限于此，其反映为与科技企业孵化器相关的产业变动所带来的科技企业孵化器相关指标的综合变化。

③ 科技企业孵化器的产业影响度。科技企业孵化器的产业影响度并不完全是指科技企业孵化器的产出在国民生产总值中所占据的比重。若将科技企业孵化器的产业敏感度理解为集群内部与外部因素对于科技企业孵化器及其效益的影响，则产业影响度正好与之相反。即科技企业孵化器产业影响度反映为科技企业孵化器对于集群外部各类因素的综合影响。具体而言，科技企业孵化器的良性循环必然会使得政府部门越来越关注科技企业孵化器的发展，引来政府部门更多的资金投入，同时亦将形成对于风险投资、民间资本等的示范效应，带动科技投融资业的发展；科技企业孵化器的主体由科技企业孵化器与科技企业构成，科技企业孵化器虽然能够提供代理、咨询、融资、技术、人力资源、信息、推荐、组织交流、落实政策等多种服务，但中介机构属于科技企业孵化器的附属物与集合体组成部分，科技企业孵化器的不断发展对于区域内中介机构的服务水平提出了更高的要求，各类中介服务业亦试图从科技企业孵化器中寻求商机，可见科技企业孵化器同样有助于促进中介服务业的发展。基于此，科技企业孵化器的产业影响度反映了集群外的相关产业受科技企业孵化器的影响。

(3) 科技企业孵化器的产业演进理论

科技企业孵化器已由最初数量极少、业务单一的孵化器发展成为种类繁多、业务全面的孵化器。随着孵化器与科技企业合作范围越来越大、合作层次越来越高、合作频次越来越快、合作所涉及产业越来越广，科技企业孵化器的运作效率日渐提高，运作模式亦日渐成熟。

① 科技企业孵化器产业边界的变化。科技企业孵化器作为一定区域范围内的科技企业孵化器产业的集群体系，实现了各类孵化器与相关技术支持体系、服务支持体系、政府支持体系、信息网络支持体系和文化环境支持体系等的有效聚集，减少了交易成本，推动了技术创新，并有力地促进了区域经济增长。在科技企业孵化器内，产品和服务的高关联度使得孵化器集群内部各科技企业之间，各在孵科技企业与技术、金融、信息服务等支持机构之间的联系更为紧密，内部交易十分频繁，由此使得科技企业孵化器产业的内部边界被弱化、外部边界不断扩大。

② 科技企业孵化器产业发展的成熟。在科技企业孵化器内部，在孵企业之间相对稳定与熟悉的关系形成隐形契约关系，科技企业的每个项目或订单都能很方便地在孵化器集群内找到合适的委托者。同时，地理位置上的优势使得信息的交换更加快捷和有效，孵化器集群内的科技企业既高度合作又高度竞争，处于产业链邻近位置的科

技企业表现为高度合作，而处于产业链同一功能区的科技企业则表现为激烈竞争。这种合作与竞争交织的状态使孵化器资源处于最有效率的状态。同时在科技企业孵化器中，由于科技企业的地理位置优势和对应产品关联，其构成单元之间的接触面很广、频率很高，这种信息的传播及交易的高频率能够减少不确定性，致使机会成本降低。此外，彼此的合作使在孵科技企业之间、在孵企业与相关服务中介之间接触紧密，更容易建立信任关系，从而限制了机会主义倾向。可见，科技企业孵化器产业发展正日趋成熟。

③ 科技企业孵化器产业形式的创新。随着科技企业孵化器产业的不断演进，科技企业孵化器已处于从综合性孵化器向多种类型专业孵化器发展的转型时期，其投资主体由政府单一投资建立扩展到由政府、高等学校、科研院所、企业、投资机构独立或合作建立的多元化发展时期，由此导致科技企业孵化器产业组织形式不断创新。各地科技管理部门通过加强对各类科技企业孵化器的指导与服务，科技企业孵化器与高等学校、科研院所、中介服务、风险投资等机构之间的联系和合作，使得虚拟的科技企业孵化器网络正逐步形成。同时通过开展国际合作与交流，与国际科技企业孵化器和世界大学科技园等国际组织建立联系，科技企业孵化器的跨国联盟已初见端倪。

6.1.4 科技企业孵化器的区域经济学分析

1. 科技企业孵化器的区域经济促进论

科技企业孵化器是一定时空范围内的孵化器，其功能实现于整个孵化过程，并在一定的时空范围内体现出来。就促进区域发展而言，科技企业孵化器的功能体现在宏观、中观和微观等多维层面。从微观的角度而言，发展科技企业孵化器有利于区域创新主体的培育；从中观的角度而言，发展科技企业孵化器有利于推动区域科技竞争力提升，推动高新技术产业发展和传统产业的改造，并形成以科技企业孵化器为载体的新兴产业，进而推进区域经济发展；从宏观的角度而言，发展科技企业孵化器有助于实现区域协调发展。

(1) 微观层面

科技企业孵化器在微观层面上的最终目标是培育科技型中小企业。科技企业孵化器注重在孵企业的选择，选择具有自主创新能力或创新主体比较明显的企业入孵，推动在孵企业实现技术创新，积极引导在孵企业形成并实施以技术创新为核心的战略，使它们拥有丰富的创新源并能够与创新源紧密接触。科技企业孵化器为初创企业提供共享的基础设施和创新资源，降低初创企业的创新成本和风险，提供初创企业技术创新的原动力；汇集初创科技企业，发挥互补效应；通过在技术研发上的相互协作，提高总体研发和创新效率；营造浓厚的创新氛围，将孵化器置于整个技术创新的核心地位，成为技术创新的源头。总之，科技企业孵化器通过为孵化器内的企业提供更为广阔的平台和支撑条件，通过孵化主体的创新投入和孵化活动，最终实现科技型中小企业和企业家等的培育、促进科技成果转化等功能。科技企业孵化器是一个支撑中小企业成长的组织系统，保证初创企业能够获得广泛而全面的技术、资源等方面的支持，进一步降低了初创企业的创业成本和创业风险。科技企业孵化器在孵化企业的同时，也为社会培育了成功的科技型企业家。一方面，创业者能够通过科技企业孵化器获取强大的社会网络支撑，奠定创业和未来发展的人才、知识等基础条件。企业孵化器内各在孵企业间的竞争合作关系，有助于创业者企业家精神的形成。另一方面，科技企业孵化器在孵化技术项目的同时，不断给企业家提供管理、市场、金融、投资、贸易等方面的业务和技能培训，使创业者快速地成长为适应不断深化的市场经济需要的企业家。

（2）中观层面

区域创新网络框架内的创新活动实际上就是各行为主体通过学习在区域网络上进行系统性创新。它是提高企业技术创新能力和区域竞争力的制度性手段。在各个主体形成紧密联系的创新网络过程中，中介机构不可或缺。科技企业孵化器作为中介机构的一种，在建设完善的区域创新体系中起着至关重要的作用。科技企业孵化器通过促进区域产业结构调整和升级推动区域发展。一方面，科技企业孵化器是孕育新兴产业的温床，源源不断地培育出高新技术企业群体，推动以信息技术、生物技术等为主导的新兴产业的发展；另一方面，随着科技企业孵化器的不断发展壮大，其自身也发展形成一个以知识服务为主要内容的新产业，推动知识型服务业的发展。另外，科技企业孵化器中的企业不断研究开发出新的技术成果和高科技产品，这些成果的推广应用，能够有力地促进传统产业的技术改造和产品升级。科技企业孵化器通过推进高新技术产业开发区“二次创业”，形成区域经济增长点。“二次创业”是我国高新技术产业开发区在体制和机制上的全面转型期，其根本要求在于提高技术创新能力，其突破口是提升创业孵化能力。科技企业孵化器作为我国发展高新技术产业最重要的平台之一，是促进高新区提高整体创新能力，形成区域增长的关键。

(3) 宏观层面

科技企业孵化器通过增加就业促进社会稳定。科技企业孵化器通过孵化成功的企业,促使企业成长,实现创业型就业;同时,新成立的企业创造了新的就业机会,使失业所带来的许多问题得以解决,在一定程度上促进了社会稳定。科技企业孵化器通过推动制度创新实现社会和谐。科技企业孵化器作为创新孵化平台,不仅培养企业、企业家的创新创业精神,而且形成了区域创新体系的"创新极核"。孵化器内鼓励创新、容忍失败、不断探索、追求卓越的创业文化环境,提供了体制及文化创新的人文底蕴。同时,科技企业孵化器对政府正确引导和扶持的需求,引致了政府改革和创新行政管理和服务手段的需求。发挥科技优势、凝聚创新创业人才、促进经济发展、体现公共服务和政府职能转变的公共平台建设是科技企业孵化器建设的内在要求。

透过科技企业孵化器的多维功能现象,可以发现,科技企业孵化器促进区域协调发展的功能聚焦于创新,即通过创造和培育创新主体,推动创新主体实现技术创新,推动政府实现制度创新,最终通过区域创新能力的提高推动区域协调发展。这与科技企业孵化器的自主创新功能不谋而合,因为自主创新功能是指孵化器创造和培育创新主体以及推动创新主体实现技术创新的功能。

2. 科技企业孵化器的区域经济合作论

在区域范围内的科技企业孵化器中,各科技企业孵化器与外部(科技园区/科研机构/中介服务)、各企业孵化器之间、企业孵化器与在孵企业、在孵企业之间多层次协同和共生,自成一体地形成高效和有序的整合,实现区域范围内的一体化发展。科技企业孵化器具有统一的联合与合作发展目标和规划,存在高度的协调,具有严谨和高效的组织协调与运作机制。在协同发展的科技企业孵化器内部,科技企业孵化器之间是平等和相互开放的,同时也向外部开放,这既有利于科技企业孵化器外部之间的互动,也有利于其内部的整合和统一。通过区域性、地方性孵化器行业组织来推进区域内和地区内科技企业孵化器的合作、资源共享、信息交流,从而发挥网络优势,集成当地社会资源,促进成员孵化器之间的合作、交流和资源共享。因此,科技企业孵化器有助于实现区域内的经济合作与区域外的经济合作。

(1) 科技企业孵化器的区域内经济合作

① 孵化器与政府、高新区、科技园区的合作。孵化体系是高新区、科技园区发展的功能体系之一。高新区、科技园区根据国家的优惠政策,扶持科技企业孵化器的发

展，有利于它们自身产业优势的形成。孵化器的发展也为政府、高新区、科技园区提供了增值效益，孵化器已是高新区二次创业的核心力量。

② 孵化器与科研机构、高等学校之间的合作。科技机构、高等学校的科技成果可以在孵化器中得到转化，孵化器也得到科技机构、高等学校的技术支持和硬件支持。孵化器能为大学提供科研基地和实习基地，可以帮助大学解决部分的实践教学。孵化企业可以用较低的成本获得大学或科技机构闲置设备的使用权与专业的技术咨询和指导。大学也可以为孵化器的新创企业提供一部分研究生资源帮助企业的发展。这种合作需要科技企业孵化器的建立与大学在地域上能够靠近或聚集。

③ 孵化器与投资机构或中介服务体系的合作。孵化器与风险投资有着天然的合作关系。中介服务体系如商业银行、律师事务所、会计师事务所与孵化器有着永久的合作关系。这中间的层层联系使得孵化器与投资机构、中介服务体系之间能够密切合作，从而形成了以孵化器为中心的网络资源。

④ 孵化器与在孵科技企业的合作。科技企业孵化器与在孵科技企业之间的互动，一方面是创业者更能专注于他的事业，帮助创业者实现其价值的追求；另一方面通过创业者的成长来实现科技企业孵化器的功能，创建品牌。双方的合作将为科技企业凝聚员工爱岗敬业等企业精神。创业者的激情往往会转化为人们的自觉行为，形成孵化文化。科技企业孵化器自身是个“企业”，也需要实现自我孵化，从而更有效地推动孵化企业；而在孵科技企业作为一个整体要顺利实现毕业，则与科技企业孵化器的自我发展具有密不可分的关系。企业孵化器与在孵企业是共同成长的，不仅孵化企业得到发展，企业孵化器自身也得到发展。因为创办与经营孵化器本身也是一种创业，只不过产品是在孵企业的顺利毕业而已。

⑤ 在孵科技企业之间的合作。科技企业孵化器创造了一个“小社会”，在其中很容易出现“创业集聚效应”。在科技企业孵化器内部，不同的创业企业之间使创业功能得到互补，不同的创业者之间能自发地产生各种形式的交流。创业企业在孵化器内部便可形成业务网络，进行垂直往来或平行经验交流，发挥协同发展的综合互动效应。更重要的是，在孵企业之间的协同发展必然会形成孵化器内部独特的创业文化，这种深层次的体现潜在地影响着在孵企业的成长和前进，无形中形成了在孵科技企业间的双赢模式。

(2) 科技企业孵化器的区域间经济合作

科技企业孵化器的区域内合作主要是指科技企业孵化器与共同参与孵化服务并

参与收益分配的利益关联体之间的合作，而科技企业孵化器的区域间经济合作更强调孵化器集群外部中观与宏观层面的经济合作，更突出城市与城市之间、区域与区域之间以及区域与国家之间的合作。更确切地说，是指城市科技企业孵化器之间的合作、区域科技企业孵化器之间的合作和全国科技企业孵化器之间的合作。

① 城市科技企业孵化器之间的合作。主要是指以某些城市为基础的科技企业孵化器的联合，其主要是为了提高科技企业孵化器的管理水平、完善科技企业孵化器的服务功能、增强科技企业孵化器的辐射能力、促进自有知识产权的高新技术成果转化。通过信息交流、人员培训、规范管理、指导和协调等工作，建立科技企业孵化器领域的自律组织，实现科技企业孵化器与风险投资的有机结合、促进各类科技孵化器的健康发展。

② 区域科技企业孵化器之间的合作。主要是指以一定省或跨省区域为基础的科技企业孵化器的联合，在一些省区已经建立起来。例如，华东地区六省一市的100多家孵化器发起成立了华东孵化器网络；中西部12省建立的西部科技企业孵化器网络有15家孵化器成员；华北与东北6省建立的北方科技企业孵化器网络有11家孵化器成员；等等。区域之间的科技企业孵化器合作实现了在区域范围内的孵化资源共享，拓展了科技企业孵化器的边界范围，构建了区域间以科技企业孵化器为纽带的合作经济。

③ 全国科技企业孵化器之间的合作。主要是指以全国范围内企业孵化器的联合。1993年中国高新技术产业开发区协会建立了高新技术创业服务中心专业委员会，这是中国第一个全国性的科技企业孵化器网络（组织），目前已拥有100多家正式会员，每年都举办研讨、交流活动并与国外同行建立联系。显然，区域范围内的科技企业孵化器是全国范围内的科技企业孵化器的子集，两者是合作博弈的关系。通过融入全国范围内的科技企业孵化器，区域经济发展与全国经济发展能够有效接轨并协调发展，实现在全国范围内的孵化资源配置。

区域间科技企业孵化器合作的主要任务是对科技企业孵化器的“孵化”，提出政府期望的发展方向，并对新建孵化器进行业务指导，将现有孵化器的孵化能力提高。若科技企业孵化器的合作中出现了问题和困难，则努力争取政策资源，改善经营环境。其中，城市科技企业孵化器的合作可以为其提供集约化服务，全国科技企业孵化器的合作是科技企业孵化器规模化发展的趋势，可以实现对内组织协调、对外交流合作。

6.1.5 科技企业孵化器的新制度经济学分析

新制度学派(New Institutional School)指以产权和制度为主要研究对象的当代西方经济学流派,该学派的主流是以科斯(Coase)为代表的产权与交易费用经济学、以诺斯(North)为代表的制度绩效与变迁经济学。后来经过科斯本人及威廉姆森(Williamson)、张五常、德姆塞茨(Deynseta)、阿尔钦(Alchian)和诺斯等人的发展,形成了一系列分支学科,包括:交易费用经济学、产权经济学、经济分析法学和新经济史学,从而构成了一套完整的体系。交易费用是新制度经济学中的核心概念,新制度经济学认为:正是现实世界中存在着交易费用,所以制度才至关重要,制度降低交易费用使得有益的经济活动能够进行。

科技企业孵化器与孵化器集群是一种制度安排,这种创新制度的起源、变迁与发展本质是为了节约企业交易费用,提高创业成功率,促进科技成果转化,培养成功的企业和企业家。这种组织形式既不同于企业科层组织形式,也不同于市场组织形式,而是介于它们之间的一种中间性组织形式,科技企业孵化器是一种能够有效降低交易费用的“新制度”形式。

(1) 交易费用原理阐释

① 交易费用的定义。交易费用理论的代表性人物有科斯、威廉姆森、张五常、诺斯等。科斯是学术界公认的第一个引入交易费用思想的人,他发现市场并非如新古典经济学所说的能够无成本地运作。科斯将风险因素、信息因素、垄断因素和政府管制囊括起来考虑并转为交易费用概念,此概念现在扩展到包括度量界定和保证产权的费用、发现交易对象和交易价格、讨价还价订立交易合同的费用、执行交易与监督违约行为及维护交易秩序的费用等,即制度运行费用的总和。达尔曼(Dahlman,1979)从契约过程说明交易费用,认为交易费用包括了解信息成本、讨价还价和决策成本以及执行和控制成本。威廉姆森将交易视为经济分析的基本单位,并认为交易具有三个基本维度,他从上述的交易维度来考察交易费用的性质。张五常采用设定参照系的方法把交易费用定义为所有那些不可能存在于无产权、无交易、无任何经济组织的“鲁宾逊·克鲁索经济”中的成本,张五常的定义强调经济活动中人们之间的协调成本,实际上是制度运行的成本,即“制度成本”,对于现实经济的描述更为准确。诺斯则从生产过程来说明交易费用,他认为将生产要素组织起来生产物品或劳务,要受制度和技术两个方面的制约,付出转化费用与交易费用,转化费用与交易费用之和等于生产费用。

② 交易费用的原理。交易费用理论认为，交易费用的存在及企业节约交易费用的努力，是企业存在及发展的唯一动力。交易成本理论主要有两大组成部分：一是间接定价理论，它阐述了企业为什么可以降低交易成本；二是资产专用性理论，它阐述了企业如何降低成本。

第一，间接定价理论。

1937 年科斯在《经济学》杂志上发表了他的经典论文“企业的性质”，他认为市场和企业是资源配置的两种可以相互替代的手段。市场与企业的不同表现是：市场上的资源配置由非人格化的价格来调节；而在企业内，资源配置则通过“权威”（指企业内部的行政和管理）来完成。二者之间的选择依赖于市场定价的成本与企业内官僚组织的成本之间的大小关系。企业之所以能够存在，根本原因是存在交易成本（所谓交易成本，是指通过市场机制组织交易所支付的成本，包括搜寻交易信息、谈判及履行合约所需的监督而支付的成本）。交易如果通过组织并允许以“权威”方式来组织，也是要支付费用的。因此，如果一笔交易通过“权威”方式来组织所花费的费用低于通过市场机制来组织所花费的费用，则该笔交易将倾向于以“权威”方式来组织，即“内部化”。而“内部化”过程也就是企业的扩张过程，企业的扩张也将取决于组织一笔交易时企业内部管理成本与交易成本的对比，当企业内部组织一笔额外交易的成本等于在公开市场上完成这笔交易所需要的成本时，企业的扩张将会终止。可见，企业是降低交易成本并带有权威特征的组织，企业的规模由边际交易成本决定，企业内部管理成本越少，其取代市场获得的交易成本节约就越多，而管理成本的降低在很大程度上依赖于企业的扩张，这样就促使企业不断扩大规模，形成规模经济效益，从而提高企业经营绩效。

第二，资产专用性理论。

威廉姆森进一步发展了科斯的交易成本理论，他认为企业是用以节约交易费用的一种交易模式。他从组成交易成本的不同方面，研究了组织交易的不同制度形式的经济特性。威廉姆森认为某项交易活动涉及的交易成本的大小与交易的维度有关，这些维度包括资产专用性程度、不确定性和交易频率。组织交易的不同制度形式主要有三种，即企业组织、市场以及存在于这两种组织形式之间的各种契约安排。交易维度的不同将影响到交易成本的大小，而交易成本的大小又进一步影响到组织形式的选择。可见，在威廉姆森看来，各种组织形式实际上都是规制交易的结构，因此，一种特定的交易形式必须与一定的规制结构相匹配。这一匹配越是合理，就越能节约交易成本，从而提高组织绩效。科斯对交易费用概念的贡献最具基础性意义，其建立起了制度、交易费用与新古典理论间至关重要的联系，从零交易费用的世界走向正交易费用的世界，使经济学获得了对现实经济问题新的解释力。

（2）基于交易费用的科技企业孵化器分析

① 科技企业孵化器是降低企业交易费用的一种制度安排。从降低交易费用角度理解制度起源是科斯制度理论的一个特点。新制度经济学认为，制度安排规定了人的选择的维度，提供了具有经济价值的激励或限制。按照科斯的解释，制度构成的两个最基本要素是正式制度和非正式制度。正式制度是指人们有意识创造的一系列政策制度的总和，包括政治制度、经济制度以及由此形成的等级结构。非正式制度是指人们在长期的交往中无意识形成的、具有持久的生命力并构成代代相传的那一部分文化，一般包括价值观念、伦理道德、风俗习惯、意识形态等因素。人类把非正式制度逐渐提升为正式制度，规则逐渐硬化（科斯，1994）。科技企业孵化器本质上是一个以"制度性框架"与"中介性体系"为根本特征的智能服务机构，是一种介于纯市场和科层级组织之间的中间组织形式，并在一定区域内由大量相关企业、支撑机构和服务组织在地理空间上聚集而形成的经济形态。我国科技企业孵化器"制度性框架"特征体现在：全社会都在力图建立一种强有力的制度来推动孵化器的发展。

第一，制度性的机制。科技企业孵化器是政府意志的体现，这种意志使孵化器获得了纳入政府机构框架的组织设计和超出政府机构框架的组织创新空间，制度化的创新机制和准公共机构的体制使孵化器及其在孵企业获得了特殊的生存和发展机遇。

第二，制度性的产品。科技企业孵化器在我国获取了大量政府投资，成为政府的大规模采购品，政府并不要求这种制度性投资的产品或者说是采购品短期内有多少直接的回报，其作为重要政策工具的社会性与当初发展高新区的初衷也大不相同，孵化器和高新区是两种不同的制度性的产品。

第三，制度化的服务。科技企业孵化器在中国享有特别的法律地位，从中央到地方政府通过特别立法或者以政府文件的形式支持和保护科技企业孵化器优先发展，科技企业孵化器得以有组织地为本土和回归本土的创业者提供公共的、完整的、制度化的服务。政府创办中小型科技企业得到空前的发展，启动新创意和开展技术创新也获得了前所未有的拥护和支持。

第四，制度性的目标。科技企业孵化器要实现明确的政府目标或者说是公共目标，即“创造并维持一个高效率、低成本的创业环境，迅速推动科技成果转化和产业化，批量生产企业、批量提供就业”三大目标，其中企业、企业家、企业就业已被很多人认同为孵化器生产的“公共产品”。

② 交易费用理论证明了中介性体系存在的合理性。企业的直接交易和经过中间层交易都存在交易费用（此处包括机会成本 C 和交易成本 T），交易者选择直接交易还是选择中间层交易，取决于交易费用与交易收益的比较。假设某个直接交易给买者带来的价值为（扣除生产成本之后的收益）V_D，而卖者承担的机会成本为 C_D，交易成本 T_D 由双方分担。由中间层完成一次交易给买者带来的价值为 V_I，卖者承担的机会成本为 C_I，交易成本由买者、卖者和中间层共同承担，总的交易成本等于 T。中间层的交易如果能够提高交易的净收益，即 $V_D - C_D - T_D < V_I - C_I - T_I$，交易就应该由中间层来执行。

第一，假如两种类型的交易带来的交易收益是相同的，即：

$$V_D - E_D = V_I - E_I$$

那么，只有中间层的交易成本低，$T_I < T_D$，交易才会由中间层来执行。

第二，假如直接交易和经由中间层交易承担的交易成本相同，即：

$$T_I = T_D$$

那么，经由中间层的交易只有在能提高交易净收益的条件下才能发生，即：

$$V_D - C_D < V_I - E_I$$

此时，中间层能提供一种定价和合约的服务，使得要交换的物品或服务提高了买者的支付意愿，或者降低了卖者的机会成本。科技企业孵化器就是一种介于纯市场和科层级组织之间的中间层组织形式，通过其制度创新与服务功能定位能有效降低企业的交易费用。

③ 基于科技企业孵化器的制度创新降低交易费用。制度创新是制度的决策主体（政府）通过建立制度壁垒（差别制度）限制或约束制度作用对象（科技企业）的决策行为，它可以分为强制性制度创新和诱致性制度创新。在集群区位决策中，制度创新是政府通过建立制度壁垒限制、诱导或吸引制度作用对象的具体区位和活动范围，这里的制度壁垒通常依靠优惠政策来实现。科技企业孵化器的形成与发展既包含了正式制度安排，也有普遍道德等非制度因素。制度的基本功能是为了降低交易成本，无论是降低直接交易费用还是间接交易费用，合适的制度安排都是必需的，这就为诸如法律、法庭、各种担保机制、社会规范和期货合同的激励结构等制度，提供了更好的限

制不同经济人的机会主义行为的机制。

科技企业孵化器是培育和扶植高新技术中小企业的服务机构，国务院科技行政主管部门（科技部）发布了相关的认定和管理办法，科技企业孵化器必须按照管理办法规定并通过其认定，才能取得科技企业孵化器资格，从而可以享受税收、土地经济、财政补贴等方面的优惠。与科技企业孵化器相关联的众多企业在地理位置上高度集中，就会获得在公共政策方面同政府讨价还价的机会，从而在整体上改善企业的生存环境，降低企业的各种交易成本，比如优惠的税收政策、扶持的金融政策等。与目前已经实施的科技企业孵化器有关的税收政策有："对符合条件的孵化器自用以及无偿或通过出租等方式提供给孵化企业使用的房产、土地，免征房产税和城镇土地使用税；对其向孵化企业出租场地、房屋以及提供孵化服务的收入，免征营业税"等。这些政策有利于降低孵化器内科技企业的交易费用，诱导或吸引其在一定的区域集群。

④ 科技企业孵化器集群内特定的制度文化因素降低企业交易费用。现代博弈论已经证明，当交易双方仅发生单次交易时，理性经济人必然会出现损人利己的败德行为，囚徒困境就是典型例证；而当交易次数无限增加时，对长期利益的追求会导致合作的出现，长期信任机制得以形成。在科技企业孵化器集群内，由于每个企业及孵化器都是专业化个体，它们之间通常存在着较为紧密的产业联系，进行着频繁的市场交换，因而企业间不是"个人实施"的、"一次性"的信任博弈，而是"社会实施"的、"多次性"的信任博弈，存在着快速的信任传播和信任机会主义行为的约束和惩罚机制，会促使交易的各方从长远利益考虑，减少逆选择和道德风险行为的发生，从而使集群内的科技企业间比较容易建立起信任自律机制。当逆向选择和道德风险行为发生时，由于在集群内地理位置上相近的同一产业的替代性企业很多，交易受损的一方可以很容易地识破对方的不良行为，并且支付很小的搜寻成本就可以找到新的替代企业。

⑤ 基于科技企业孵化器的服务功能降低企业交易费用。孵化器功能定位的核心是通过为新创办的科技型中小企业提供物理空间和基础设施，提供一系列的、对初创型科技企业有价值的服务支持，进而降低创业者的创业风险和创业成本，提高创业成功率，促进科技成果转化，培养成功的企业和企业家。科技企业对在孵企业提供服务是孵化器的核心业务，孵化器的服务能力是孵化器的根本所在。

第一，基于专业化分工的科技企业孵化器降低企业交易费用。一群既自主独立又相互关联的科技型中小企业依据专业化分工和协作建立起来，构成了科技企业孵化器组织主体。它既克服了由企业规模扩张而产生的企业内部组织交易成本过大等规模不经济，又降低了由不确定性大、交易频率小等市场制度缺陷所引起的市场交易费用，成为培养新创办的科技型中小企业成长的一种制度性良方。科技企业孵化器在建立之初就明确了专业领域，从本身的人才、设备配置上具备专业化的基础，通过提供专业化设备、专业化服务来吸引某一行业内的创业者，这些企业通过专业技术服务被吸引到孵化器，其目的是从单个企业逐渐发展成覆盖行业的产业链，是孵化器建设和发展的较为高级的阶段。目前国内有不少孵化器属于这一类，如生物技术孵化器、新材料孵化器、软件孵化器、集成电路孵化器、环保孵化器等。专业孵化器具有更强的人才、技术、管理、市场等资源的整合能力和整合效率，孵化成功率高，投入产出比高，有利于吸引本专业范围内的优势项目，有利于聚集本专业领域内专家的优势力量，有利于形成本地区特色的产业集群。专业孵化器具有聚集效应，能够降低企业的创业风险和创业成本，而创业风险和创业成本的高低对于初创企业起着至关重要的作用，尤其是对科技企业孵化器内新创办的科技型中小企业而言。专业孵化器除了提供综合性孵化器的一般共享服务外，还根据创业企业从事的专业技术进行一定的分类，并按具体技术内容搭建相应的技术开发、检测、信息等专业化公共技术平台，减少了初创企业设施的投入。另外，专业孵化器还拥有专业化的技术咨询、专业化的管理培训，在很大程度上为初创企业在技术研发、生产运作、经营管理及市场开拓方面节省了成本。

第二，信息互通与共享机制降低企业搜寻成本。首先，是对产品信息搜寻成本的降低。科技企业孵化器使得新创办的科技型中小企业的生产更加集中，集群内的信息互通与共享机制便于市场信息的扩散和集中，由于孵化器集群内企业在同一产业所处的地理位置相近，人际间的频繁接触和交流、人才的流动都会加剧企业间知识和技术的交流与传播，减少了搜寻时间，节约了搜寻成本。其次，是对技术和知识搜寻成本的降低。这里的技术和知识包括编码知识和隐性知识。编码知识可以用明晰的语言阐述，比如书本知识、规章制度等。隐性知识是指难于具体化的知识，比如文化、氛围等。搜寻成本的降低还表现在搜寻技术人才成本的降低，各种人才在一定区域聚集，从而使厂商更容易得到所需要的人才，而各种人才也更容易找到理想的工作。

第三，共享基础设施等公共产品服务降低企业交易费用。通常情况下，基础设施等公共产品的有效供给是有规模要求的。在有限的财政支出约束下会产生矛盾现象：

有些区域的基础设施投资严重不足,致使企业发展受限;而有些区域企业分布过于松散则可能是企业需求不足,难以共同利用有限的基础设施而导致使用效率较低,造成不必要的浪费。如果大量的企业能够在某一较小的区域聚集发展,不仅能够提高基础设施等公共产品的使用效率,而且使得地方政府的集中性基础设施投资成为可能。孵化器能够提供办公场地、通信系统、计算机网络系统等创业所需要的基本设施和全天候的物业服务、商务服务,孵化器集群内企业能够共享这些基础设施意味着节约了区域内企业的交易费用。新制度经济学构建于对交易费用、信息问题、非均衡的认识之上。"制度变迁旨在降低交易费用"似乎成了新制度经济学家们的一个共识。科技企业孵化器是一种减少交易费用的制度创新,即打破既有的制度结构约束,重新构造与市场经济体制要求相吻合的一系列基本制度关系和行为制度。正式制度与非正式制度的功能互补是孵化器集群的生命力,其中的强迫性制度创新和诱导性制度创新为孵化器集群形成与发展提供了深层次的保障。从发展趋势来看,科技企业孵化器是一种以咨询和中介为根本手段的高级智能服务产业,其前提是孵化器的经营管理者必须将智能资源的内化,即具备相应的智能,以团队、个人的方式尽可能多地为在孵企业提供全方位和全程服务;智能服务的结果自然是智能资源的外化,尽可能多地为在孵企业开拓、挖掘、配置资源,包括人力资源、市场营销、发展战略在内的大规模的咨询服务和经纪、融资等中介服务,最终实现营造有利于降低企业交易费用的环境。①

6.2 中小企业

中小企业作为创业经济的载体适合家庭创业,家庭创业是以家庭为单位的一种创业活动,人员以家庭富余劳动力为主,规模一般在 15 人以内,其突出特征是灵活性和低成本,包括低组织成本、低人力资本、低管理成本。这些行业主要依靠出卖劳动力,资本方面的投入非常少,如搬家公司、家政服务等。另外,一些服务性行业,尤其是不需要大资金投入的行业,如中介服务等也适合选择这种载体创业。

当创业忽如一夜春风来吹遍神州大地之时,已是每个人都可能选择的一种生活方式、一种人生追求,抑或一种实现人生价值的征程。创业或许已不是一种壮举,但仍需

① 陈莉敏. 科技企业孵化器集群机理研究[D],武汉理工大学博士论文,2008.

要我们满怀激情,需要我们坚韧、自信而奋斗不息！有一点让所有人不得不承认,正是那些或可爱、或可敬、或可亲、或可叹、或可赞的创业者们,如张瑞敏、柳传志、刘永好、李东生、黄光裕、陈东升、丁磊、张朝阳、陈天桥……成了今日中国之脊梁！

然而更多的是千千万万在中华大地的每一个角落里用自己的勤劳与智慧搭起致富之桥的创富星星们,每一颗星星犹如一点火,星星之火,可以燎原！

全民创业有一个经济学解释就是大力发展中小企业。中央党校教授周天勇曾说过:中小企业是万善之源。根据他对东亚、欧洲、北美等地区一些国家的调查研究,凡是拥有中小企业数量比较多的地方,相对来说社会比较稳定,矛盾比较少,贫富差距也会比较小。以往我们在谈转型升级的时候,往往会对大型企业投入更多的关注。这是一个常规的逻辑,大型企业体现着国家在这一个领域之内的竞争力。大型企业的转型固然是我们要着力思考和探索的重要方向,然而如果对占 GDP 很小部分的那些中小企业加以否定,那是非常不明智的。转型升级并不等于只发展大企业,垄断企业、大企业比较多的地方,并不是民众收入普遍高的地方。

如果从民众得到更多社会财富的角度来讲,我们更应该尊重那些中小企业。一个良性的社会要鼓励更多的民众去当法人,去成为财产的所有者。我们当然需要有大企业、有核心竞争力的企业、有品牌的企业。但是我们当前遇到的问题,不仅仅是国际竞争力的问题,还有社会公平的问题,还有贫富分化的问题,这些也是我们发展转型的核心问题。

个人创业办企业有哪些形式？这里介绍三种形式,即个人独资企业、非公司制企业法人和私营合伙企业。个人独资企业也就是媒体通常所说的“一元钱当老板”的企业,由个人全资拥有,投资人对企业任何事务具有绝对决策权,但要承担无限责任。非公司制企业法人是指拥有法人资格而与公司有别的企业,与公司的明显区别是注册资本的不同。公司的最低注册资本是 10 万元,而非公司制企业法人是 3 万元。私营合伙企业是指合伙人之间以合同关系为基础的企业组织形式,为了共同的目的,相互约定共同出资、共同经营、共享收益和共担风险。合伙企业分为普通合伙和有限合伙。

6.2.1 个人独资企业

1. 优势

(1) 注册手续简单,费用低。个人独资企业的注册手续最简单,获取相关的注册文件比较容易,费用比较低。

(2) 决策自主。企业所有事务由投资人说了算,不用开会研究,也不用向董事会和股东大会作出说明,所谓"船小好调头",老板可以根据市场变化情况随时调整经营方向。

(3) 税收负担较轻。由于企业为个人所有,企业所得即个人所得,因此只征收企业所得税而免征个人所得税。

(4) 注册资金随意。《中华人民共和国个人独资企业法》对注册资金没有规定,社会上有一种极端的说法是一元钱就可以当老板。

2. 劣势

(1) 信贷信誉低,融资困难。由于注册资金少,企业抗风险能力差,不容易取得银行信贷,同时面向个人的信贷也不容易取得。

(2) 无限责任。这是最大的劣势。一旦经营亏损,除了企业本身的财产要清偿债务外,个人的财产也不能幸免,加大了投资风险。

(3) 可持续低。投资人对企业的任何事务具有绝对的决策权,其他人没有决策权,这加大了个人的责任,一旦投资人有所闪失,企业可能就不存在了。而且个人决策也有武断的一面,带有很强的随意性,对企业不利。

(4) 财务有限。企业的全部家当就是个人资产,财务有限,很难有大的发展。

(5) 缺乏企业管理。这是个人独资企业的一个大问题。

6.2.2 非公司制企业法人

1. 优势

(1) 有限责任。由于拥有法人资格,天大的责任都是由法人承担,股东个人承担的责任仅仅以其所出的股本为限,其他个人资产不受牵连,降低了个人投资风险。

(2) 运行稳定。注册非公司制企业法人时,要求拥有完善的管理和财务制度,同时股东入股后不得抽回资金,这就在法律上保证了充裕的资金和健全的运行机制,不会因为个别股东的变故而使企业产生动荡。

2. 劣势

(1) 注册手续复杂,费用高。注册非公司制企业法人必须经过严格审查,费用比较高,主要是获取相关的注册文件和验资费用。

(2) 税收较高。一方面要缴纳企业所得税,另一方面还要缴纳个人所得税。

(3) 不能撤回资金,转让困难。股东一旦出资就不能撤回资金;股东只能享受收益,不能随便转让股本。

(4) 信贷信誉不高,发展空间有限。

6.2.3 私营合伙企业

1. 优势

(1) 注册手续简便,费用低。注册方式与独资企业类似,关键在于合伙人之间达成的共同协议,合伙企业运行的法律依据就是他们之间的协议。

(2) 有限合伙承担有限责任,易吸引资金和人才。一方面,合伙企业通过普通合伙人经营管理并承担无限责任,保持了合伙组织结构简单、管理费用较低、内部关系紧密及决策效率高等优点;另一方面,可以吸引那些不愿承担无限责任的人向企业投资,也可以吸引企业所需要的人才。

(3) 税收较低。和独资企业一样,只需要缴纳企业所得税,不用缴纳个人所得税。年营业额 3 万元以下的,税率为 18%;年营业额 3 万—10 万元,税率为 27%;年营业额 11 万元以上的,税率为 33%。

2. 劣势

(1) 无限责任。合伙企业最大的风险就是无限责任,同时还有连带责任。一旦合伙人中某一人经营失误,则所有合伙人都会被连累。因此,合伙人的选择和合伙协议的拟定就相当重要。有人认为连带责任可以在合伙协议中用相应的条款规定分担比例,减少个人风险,但我国的法律规定合伙人之间的分担比例对债权人没有约束力,债权人可以根据自己的清偿权益,请求合伙人中的一人或几个人承担全部清偿责任。

(2) 易内耗。合伙企业各合伙人平均享有权利,这是它的优点,但也会带来问题。合伙人之间一旦产生嫌隙,企业决策就难达成一致意见,互相推诿,业务开展困难。如果合伙人品质有问题,则后患无穷。

(3) 合伙人财产转让困难。由于合伙人的财产转让影响合伙企业和合伙人的切身利益,因此法律对此要求严格。向外转让必须经全体合伙人同意,而不是执行少数人服从多数人的原则。退伙也存在这个问题,除非在拟定合伙协议时有明确规定,否则很难抽身而退。

6.2.4 各种形态的比较

打工不如创业，薪水是死的，而利润是活的，通过自己创业做生意，可以让薪水变成利润。这个观念就像《富爸爸穷爸爸》一书中提到的，只有自己当老板才能经济独立自主。于是越来越多的人选择开店、办企业、摆地摊、加盟连锁店、直销或者成为SOHO 一族[①]。

1. 开店

就算是要开一家小店通常也至少需要投资 3—5 万块钱甚至更多才能够开得成，而这样的店每个月可以预期的利润通常比较好的也就只有 3—5 千块钱左右，有的店连这点利润都还没有，甚至还会亏钱。

2. 办企业

资金投入大，风险高，需要面对复杂的人员管理，需要很强的能力、经验和良好的人脉。据统计，全球 90% 的企业在成立的五年内倒闭了，剩下的其中有 90% 在接下来的五年内也倒闭了，也就是说能够坚持超过十年以上的企业只有 1% 。

3. 摆地摊

规模小，收入通常比较低，而且不稳定，很难长久。

4. 加盟连锁店

在每个人都想当老板却没经验的情况下，有的人想到拿钱出来加盟连锁店，按照某一种成功模式进行复制，来降低创业失败的几率。但是我们真的去开一家店面就能够致富吗？这是值得思考的事！其实加盟之后成功的人仍然很有限！这是因为所谓的加盟连锁大都只是复制相同的店面、卖同样的东西而已，而且很少有公司会针对加盟者进行长期的经营训练，而这些连锁店所卖的产品也大都只是一时的流行风潮，根本无法应付多变社会的长期需求。

而少数能够有比较稳定可靠收入的连锁加盟方式，又必须要投入庞大的加盟费用及运作资金，这个又不是一般人可以承受的。

---

① SOHO(Small Office Home Office)，即家居办公，大多指那些专门的自由职业者，如艺术家、自由撰稿人、平面设计师、服装设计师、工艺品设计人员、产品销售人员、广告制作人员、商务代理等。

5. 直销

直销产业已有 60 多年的历史,而且在世界范围愈来愈兴盛,现今全球直销产业已有上千亿美元的营业额。仅以直销的制度而言,它绝对是 80% 的穷人翻身的机会。

但直销却有它的原罪,直销在海外叫“传销”,刚进入中国市场的时候也叫“传销”。“传销”因为直销强大的扩张性,被不少人用来从事非法集资、拉人头和骗人的事情,所以后来“传销”就变成了非法的代名词,成了过街老鼠人人喊打。后来政府着手整顿这个市场,制定并颁布了《直销管理条例》,获得国家认可的公司会被颁发直销牌照。

一般人进行直销的手法,主要就是开发亲戚朋友、约人开会(甚至骗人去开会)、不断地找人推销说服,东奔西跑,还要看人脸色,面对超过 95% 以上的拒绝。所以,这个不是一般人都可以承受的,而且容易引起别人的反感,甚至伤害人脉。因此,有不少人很反感直销,而有些人虽然很认同直销,但也还是害怕从事直销,这种现象我们称之为“直销恐惧症”。

在直销行业能够成功的通常有四类人:一是原来的背景、积累都比较好的人;二是个人能力比较强,具有个人魅力的人;三是人缘特别好,别人比较相信他、比较愿意帮助他的人;四是脸皮特别厚,死缠烂打,坚持到底永不放弃的人。

从事直销事业失败的人,都有一个共同原因,就是没有一套可以被“标准化复制”的系统!直销产业跟传统产业一样都是要把东西买进来再卖出去,但如果每个直销经营者都只凭着个人本事来进行销售,而无法将能力复制下去,那么直销制度对他而言就变得没有意义,成功几率自然就不高。

尽管如此,因为直销迎合了人性中“小投入大回报,辛苦三五年,享受一辈子”的心理,所以仍然是未来不可阻挡的发展趋势。

6. 成为 SOHO 一族

有人这样描述 SOHO 的生活:“历史上第一次,人类可以完全按照自己的兴趣和爱好来工作了”;也有人说,“如果你爱他,那么鼓励他去 SOHO 吧;如果你恨他,那么诱骗他去 SOHO 吧!”在家工作,自由潇洒背后也有孤独无奈,世界就是这样,任何东西都有代价。

SOHO 是一个需要耐得住寂寞的职业,时间久了,一种难言的孤独感会袭上心头:成功时没有人分享欢乐,失败时没有人抚平创伤。

从目前已经在家工作的人的情况看，SOHO 还是个高风险的工作形态，有许多必须面对的严峻问题。

（1）缺乏归属感。自己单打独斗的 SOHO 自由人有时生活会没有保障。因为人单势薄、没有公司在背后撑腰，安全感会大打折扣，会产生随时被淘汰的紧张感。

（2）心理问题。SOHO 人士遇到了一些难以排解的问题，难以及时与好友、同事交谈、倾诉和宣泄，只能面对冰冷的电脑和稿纸，长此以往就会产生失眠、焦虑、工作效率下降等一系列心理问题。

（3）健康问题。因为 SOHO 人士不存在加班，但实际上有可能天天加班，常常熬夜赶任务。如长期这样会对身体造成很大的伤害。

既能够充分发挥 SOHO 的优势，又能有效避免 SOHO 所带来的问题，这是每个在家创业者梦寐以求的。可是对大多数在家工作的人来说，却无法得到有力的支持和有效的辅导，只能孤军奋战，在黑暗中独自摸索。

6.2.5 如何拥有一个好的企业

创业者梦寐以求的就是拥有一个好的企业。如何拥有一个好的企业？创业者必须解决以下三个问题：

1. 拥有核心竞争力

创业就是创办企业，即如何做生意的问题。做生意的目的就是追求未来价值的最大化，如何实现价值最大化必须首先重点讨论一下核心竞争力问题。

核心竞争力包括四个部分：品牌传播、产品技术、市场营销和客户服务。

创造一个新的商业模式是实现核心竞争力的关键因素，成功的创业者必须有成功的商业模式。

延伸阅读

21 世纪最有前途的生意模式

“赢在中国”创业实名论坛上有一则报道：美国超级亿万富豪、石油大王保罗·盖蒂预测，在 21 世纪最有前途的生意模式应该具有以下几个特点：

第一，一定是拥有属于自己的生意，从事这项生意的每个人都是一个独立的生意人，而不是为他人打工。

第二，你的生意一定要提供具有广阔市场前景的产品和服务，而不是某种看起来有特色，但潜在市场很小的特殊产品。

第三，你要为你的产品和服务提供保障，这样一来，你的顾客才可能放心购买，而且还能重复购买。

第四，你所提供的产品和服务一定要强于你的竞争对手。

第五，你一定要奖励那些作出贡献的人，并且遵循多劳多得的原则。

第六，你的生意的成功一定要建立在帮助他人成功的基础之上，创建一种双赢甚至多赢的生意机制。

2. 优秀的创业团队

再好的产品和创意，再好的构思所形成的商业模式，最后还是要靠一个个团队去落实的，这个问题如果不解决，企业就永远没有成功的可持续性，这就是为什么有的企业总是离不开老板个人，一离开老板，企业就瘫痪的原因。

赚钱不容易，要保证永远能赚更难。做个企业家不容易，要做一个很成功的企业家更难。为什么？因为要创建一个团队系统。“富爸爸”说：“创业就像不背降落伞从飞机上跳下去，再在空中造伞，盼着它能在落地前打开。要是伞没造好就摔到了地上，要想再爬上飞机跳一回可就难了。”有好的团队就是确保背降落伞从飞机上跳下去，而不会摔到地上。

创业不是你一个人做得好就行，你必须是个好老师，具有带领团队取得业绩的能力，而有些人自己单干会很好，让他教人、培养人就不行，这样的人是不适合创业的。创业起步时的关键是创建团队的能力。

创业者最重要的工作是在创业之前就设计好自己的路线图：基层员工—优秀员工—好师傅—好的领导—老板。这是对一个没有经验的刚出校门的人的最保险的成功创业的路线图。

3. 正确面对失败

失败是最好的老师，能从失败中学习是最有效的学习，也是能够学到东西最多的学习。只有在失败之后你才懂得：

(1) 教训一

那些没有创业经验的只是有钱的人绝不能成为你创业初期的最好的团队成员。

(2) 教训二

风险资金不是雪中送炭而是锦上添花。创业者得先把自己的系统打造好，最好能赢利，又有好的可以炒作的题材。风投的作用就是把你的企业的赢利预期提前给你兑现。

(3) 教训三

创业之初一定要有自己的能够打开市场销路的赢利产品。营销大师李天认为：创业型企业靠的是单品静销力，这一点对创业者尤为重要。因为创业初期，既没有广告支持，也没有品牌效应，更没有顾客认知度很高的市场环境——只能靠静销力去征服顾客。而靠静销力去征服顾客的一定得是好的产品。

(4) 教训四

商业模式的创新。

从创业成功的案例中不难发现，"失败是成功之母"这个真理对创业者具有无比巨大的力量！如果创业失败了，应该怎样面对失败？充分的准备和不断地学习是最好的方法。与此同时，调整方案，转变方式和方法，继续前进，永远不要停止前进的脚步。经历过一个"死而复生"的过程，就能在未来的发展中脚步迈得更加坚定。永远要记住一点：信心是企业迈向成功的阶梯。

6.3 企业集群

6.3.1 创业在企业集群发育形成中的作用

集群现象与个人创业有着密切关系。在一定意义上，企业集群是以企业家个人的关系网络为基础的地区性企业群体。企业集群(产业群)理论一直强调地方发展的内生力量，注意到企业家或龙头企业作为企业集群发展的主要资源及企业网络的创建者、促进者和催化剂发挥着关键作用。波特在其"钻石模型"中明确提出企业战略和组织是企业集群竞争优势的重要因素之一。Evans 认为，领先企业家的存在是动态聚集体的重要因素；企业家网络等同于中小企业网络，企业集群可以被看做是企业家的聚集区域。如果没有企业家的创业活动，就不可能形成浙江众多的企业集群。企业集群内中小企业“群雄并起”式的蓬勃发展，与部分带头企业和个人的创业示范作用是紧密相关的。领先企业家或龙头企业、焦点企业的创业示范作用在于知识扩散而带来的外部学习效应，企业之间通过近距离的观察、相互学习和创新，对于市场机会的高度认同而形成企业家创业集群。忽视企业家的创业与效仿以及知识信息的作用，就不能准确地把握企业集群所创造的地区竞争优势。企业家作为地区经济发展的活跃因子，构成集群形成和发展的一个重要条件。企业家创业、创新活动对集群的形成和发展产生积极的作用，以企业家人际网络为基础的社会资本对集群中企业间的合作、创新的扩散也具有积极的促进作用。企业集群中的焦点企业在成长过程中培育了一大批具有较高技能和管理能力的个人，激发了他们的创业热情，为他们编织个人关系网络提供了便利，因而支持了企业的创立和成长，成为集群的企业孵化器。

集群发展是组织间相互依赖、相互促进的一种企业成长模式，是企业受利益驱动的创业和市场化成长过程。从这一视角出发，可以更深入地理解企业集群的实质和发展问题。当大量的企业进入特定行业而形成区域的企业集聚时，由于区域规模经济效应，将吸引更多的专业人才、技术和资金的进入，由此形成企业集群。企业集群的发育形成过程就是特定区域内一系列企业创立和不断衍生的过程。

从微观角度看，企业集群形成过程的实质是一个网络外部化的过程，只不过这里的网络外部化不是体现在产品需求上，而是体现在企业的区位决策上；企业集群的形成源于同类型企业的选址决定；从集群层次上看，企业集群区位选择的形成机制主要包括区位的成本限制、区位选择的路径依赖性及空间吸聚作用机理等内容。Brenner和 Greif(2003)应用复杂科学理论探讨了企业集群内的两个主要机制：促进集群超越临界规模(Critical Mass)和集群的当地共生互动作用(Symbiotic Interactions)。

从微观角度研究企业集群的发展，一个重要内容是企业的迁入与迁出与集群发展阶段的关系。创业者的不断涌现是企业集群发展的关键，因此如果一个地区有较强的创业文化，那么这个区域就比较容易形成产业集群。Best(2001)认为，集群的生命力优势在于能吸引外部企业的加盟并孵化出大量的新企业，其中知识溢出效应发挥了主要驱动作用，企业家的创业能力也是推动企业集群扩张增长的主要动力。李新春(2003)认为，应把激发企业家精神、促进企业家创业作为高科技产业发展的根本动力；企业集群内竞争、合作、心智模式、创业氛围、创新氛围和机遇等是集群进化的最重要动力。

创业理论研究表明，创业者创业活动是对外部环境的一种反应，因此，外部环境决定了他（她）们的创业行为。由于家庭流动能力的限制、地区偏好、对本地社会和产业环境的熟悉，以及改变住所相对高的成本等，导致在外地创建企业的成本高，因此，可以说创业者本质上是一种地方现象，创业者创建企业时依赖于他们的地方关系网络和对产业环境的了解。创业者的决策对外部因素具有较高的敏感性，会受到政策正负两方面的影响，市场存在的任何潜在的盈利机会，都可能会促使潜在创业者创建企业。而创业者创建企业的行为将引起制度、环境和政策因素的一系列的反应活动，这些因素通过维持这些新创建的企业和促进集群的成熟及创造区域的黏性，来影响集群的成功。一个地区如果能够建立起创业机制，就能促进潜在创业者成为现实创业者。

由于某区域内的一两家企业成为当地的“领先创业者”，于是区域内具有一定异质性的个体（可能是这一两家企业的职工）根据他们的创业认知，开始在当地模仿创业，或者发现新的市场机会为这一两家企业提供配套产品。一方面，先期创业者成功，为区域内其他个体（潜在的创业者）树立了榜样，由于创业成功的经济激励和区域社会系统对创业的尊重，区域内更多的人产生创业意愿创办企业，在区域内形成创业企业的集聚。另一方面，区域内大量创业者围绕某一产业进行创业活动的结果，也改变或改善了产业要素条件，进一步降低了区域内潜在创业者的创业门槛。在集聚过程中，这些创业活动相互影响并形成良性的互动。当集聚企业达到“临界规模”后，形成了创业者集群式创业的正反馈机制。正反馈机制作用的发挥，引发大量创业者围绕特定产业创业而形成产业聚集，而创业活动在区域内的集中则形成企业聚集。由于产业联系和区域人际网络关系形成企业网络，标志着企业集群雏形的形成。

微观主体的创业活动是企业集群发育的动力，以创业者（企业家）为主导的企业网络所营造的区域集群式创业机制将是企业集群进一步发展的动力机制。一方面，在区域要素条件和产业要素条件的基础上形成个体的创业认知，促使其产生创业意愿并作出创业决策；另一方面，众多个体创业的结果又改善了区域要素条件和产业要素条件，因此而逐渐建立起来并得以不断完善的区域创业机制，又使更多的个体加入创业者的行列中，扩大并优化了企业网络的组成结构。如此循环不已，最终形成以创业者为主体的企业间联系网络——企业集群。①

① 杨静文．创业理论视角下企业集群发育形成机理研究［D］，南京理工大学博士论文，2005.

6.3.2 基于创业的企业集群形成过程

1. 个体认知(学习)是创业的基础

鉴于认知在决定人们行为方面的重要作用,我们认为它也是有助于理解创业以及相关决策的重要因子。也就是说,一个人的思考方式会对其创业行为产生重大影响。Cochman(1965)和 Alexander(1967)的研究找出了影响创业过程的复杂的经济、社会和心理方面的因素。Glade(1967)把创业者视为在一个特定的社会和文化背景下经营的决策者;Vesper(1983)、Martin(1984)、Shapero 和 Sokol(1982)都在这种观点的基础上提出了关于创建新企业的模型。Casson(1982)认为"创业者是擅长于对稀缺资源的协调利用作出明智决断的人";Kirzner(1973)认为创业者具有一般人所不具有的能够敏锐地发现市场获得机会的"机敏",企业家能够利用自己特有的知识来识别这种机会,并通过对机会的开拓获取回报。

虽然个人的行为是有意识和有目的的,但是大量的例证表明人类行为认知的局限性,以及对认知和信息收集过程具有重大影响力的社会因素决定了新企业的形成不完全归因于个人行为。此外,人类学家把创业者视为在一个特定的社会和文化背景下经营的决策者,并提出了创业情境模型;相关文献发现诸如社会资本(Social Capital)、文化或民族价值(Cultural or Ethnic Values)以及一些个人差异因素会强烈地影响到企业家(创业者)创业认知的本质。同时,文化因素也是一个重要的影响因子,因为具有不同背景的企业家(创业者)在创业方面有不同的表现。因此,要理解企业家(创业者)究竟是如何思考以及为什么他们如此决策是一个首要问题。

2. 创业者资源禀赋与创业行为过程

经济学研究表明,个体禀赋在一定程度上影响着其理性决策的方式与结果,表现为个体在以其禀赋为基础的理性选择过程中应对外部不确定性因素并谋求收益最大化的行为结果,企业家创业前的资源禀赋通过影响其创业行为决策来决定创业行为过程特征,并外化为微观层次创业行为的随机性与多样性。大量的文献强调企业家资源禀赋在创业过程中的重要作用,认为企业家资源禀赋是创业行为过程的关键资源,甚至在一定程度上决定新创企业的资源构成特征。企业家在创业过程中的一系列理性决策与其创业前拥有的资源禀赋密切相关。应从企业家资源禀赋视角来透视创业行为过程,深入认识创业行为过程的特征,揭开创业行为这只"黑匣子"。

企业家资源禀赋是企业家创业前拥有的各种资本的总和，它们能为创业行为与新创企业生存与成长提供价值，包括经济资本(Economic Capital)、人力资本(Human Capital)和社会资本(Social Capital)三个部分。经济资本是企业家所拥有的可直接变现的各种财务资产的总和。企业家人力资本由一般人力资本与特殊人力资本构成，一般人力资本包括个体受教育背景、以往的工作经验及个性品质特征；特殊人力资本包括产业人力资本(与特定产业相关的知识、技能和经验)与创业人力资本(先前的创业经验或创业背景)。企业家社会资本是嵌入企业家现有稳定社会关系网络和结构中的稳定资源潜力，其价值取决于关系网络规模与关系成员所有的资本量，分为基于家庭关系的社会资本与基于人际关系的社会资本两类，包括创业合作中的信任关系等内容。

从创业逻辑进程的角度来发现创业过程，就是从感知创业机会出发，识别能为市场带来新价值的创新产品或服务概念，进而凭借企业家在聚集资源与保证新企业生存和成长两方面的卓越执行力来最终实现新企业的生存与成长的行为过程。

6.3.3 创业决策与企业集群发育

1. 创业决策过程的一般性描述

创业在本质上就是创新，因此其决策过程也就是创新的决策过程，即个体(潜在创业者)因感知创业机会而产生创业意愿、组建创业团队、筹措创业资源以及抉择创业的产品或服务(在何种行业创业、创什么“业”)、地点(在什么地方创业)、时间(何时开始创业)的过程。

创业决策过程一般经历五个阶段：对某项创业活动有初次的认识—对这一创业活动形成一种态度—决定采纳还是拒绝—实施这个新想法—确认这一决策。这一系列过程包含的行为和选择，都是需要时间的。这一过程，包括个体对新观念(信息)评估后的一系列行为与决定，确定是否把这一创业想法纳入正在进行的实践中去。与其他类型的决策相比，创业决策独特的一面在于一项创业中可见的新意和与之相随的不确定性。Knight 的不确定性理论认为，不确定性是创建企业的主要原因；Audretsch 将知识创新这一概念引入企业形成理论，可以将其视为对不确定性理论的补充。

从创业的构成元素出发，创业是创业主体感知机会后的资源整合行为，遵循从感知机会到组建创业团队，再到获取创业必需资源的逻辑进程。可见，机会感知、创业团队和资源获取三个要素组成创业的内核。另一方面,创新和冒险精神以个体为依附,具有天生的禀性,取决于其个人特质,并受后天环境的影响,特别是个体所处的文化环境;创业又是利润导向的经济行为,特定的经济环境必然影响创业行为。

2. 创业者产业选择与产业内分工

(1) 区域产业形成的偶然性和必然性(理性)

各种证据表明,地区产业经济特色的形成不是一种必然,而是一种偶然性促使下的必然结果。胡佛用了一个非常巧妙的比喻来描述这种情况。从逻辑起点看,一个区域最初的产业种类形成,往往取决于本地的自然禀赋。虽然在地方产业种类的形成过程中自然禀赋发挥了基础性作用,但是本书要着重强调的一点是,自然禀赋不是一成不变的,而是将根据社会的发展和生产力的进步不断出现新的变化。如果说自然禀赋、技术变迁等因素是影响本地产业种类演变的外在因素的话,那么本地产业的主体企业自身的运行状况则是影响其是否存在于本地的内在因素。此外,政府在本地产业集聚的演变中也起到了非常重要的作用。许多时候,本地产业种类的变化不仅是其自身发展选择的结果,而且也是政府"选择"的结果。这在政府调控能力较强的国家较为普遍,像日本、韩国等就是十分明显的例子。

创业者感知的创业机会往往以特定产业与工作背景为依托。产业选择决定了创业者创业行为的基本环境结构,如市场环境、竞争环境等。创业者开展创业行为意味着进入某个产业参与产业竞争,并在竞争中获取机会所蕴涵的潜在收益。创业者综合考虑产业结构与产业生命周期相结合的产业选择构成了短期利益与长期利益相结合的最优决策行为——选择进入壁垒和退出壁垒均较低的成长产业。

(2) 创业者产业选择引致的产业内分工

从产业分工角度看,创业者通常只能在某一产业的某个或某些环节上展开创业活动。在 Richardson(1972)看来,企业只是从生产和服务过程中截取某些阶段从事分工活动。这些活动包括研究与开发、制造过程的各个阶段及营销等。企业从事分工活动的范围取决于它的能力,它将从事与它的能力相适应的活动,而把其他活动留给市场。一般来说,通过对各种活动的协调,在其生产和服务过程中体现企业的能力。由于企业所从事的只是某种分工活动,所以它的活动从来都不是孤立的,而是与其他企业相互依赖的,企业间的活动是互补的。

处在特定社会网络中的创业者对产业发展的认知和创业资源禀赋等因素的相似

性，使得创业者通常围绕某一特定产业进行创业活动，结果便出现了创业企业围绕某一产业“集中”创业，通过“截取”产业链上的不同环节进行创业，实现了产业内的分工与合作。

3. 创业区位选择与企业聚集

（1）新创企业的选址决策及影响因素

从创业者认知学习的角度看，企业家的机会感知力受空间距离的限制，获取信息的成本、发现新的市场机会的代价、创业行为的障碍等因素随着与居住地的空间距离的增加而加大。基于创业者先前的工作背景开创自己的事业，公司选址一般在其生活和工作的地方。调查显示，已创业人群中90%以上的企业家选择在居住地创业。从创业信息获取的角度看，在创业决策的认知阶段，广泛的地方人际关系渠道更为重要，地方人际关系网络链联结的个体往往实际距离并不远，并且在社会特征方面具有同质性。信号传播距离和个体的同质性在很大程度上决定了创业者选择在创业机制较完善的地方或者在当地创业。因为，在当地创业可以向同伴或其他企业近距离观察，便于学习、模仿领先创业者。经济资本和社会资本等创业资源禀赋条件约束也使创业者不得不倾向于选择在本地创业。一般而言，企业总是选址在对它有最大经济价值的地方，如接近产品销售市场、劳动力密集地或所需的自然资源所在地。

集群区位的选择具有一定的路径依赖性，即区位的选择是“敏感依赖于初始条件的”。Krugman（1991）曾引用Dalton的地毯作为例子来说明路径依赖对区域发展的作用，如果没有地方大学对地毯技术的研究，也就没有区域的地毯聚集生产与创新。应该说，在集群形成过程中的区位选择问题上，必然性和偶然性同时起作用。

（2）新创企业的选址决策与企业聚集的形成

Marshall（1920）解释了基于外部经济的企业在同一区位集中的现象；工业区位论创立者Weber（1929）阐述了微观企业由于相互协作（分工序列化、投入—产出联系）而在选址决策中趋向于聚集；Krugman则通过建立垄断竞争的数学模型，综合考虑报酬递增、自组织理论、向心力和离心力诸因素作用，证明了低运输成本、高制造业比例和规模有利于区域聚集的形成。Philip Martin（2001）和Gian Offavia（2001）综合了Krugman的新经济地理理论和Romer的内生增长理论，证明了区域经济活动的空间聚集的向心力使新企业倾向于选址于该区域。也就是说,企业偏好市场规模较大的地区,而市场的扩大与地区企业数量相关。Anthony Venables(2001)认为,新技术改变了地理对我们的影响,但是并没有消除我们对地理的依赖性;地理仍然是企业聚集的重要条件。

新古典的区位论,把区位选择过程描述为理性人的利润最大化地点的选择过程,它包括两个方面的内容:一是经济人的利润最大化行为;二是满足利润最大化行为的区位。然而,许多研究表明,“非经济性”因素尤其是企业家的偏好、当地的社会经济环境,在区位选择过程中起很大的作用(Richardson,1987),且企业规模越大,其影响更显著。因此,除了这种制度创新以及企业组织演变以外,区别于其他区位的某些要素禀赋和人文特征,将是集群出现的重要因素。

4. 特定区域、产业内企业数目的动态变化

(1) 创业时间选择与企业聚集的形成

创业者通过理性的战略思考形成较成熟的创业主意后,往往会在比较短的时间里实施创业活动。企业家从有了创业主意到实施创业行为的时间在 6 个月以内的占了 63% 的比重,而超过一年的仅占 9% 。创业者创业时机的选择主要取决于其对创业意愿产生的时间以及由此引致的对创业机会感知的时间,这是由创业者个体的异质性及其在模仿过程中创新扩散的规律所决定的。在模仿创业过程中,创业者开始创业的时间、创业者(创业企业)数量的变化,可以用“门槛”这个概念予以解释。“门槛”是指一个给定的个体参与某项活动之前,已参与该活动的其他个体所必须达到的人数。

在该区域早期的创业者具有较低的个体创业门槛,相对其他个体,他(她)们具有创业精神、具备基本的创业条件(如有关产业运作的知识技术、资金等)。从创业决策过程中的认知学习的角度看,个体间的知识积累取决于各自的经验,因此是存在个体间的异质性的。知识积累的差异必然导致个体间处理信息能力的差异。偏好以及知识积累的不同导致了个体间的异质性,这也反映在个体间对于同一信号反应的不同。同时,个体间的异质性程度也会影响个体的预期收益。而异质性则是创新者或者“第一行动团体”(即区域内最早几个创业者创办企业)出现的前提。

后期创业者具有较高的个体创业门槛,只有当他(她)们的同伴中已有一定数量的创业者创业成功后,才会达到该个体(后期创业者)的创业门槛。在创新的采纳者

之间，个体会通过人际沟通网络向周围的人谈起他们所采纳的创新，并给予正面或负面的评价。当采纳率(已采纳者占系统内所有个体数目的比例)位于5%—20%之间(可视为“临界规模”)时，这种人际网络的影响通常会使扩散曲线急速上升。一旦这个上升过程发生，就不需要太多的努力去推广该项创新，因为该项创新的进一步扩散具有了自身的动力，这种动力来自于该创新的社会人际效应。在创业活动中，区域系统中早期的创业者通过“示范带动”影响后期的创业者，而后期的创业者也影响早期的创业者，在创业活动中它们之间的相互影响是互惠的。创业者决定在一定时间内把创业活动定位于某区域内的某个产业链上的一个环节时，对作出与之类似决策的创业者有一定的相互依赖性。

某区域内创业者围绕某产业进行创业活动时，不同的个体对“创业”有不同的个体进入门槛。这就是不同个体不是选择在同一时间同时进行创业，而是有先有后的原因，也正是“S型曲线”形成的原因。由此也决定了企业集群发育形成过程中聚集企业数目变化的阶段性特征。

(2) 由模仿创业引致聚集企业数目变化的模型化解释

企业家在创业活动中倾向于模仿产业中已有的产品或服务，而不倾向于自己独立的开发创新。通过模仿，不仅能给企业家带来创业机会，而且能降低企业家创业的风险。因为通过对市场上成功产品的模仿，企业家可以以较低的成本共享由创新者所开发的先进技术，从而规避企业家创业的市场风险与技术风险。由此可见，模仿而非创新的战术是企业家应对环境不确定以实现特定创业目标的方法，体现了企业家创业行为的理性。

李永刚(2003)从人力资源外溢的角度出发建构了一个关于小企业群落式衍生内在过程的理论模型，揭示了企业集群中企业快速衍生发展的奥秘。通过对模型的进一步分析，他指出，如果把小企业经营技术骨干具有的企业家禀赋即非收入性社会效用偏好纳入模型考虑，小企业裂变分立的可能性就更大。在现实中容易看到，一些受传统文化和传统工商业活动影响社会人群平均企业家禀赋较高的地区(如温州、宁波)，小企业群落式衍生的现象更容易形成。

(3) 约束—淘汰机制下的创业生存与企业集群发展

创业者成功创业后，创业企业能否生存、持续发展，要看创业者能否经受住种种约束与限制。

首先是市场约束，包括需求约束和竞争约束。

需求约束是区域内每一个创业者都面临的约束条件，需求不足或转移可能会淘汰部分甚至所有的创业者。如果能够开拓市场，特别是国际市场，市场容量大引致需求扩大所带来的产品价格上升、利润的增加使得创业企业能够继续生存并发展壮大；另一方面，国际市场需求价格弹性高，适当的降价策略可以争取到数量可观的订单，刺激企业不断扩大产能。而诱人的创业前景又会吸引更多创业者加盟。以此为契机可能会带动集聚企业快速发展以及区域集聚衍生企业、新创企业数目的快速膨胀，奠定了形成企业集群的必要条件。

竞争约束，这是对个体创业者的约束，其根源在于个体的创业能力，能力不及的创业者将被淘汰。这势必迫使创业者想方设法、竭尽全力地以学习创新求生存、谋发展，为创业发展提供生生不息的动力支撑，为产品开发、工艺改进等技术创新以及信息知识交流、交易联系等流通渠道的建立、维系与扩展提供源源不竭的动力。淘汰能力不及的创业者，客观上起到了提高整个区域创业企业的创业能力和创新水平。Lundvall(1992)等人认为，创新能力是指把一般知识转化为专用知识的潜力，包括非正式和正式的学习、编码和隐性知识，其基础是企业内部和企业间的知识生产和吸收。创业企业的能力与知识的异质性和同质性共存，具有异质性的能力和知识的企业(处于产业链的不同节点上)在集群内可以产生协同效应，从而建立合作，由此诱发创业企业网络的形成；而具有相同能力和知识的企业(处于产业链的同一个节点上)之间则是竞争关系。聚集于区域内的企业通过地方生产网络和基于关系的社会网络信任(道德网络)获取知识和信息，而通过全球生产网络获取外部的知识和信息。

其次是制度约束，包括非正式制度约束和正式制度约束。

非正式制度约束主要是指信任约束，包括创业者与创业产品的消费者(客户)之间的信任约束，失去消费者(客户)信任的个体创业者将被淘汰，这类失信者不断增加必然会导致“柠檬市场”的出现，最终可能会淘汰所有的创业者；另一方面是指个体创业者之间在分工协作过程中形成的信任关系，失信者可能会面临生产经营合作关系的重新架构，严重者甚至会被淘汰出局。正式制度约束，有行政法律、政策等约束，要求创业企业合法经营。区域企业网络的建立，有利于创业者诚信意识和守法经营理念的形成。

当区域内大多数(超过“临界规模”)创业企业能够经受住企业生存与发展的考验时,就可能自发形成集聚企业的“正反馈机制”,促进区域创业企业的集群式发展;反之,如果有部分创业者不能承受这些约束而采取“以邻为壑”之策寻求自身生存,其他创业者也随之跟进时,就可能打破“正反馈机制”而形成“负反馈机制”,最终导致大批创业者无利可图被迫退出创业,企业集群式发展过程终止或逆转。

5. 创业网络的建构与企业集群的形成

鉴于既存的社会网络是个体创业的起点,最近关于“创业网络”的研究更倾向于把创业家置于一个社会的背景中。网络的重要性还反映在人们对孵化器日益增加的兴趣上。对于孵化器组织的研究显示,高技术创业者倾向于把自己置身于先前工作过的环境,并且开发与其先前任职企业具有密切相关性的产品。Woodeord(1988)认为社会网络在帮助创业者建立和发展企业时扮演了积极的角色,例如个人的社会网络特性可以提高他去开办一家企业的概率。成功的创业者往往会花费大量的时间去建立个人的社会网络以帮助新创企业的成长。当创业者能够通过社会网络得到充足而及时的资源时,他就容易取得成功。Biley(1985)通过印度的160家公司的样本,研究了网络在新创企业成立中的作用,发现创业者极其依赖非正式网络,而很少利用正式网络。MacMillan(1983)在小样本的纵向研究中指出了在新企业初创时期建立网络的重要作用。

Aldrich和Zimmer(1986)认为创业过程是附着在一个连续的社会关系的动态网络中的,这个动态网络促进并且也限制着“创业家、资源和机会之间的链接”。虽然个人的行为是有意识和有目的的,但是大量的例证表明人类行为认知的局限性,以及对认知和信息收集过程具有重大影响力的社会因素决定了新企业的形成不完全归因于个人行为,只有在其描述的更广阔的社会背景下,创业过程才具有意义。大量的研究证实,企业家社会关系网络是其创业机会的主要来源。企业家社会关系网络越是发达,能获得的创业机会信息与决策支持信息就越多,质量也越高,企业家本人就具有更高的风险承担能力与倾向,更容易开展创业活动。创业是整合资源的行为,通过企业家个人的社会关系网络获得创业资源,具有很强的路径依赖性。通过利用社会关系网络,不仅能改善企业家的创业环境,而且能提高企业家应对环境的不确定性。

企业家社会资本是嵌入企业家现有稳定社会关系网络和结构中的稳定资源潜

力，其价值取决于关系网络规模与关系成员所有的资本量，分为基于家庭关系的社会资本与基于人际关系的社会资本两类，包括创业合作中的信任关系等内容。企业家通常通过与其个人关系网络成员之间的频繁交往来开发其社会资本的潜在市场价值，通过与个人社会关系网络节点间达成的“非经济交易”来扩大其社会资本的显性市场价值，最终实现新创企业的初期销售量，以谋求新创企业的生存。企业家的社会资本是新创企业赖以生存的基础，遵循由企业家个人关系网络提升为新创企业的市场交易关系，并最终转化为新创企业的财务收益，实现新创企业生存和成长的演变路径，并且随着以企业家个人关系网络为核心的开发与扩展行为的市场化，企业家个人关系网络逐渐具备组织属性，成为新创企业的组织资源，甚至形成密集的企业网络，如温州模式。

从个体创业过程的角度看，创业者新建企业网络的形成来自两方面的关系：一方面是由于社会的根植性而形成的人际关系网络，另一方面是由于产业链上的分工与合作而形成的关系，但在现实中这两种网络可能混合在一起。前一种是由于创业者空间接近所形成的企业与企业、企业与参与者（Actors）之间人格化的联系所形成的社会关系而结成的网络。后一种是以物质和技术联系而结成的网络，包括企业之间处于产品的价值链的上、下游和转包、分包而形成的分工和协作关系。在 Richardson 看来，企业只是从生产和服务过程中截取某些阶段从事分工活动，所以它的活动从不是孤立的，而是与其他企业相互依赖的。因此可以说，企业网络是创业者原有人际关系网络的扩充，是社会人际关系网络、信息网络、经济关系网络的叠加。新企业的加入，既是新企业以自我为中心向外结网的过程（创业决策过程中已经并继续要面对和解决的问题），同时又是区域企业网络整体扩张的过程。这既是微观经济主体自发行为的前提，也是其行为的结果。在企业网络中，企业行为既不是由企业内部要素，也不是由供求所导致的价格机制所决定的，而是由企业间的关系所控制的，是介于市场和企业之间的一种中间组织模式。企业网络的实质是指企业之间的各种合作关系。如 Hakanson（1987）所说：“网络形成是一个自组织过程，其演进常有路径依赖的特征，网络既是企业实施战略规则及其调整的工具，同时又可能是使它深陷其中的‘监牢’，网络中的企业在某些方面具有选择权，但它又可能在其他方面锁定于现存的网络结构中。”①

① 王晓娟．工业经济集群企业外迁及其效应研究［N］，重庆大学学报（社科版），2006（12）．

企业网络的发育程度较高，标志着企业集群雏形的形成。当然，企业集群还不仅仅是一个企业网络，它是包括一定空间内各种经济主体互动的区域产业创新网络。从本质上讲，企业集群是企业间联系网络这一抽象空间和区位禀赋网络（包括经济、社会、人文因素）这一具体空间叠加而成的网络组织。

【本章小结】

创业经济载体有科技企业孵化器、中小企业以及产业集群三种。科技企业孵化器，是一种为培育新生企业而设计的工作环境，是新经济时代高新技术企业由雏形到新生的必要条件，是新经济时代的创业规则之一。中小企业作为创业经济的载体适合家庭创业，家庭创业是以家庭为单位的一种创业活动，人员以家庭富余劳动力为主，其突出特征是灵活性和低成本，包括低组织成本、低人力资本、低管理成本。企业集群是以企业家个人的关系网络为基础的地区性企业群体。企业集群（产业群）理论一直强调地方发展的内生力量，强调企业家或龙头企业作为企业集群发展的关键作用及其在企业网络建设中的创建者、促进者的重要地位。

【复习思考题】

1. 科技企业孵化器是什么？
2. 企业孵化器能够在国外得到迅速发展的原因是什么？
3. 企业孵化器对新建高科技小企业的支持主要表现在哪些地方？
4. 科技企业孵化器的产业组织特征是什么？
5. 科技企业孵化器如何促进区域经济发展？
6. 如何拥有一个好的企业？
7. 创业在企业集群发育形成中的作用是什么？
8. 创业者成功创业后，创业企业要持续发展，创业者要经受住哪些约束与限制？

第七章　创　业　者

【知识目标】

通过本章学习，让学生认识创业经济理论的主要贡献者、主要观点以及主要贡献，让学生认识创业者的类型以及应该具备的基本素质，让学生认识创业者声誉的创建。

【本章概要】

Schumpeter 确立了创业者作为创新的执行者在经济发展中的核心角色，指出正是通过创新这一"创造性毁灭过程"，资本主义成为"进步的发动机"。Schumpeter 所说的创业者是创新者和领导者，但他不是风险承担者、管理者或资本家。创业者的创新是经济增长的动力，创新打破了旧的经济均衡，导致更高层次的经济均衡。创新内生于动态的经济系统中，需要不同寻常的动力驱使。正如没有永恒的利润一样，创业活动也只是暂时的一种状态。

7.1　经济学家对创业者的研究

7.1.1　综述

亚里士多德坚持认为，经济活动乃是一种"零和博弈"，即一个人的所得为另一个人的所失。因此，早期的科学家、哲学家大多视创业者的获利为一种掠夺，认为创业者对社会财富的增加毫无帮助（Barreto，1989）。显然，这样的时代早已过去，创业活动对财富创造和社会发展的重要意义正伴随着大量的实证研究和经济学中的创业研究被越来越多的人所认知。

Loveman 和 Sengenberger（1991）、Acs 和 Audretsch（1993）就小企业和创业在北美和欧洲的重现进行了系统的跨国研究后发现，在大多数北美和欧洲国家，从 20 世纪 70 年代中期开始，小企业的相对重要程度持续增加。Audretsch（2002）对 OECD 国家的统计分析表明，那些拥有较多小企业和创业活动的国家具有较高的经济增长率和较低的失业率，而小企业和创业活动较少的国家具有较低的成长率和较高的失业率。David Birch(1981)率先证实了创业对于就业的独特贡献，他的研究表明，美国超过80%的新工作岗位是由小企业而非大企业提供的。Davis、Haltiwanger和Schuh(1996a,1996b)的研究发现，尽管大企业创造了53%的新就业岗位，但是也消减了56%的就业岗位。Gallagher和Stewart(1986)、Storey和Johnson(1987)采用Birch的方法对英国进行研究，也得出小企业创造了该国大部分新增就业岗位的结论。Balje和Waasdorp(2001)的研究显示，荷兰新创立企业和高速增长公司创造了1994—1998年间80%的新工作。Konings(1995)、Heshmati(2001)和Hohti(2000)则分别对英国、瑞典、芬兰这三个国家验证了其创造就业机会与企业规模的负相关性。这些研究都一致表明新创企业比大企业对解决就业问题更有帮助。此外，Baldwin(1995)发现在制造业生产力增长中20%—25%来自于企业的进入和退出活动，表明新创企业对生产力增长的重要性。目前，对创业者及其创业活动与创业精神的研究正在管理学、社会学、心理学等不同学科展开，方兴未艾。相比之下，经济学并没有因为创业的独特贡献而对其进行深入研究。尽管Richard Cantillon早在1755年之前就率先提出了“创业者”这一概念，并认识到经济体系内存在着创业功能(Entrepreneurial Function)，但在此后两百多年间，创业研究一直被大多数经济学家所漠视。直到最近二三十年间，由于创业型经济在发达国家和地区的浮现和创业作为经济增长引擎作用的日益突出，经济学中的创业研究才日渐兴起。尽管正统经济理论研究社会财富的配置，但却很少提及作为财富创造和分配活动主角的创业者，至今仍无法有效解释创业在经济发展中的角色。鉴于此，我们试图对创业的经济学研究作一个历史性的回顾，以探究其原委，讨论其未来。

对创业研究的经济学回顾可以采取历史分期的形式，也可以采取学说比较的形式，还可以采取问题导向的形式，本书选择了三者之间综合的形式。研究文献涉及古典经济学、新古典经济学、奥地利经济学、演化经济学等经济学流派，以及创业者的含义、创业者的职能、创业型经济、创业与创新、创业与不确定性、创业与企业理论、创业与经济发展等领域和问题。虽然较为全面，但也因此跨越了较大的时空和较多的领域、问题，难免会挂一漏万、有盲人摸象之嫌。

透过表1，可以对经济学中的主要创业研究脉络有一个较为完整的认识。除前面所提及的学人外，还有不少学人对创业的经济学研究有所贡献。例如，Goel

(1997)在主流经济理论里对创业进行了全面的研究；Yu(1997)提出了使创业包含在经济学理论框架内的一些方法；Glancey 和 McQuaid(2000)总结了创业和创业者在经济理论中的角色，并对社会学、心理学和管理学视角的创业理论与创业经济理论作了比较；Aldrich 和 Martinez(2001)、Grebel 和 Pyka(2001)等尝试用演化经济学的方法对创业加以研究；Anders Lundström 和 Lois Stevenson(2001,2002,2005)等则系统研究和描述了创业政策在一些国家和地区的浮现，即中小企业政策向创业政策的转变。

表1　创业经济理论的主要贡献者

	年份	经济学家	创业者角色观点	对创业理论的主要贡献
古典时期	1755	R. Cantillon	套利者	提出并定义创业者
	1800	J. B. Say	协调者	扩展创业者职能
新古典时期早期	1890	A. Marshall	协调者、创新者和套利者	创业对资本主义的作用
	1907	F. B. Hawley	不确定性承担者	创业对资本主义的作用
成熟的新古典时期	1911	J. Schumpeter	创新者	创新理论
	1921	F. Knight	不确定环境下的决策者	风险与不确定性理论
	1925	F. Edgeworth	协调者	创业对资本主义的作用
	1925	M. Dobb	创新者	创业对资本主义的作用
	1927	C. Tuttle	不确定环境下的决策者	创业对资本主义的作用
现代新古典时期	1973	I. Kirzner	对获利性机会具有警觉性的套利者	奥地利学派创业理论
	1982	M. Casson	不确定环境下稀缺资源的协调	创业的企业理论
	1993	W. Baumol	创新者和管理者	创业的经济增长理论
	2006	D. Audretsch	知识外溢	内生创业理论

笔者认为，未来创业经济学的研究对象从微视的创业型组织到巨视的创业型经济与社会，涉及创业行为及创业现象的经济学分析、以创业为核心概念的经济学理论的整合与构建。目前已经和正在形成的机会经济学、创意经济学、创业的企业理论、创业的知识溢出理论、创业的经济增长理论、创业的空间分布理论、创业型就业及创业与区域经济发展关系理论、创业政策理论等都是未来创业经济学的研究内容和重要组成部

分。不难看出，这样的一门创业经济学与创业管理学具有本质的区别，因为前者的研究范围和使命在于透过发展创业创造社会财富，促进经济增长和发展；而后者则在于教导企业、组织和个人如何识别、把握机会，整合资源，以成功创建新企业或开创新事业。

经济学为追求形式的科学性，有时是不惜代价的。这一点在经济学对待创业的研究上很有代表性。在早期的经济思想中，创业者作为生产、流通、分发过程中的关键角色，被认为对经济增长具有决定作用。但随着新古典主义经济学的兴起，创业问题研究在经济理论中消失了，直到最近二三十年创业研究在经济学才重现繁荣。且正如一些批评者所指出的，目前的创业经济学研究还停留在理论建构阶段，缺乏一致性和兼容性，且边界模糊（Bruyat，2000；Low，2001），特别是经济学分析大多仍停留在几十年前 Schumpeter 和 Knight 等人的水平上。但正如 Casson（1992）所言，“创业研究开阔了经济学的视野，不再囿于推导出一组连贯的价格与数量的等式。人类个性方面的元素——如自信——发挥了决定性的作用，文化状况影响下性格的可塑性也是如此。因此，关于创业的理论不是使普通的价格理论走向完整的最后一步，而是使经济理论发展成为更广泛的社会科学整体部分的第一步。”在知识经济和全球化背景下，随着演化经济学等理论和方法的不断成熟，随着研究队伍的不断扩充，创业经济学作为一门崭新的学科领域必将迅速脱颖而出，取得较大的发展，经济学也必将因创业研究的深入而焕发新的活力。①

7.1.2 古典经济学家对创业者职能概念的探讨

经济学对创业的研究始于古典经济学家 Cantillon 对创业者所给予的极大关注。Cantillon 最早提出创业者（Entrepreneur）的概念，并率先给其下了一个精确的经济学定义。在他逝世后出版的著作中，创业者以创造社会经济价值的角色而出现。Cantillon 认为，在经济系统中存在三类参与主体：土地所有者（即出资人）、创业者（即套利者）和雇员（即获取劳动工资的人），而市场是一个由互惠交易组成的自治网络，能达成均衡价格。创业者因其对交易和流通所负的责任而成为经济系统中的主角，是创业者的存在使供求达到均衡。

① 朱仁宏．创业研究前沿理论探讨：理论流派与发展趋势［J］，科学学研究，2005(5).

创业者的功能透过追求套利而实现，其动机就是透过“以固定价格买入、以不确定价格卖出”的行为获取潜在利润。由此，Cantillon 认为，套利总是与不确定性相伴随。未来的价格取决于供求情况，而供求关系又倚赖于不断变化的环境，因此无法预知。Cantillon 认为创业者除了套利外，还从事农场主、运输业者、银行家和商贩的活动。和另外几类参与主体相比，创业者的不同之处在于其承担风险的特性，正是风险承担为他们带来不确定和非契约性的收入。而出资人和雇员的收入是确定的，前者透过合约获得固定的租金收入，后者获得固定的工资报酬。

由于创业者的基本职能是套利，他应该保持警觉性和前瞻性，但不需要具有创新性。他应根据现有的需求调整供应量，但不能提升或降低供应和需求。他应当为承担固有的风险做好充分准备。创业者不必用他自己的钱来开办企业，而可以从货币市场借到资金，当然，他要支付相应的价格（利息）给银行家，银行家也是一种创业者。供求法则还决定个别行业中创业者的数量，例如，如果葡萄酒商过多，他们中相当一部分人就会破产，直到多余的人都退出为止。这一调整过程不是随机的，而是根据适者生存的法则：表现最差的被淘汰出局。总之，Cantillon 最早给创业者赋予了经济学含义，并将创业者的功能描述为套利；透过套利和承担风险，创业者在经济体系内起到维持某种均衡的作用。

J. B. Say（1803）是 Cantillon 之后第一个强调创业者管理角色的古典经济学家，他扩展了 Cantillon 提出的创业者职能，把创业者放在生产和消费系统中一个极为突出的位置。他认为，创业者在生产阶段和分销阶段具有同样的核心作用，他既是协调者，又是领导者和管理者。

但 Say 对创业者管理角色的重视使他把创业者看成了高级劳动者，他有意无意地把注意力从创业角色的独特性转移了。Say 的创业者理论源于他对零和博弈的拒绝。他认为，创业者通过生产使原材料增加了前所未有的效用，效用的创造即财富的生产，而绝不是像零和博弈所说的，一个人的所得必然来自另一个人的所失，个人和社会的财产离开掠夺就不能发生增值。Say 认为有三个产业可以创造价值：农业、制造业和商业，社会中每一个具体的产品都是上述三个产业合作的结果。每个产业的工作包括三类截然不同的活动：知识的创造、知识的运用和实际执行。在这三种活动中，知识的运用是创业者的工作，创业者运用知识去生产产品，从而满足人们的消费。正是创业者——这一高级劳动者——让各产业活跃起来从而使国家变得繁荣。知识的创造是重要的，但知识的创造者（研究者）往往乐于传播知识，知识很容易从一个国家扩散到另一个国家。因此,知识的创造和实际执行这两类活动不存在配置的问题,这样,国家的经济进步主要取决于知识的运用活动,那些拥有精明的商人、制造业者和农场主的国家更容易实现国家的富裕。在分销阶段,创业者的职能是通过产品的销售把收入集中起来,然后根据各个生产输入部门的付出,向他们支付诸如工资、利息和租金等不同形式的报酬,最终实现收入在各个部门中的分配。创业者可能会自己投入资金以支持创业活动,他们还要尝试新的产品以迎合大众的口味。这些活动都包含着风险。尽管创业者进行了很好的控制,但失败总是与创业活动如影随形,他们随时可能会失去自己的财富,因此,创业者应当有能力去承担风险。成功的创业者具有很多品性。他们所承担的众多职责要求他们具有极好的判断力、耐力、丰富的商业知识和其他知识以及高超的管理艺术,所有这些很难同时在一个人身上发现。更重要的是,成功的创业者应当具备一定的经验、知识或背景以获得必要的资金。

Say 认为,创业者不一定自己有很多资金,他可以利用借贷的方式,但他必须有能力和信誉在需要资金的时候从别的地方获得资金。对创业者能力的要求减少了创业者在市场上的竞争者数量,根据供求法则,这种受到限制的供应导致成功创业者的高价格,不寻常的成功使得创业者阶层获得最大的财富。在微观层面上,创业者的酬劳表现为剩余的获得,即收入减去对其他部分的支付。如果这种剩余超过创业者承担管理工作的工资和风险报酬,意味着正的利润,那么市场上创业者的供应数量会增加;反之,创业者会减少,直到达到新的均衡。

在 Say 的理论中,创业者是对各种资源进行分配的人,这一观点也是对其他古典经济学家忽视创业者作为生产方式组织者的响应。创业者承担了轴心的角色,在市场层面和企业层面,他们都是协调者;在企业内部,他们还是领导者和管理者。成功的创业者需要卓越品格和经验的结合,这使得市场上创业者数量稀缺,因此,创业者的剩余收入或创业者的工资较高。

19 世纪末,穆勒(1898)将 Cantillon 的创业者概念引入英国。但英国的古典经济学家总的来说都忽略了创业者的存在,更没有试图发展一种独立的创业理论(Hebert & Link,1982)。这一古典学派甚至从来没有使用过 Entrepreneur 一词,而是使用 Adventurer、Projector 或 Undertaker 表述创业者的职能。亚当·斯密(1776)把资本视为经济发展的决定性要素,创业者和资本所有者、熟练工人一样,只是一种普通经济主体。李嘉图(1817)以分配理论作为自己研究的主要任务,而且是从生产出发来研究的,因此他的政治经济学没有创业者的位置。尽管穆勒和马尔萨斯对创业研究有一定影响(Casson,1982),但他们对创业理论并无可圈可点的贡献。

7.1.3 新古典经济学家中创业者角色的逐渐消失

19世纪70年代早期,Leon Walras、William Jevons和Carl Menger几乎同时提出了边际主义理论,这是新古典经济学的开端。早期的新古典主义经济学家强调创业者的功能,赋予创业者套利者、协调者、创新者和不确定性承担者的角色。这段时期,Marshall(1890)曾讨论了在市场经济中创业者精神和创业者的作用。他指出,创业者具有独特的作用,创业者的职责是供应商品和提供创新。发现新方法的创业者们常常为企业带来巨大的收益,这种收益远远超过他们自己所获得的部分。创业者的所得往往是根据他们直接付出的部分,而不是根据他们间接为社会所作的贡献来衡量的。在企业内部,创业者承担了所有的责任。他们不停地在寻找机会以使其成本最小化;他们协调市场上的供求双方,协调企业内的资本和劳动,承担与生产相关的风险,领导和管理企业,从而促进了创新和社会进步。尽管没有任何一个早期的新古典经济学家把创业者看做经济分析中的独立要素,但是他们确实注意到创业者的重要作用。随着Walras一般均衡体系的确立,新古典经济学进入成熟期,即Kuhn(1987)定义的纯科学时期,研究重点逐渐转向优化问题。

在新古典一般均衡的经济模型中,所有个体都被认为具有完全信息和清楚的目标,而企业选择利润最大化的生产组合。每个参与者都根据最优选择达到市场的均衡。只要外界环境不变,这种最优价值不会改变,如果环境变化了,则每一方重新根据最优选择作出调整。大多数新古典经济学家将注意力放在均衡的结果上,而忽视了趋向均衡点的动态调整过程。在这样的界定下,创业者不需要对创新保持警觉、进行主动响应、作出判断和承担风险;同时,在完善的信贷市场中,内部的资金供应也变得没有必要,企业完全可以从外部获得足够的资金。新古典经济学模型中的理性选择和完全信息使能动的创业者没有了立足之地,企业自己在营运,创业者消失了。同样,新古典经济学中也没有创新的位置,因为与创新和创业活动相关的技术与制度的发展过程被视为黑箱。不过,即便在成熟的新古典经济学时期,新古典经济学家对创业者的讨论也并没有停止。正是在这一时期,Schumpeter和Knight的创业者理论被广泛地接受和认可;Marshall的“创业者是一种协调者、不确定性承担者和套利者”的观点被英国新古典经济学家们广泛接受。

在美国，新古典经济学家如 Hawley、Clark 等对创业者的讨论仍集中于不确定性考虑。Knight 的《风险、不确定性和利润》(1921) 就是对这种讨论的突出成就。Knight 首次对风险和不确定性进行了明确的区分，指出创业者的经济职能是承担不确定性，创业活动不仅仅是套利。直到新古典经济学进入现代微视经济理论(厂商理论)时期，创业者才从主流经济理论中消失。所谓消失，是指企业家不再是市场系统的主流理论解释中的基本角色，企业家的协调、套利、创新和承担不确定性的功能消失了。尽管创业者这一概念有时也被提及，但失去了特殊意义。创业者仅仅是生产性投入链中一个普通的要素，与其他生产要素没有任何区别。每一个要素都同等重要、都执行自己的职能、都是受雇用的，且获得按照市场供求关系决定的工资。因此，在主流微视经济学家中，对创业的研究基本上不存在。

创业者从新古典经济理论中消失与现代厂商理论的理性选择和完全信息假设有关。这些假设排除了创业者的作用，也难以与创业者共存。之所以存在这些基本假设，是保持现代微视理论内部一致性的需要。现代厂商理论是一个由市场体系决定的一致性模型。该模型仅仅需要一个生产函数、理性选择逻辑和完全信息。采用优化技术，该理论自身知道怎样可以使成本最小、利润最大，没有任何能动的创业者的作用存在。创业者仅起到选择外生变量的优化值的作用。很明显，它不仅不需要创业者，而且威胁到现代企业理论的连锁架构。因此，创业者和一致性是相互排斥的。

总之，新古典主流经济理论之所以抛弃创业者，是因为任何把创业者引入主流经济理论体系的尝试都会破坏理论模型的内在逻辑的一致性。为了追求经济理论体系本身的完美，主流经济学家们把对经济增长具有决定作用的创业者“扫地出门”。很多经济学家认为牺牲经济学的现实性和复杂性、建立经济数学模型、追求经济学研究方法的科学性，从长期来看对经济学的发展更为有利(Barreto，1989)。

7.1.4 奥地利经济学家对创业者创新理论的开创

新古典一般均衡体系刻画了一个平滑的经济图景，在这个图景中经济虽然可能有小的波动和摩擦，但这些都是暂时的现象，中长期而言这些从统计上都得回归到均衡点，就像卡尔·马克思描绘的价格围绕价值波动一样，均衡是确定和唯一的，而波动是短暂和微弱的，所以最终经济是没有发展和增长的。在奥地利经济学家 Schumpeter (1912)看来，这种理论对经济发展的理解是没有帮助的，经济发展过程中一般均衡只是一个出发点,那就是 Schumpeter 的"回圈流转",而在创业者创新的推动下,经济将发生波动,最终回归的新均衡和出发点的均衡具有"质"上的差异。所以,他发展了一种在两个 Walras 切面静态均衡之间的动态过渡机制,而这个过渡机制就是 Schumpeter 的"创业者创新"。

创新是 Schumpeter 经济发展理论的"拉卡托斯硬核",而创业者是这个概念的职能执行者,整个经济发展理论就是围绕这两个概念及一系列"保护带"(比如创业者利润、资本利息等)构建的一个理解动态经济发展的"理想类型"。在 Schumpeter 看来,创业者和资本家是不同的,创业者是一个创新的功能定义,而资本家是一个货币或财产的拥有者,最多也就是对生产手段有潜在的投票权,因而,Schumpeter 认为资本家最重要的职能就是提供"信用"。Schumpeter 也反对把创业者看做是企业管理者的流行观点,认为创业者是企业的领导者和创新者,也因此是经济系统的主要驱动者。他将创业者界定为创新者,从而把技术的动态性和企业的动态性结合在一起。他不认为创业者是风险承担者或资本家,他把心理学理论与经济学的创业理论结合起来。为描述创业者对经济的贡献,他通过一个与现实相反的情境展开其理论:在一个没有创业者的社会,活动都是以前的重复,所有可供选择的方式都已经被发掘,因此对于每一件需要作出决定的事,都有最优的方案可以选择;这时,创业者出现了,他到处寻找获利的机会,他引入新的组合或进行创新以达到其目的。在 Schumpeter 看来,创业者的创新是经济系统发展变化的首要内部因素。新的组合打破了经济系统旧的均衡并建立起新的均衡,因此,持续的创新意味着持续的变化和不均衡。

Schumpeter 指出,创业者不一定必须是企业的拥有者,他可以是处于任何职位的人,只要他实现了新的组合。新的组合也不一定必须由发现这个组合的人来实现。创业者的职责是创新和领导,即决定追求的目标而不是决定如何去追求,他们不是风险承担者或资本供应者,承担风险和供应资本是银行家的职责。创业者的职责要求他们必须具备杰出的品性。要引领现有的生产方式转变为新的方式,而新的方式是人们所不熟悉的,创业者不仅需要聪明才智,还需要具备坚强的意志和权威。同时,因为从事新的活动和由此而表现出的对传统行为的偏离,会导致社会上产生反对的声音,创业者应足够坚强,从而能在其所处的环境中应付自如。

创新还需要一些独特的心理动机,创业者不是为了满足他们的消费需求而从事创业工作,他们追求的是非直接的满足,而不是直接的消费。这些动机包括:(1)梦想建立私人王国以获得社会声望,梦想越迷人,成功的机会越大,对创业者而言越有用。

(2)期望去征服、去战斗、去证明自己比别人强大,为了成功而成功,不是为了成功的结果而成功。在这一点上,经济活动变得有些像体育比赛,财务的结果成为次要的考虑因素。(3)创新的愉悦,为获得变化的快乐而变化。创业者不一定是富有的人,创新既可以透过自有的资金支持,也可以透过外部的资金支持。如果是自有的资金,创业者就承担了两个职责:创业者的职责和银行家的职责。但无论如何,是银行家承担因创新带来的财务风险,而不是创业者。创新是利润驱动的行为。但大多数的创业者不是因为利润而驱动,而是为了成功,利润只是成功的一个指示器。利润是一个增值,是超过所有支付总额的部分,属于那些引入新的组合的人。它不包括创业者承担管理工作所获得的工资。创业者作为首先发现新组合的人,他们获得了暂时的垄断权,领先的产品可以获得高于其他产品的价格,这对所有其他的成功创新活动来说都一样。但是利润对模仿者来说是一个信号,他们看到可以获得超额的利润而进入市场,竞争销蚀了超额利润,新的均衡逐渐形成。即便创业者成功地实现了垄断,他作为创业者所获得的利益也仅是暂时的,以后的利益成为垄断的租金而不是创业的利润。因此,创业既不是一劳永逸的行为,也不是一种持续的状态,尽管成功的创业可以达到某种阶层的地位,但创业者不会形成一个社会阶层。这种地位也作为创业者的一种报酬,它可以通过财产的继承和品性的遗传而保留几代,使得创业者的后代更容易创业。创业者的供给数量因为所需要的罕见的动机而受到限制。

Schumpeter 确立了创业者作为创新的执行者在经济发展中的核心角色,指出正是透过创新这一“创造性毁灭过程”,资本主义成为“进步的发动机”。Schumpeter 的创业者是创新者和领导者,但他不是风险承担者、管理者或资本家。创业者的创新是经济增长的动力,创新打破了旧的经济均衡,导致更高层次的经济均衡。创新内生于动态的经济系统中,非同常人的动力驱使创业者去创新。正如没有永恒的利润一样,创业活动也只是暂时的一种状态。Schumpeter 因此被演化经济学家视为先驱,他的这一观点被企业成长经济学家 Penrose(1959)、演化经济学家 Nelson 和 Winter(1982)等继承。值得一提的是,Schumpeter 本人试图将创新理论建立在类似于瓦尔拉斯一般均衡理论的严格基础上,却无功而返。

7.1.5 新奥地利学派对创业者地位的确立

奥地利学派形成于 19 世纪后半叶的维也纳,其主要代表人物包括卡尔·门格尔(Carl Menger)、欧根·冯·庞巴维克(Eugen von Bohm-Bawerk)、弗里德里希·冯·维塞尔(Friedrich von Wieser)和路德维希·冯·米塞斯(Ludwig von Mises)等。在奥地利之外,从20世纪30年代开始,弗里德里希·哈耶克(Friedrich Hayek)和伊斯雷尔·柯兹纳(Israel Kirzner,1973,1979)成为新奥地利学派的代表人物。奥地利学派视创业精神为经济发展的主导力量,它对市场经济的认识与其他经济学派有明显的不同。

新古典理论认为市场处于一般均衡状态,新奥地利学派认为在任何时候市场都很难接近一般均衡,他们的问题是为什么市场趋向于均衡。新奥地利学派认为这种趋势源于新发现的动态过程,正是新的发现才有了实现利润的机会。Kirzner认为创业者具有发现和利用市场机会的警觉并能采取行动。利润机会包括:(1)不同地点之间的买进和卖出;(2)不同时期之间的买进和卖出;(3)买入后经过改进卖出。Kirzner把创业者放在了市场活动中的轴心地位,创业者是使市场趋向均衡的力量所在。因为均衡的状态永远不可能达到,创业者可能在估计利润机会时犯错,也可能忽视了机会的存在,这些错误随之转变成下一个新的机会,市场上供求关系在自发地不停变化,结果是创业者再怎么努力,也无法把握所有的变化。创业者也可能是一个生产者,但只有在他们发现机会并开发机会的时候才成为创业者。Kirzner认为创业者不需要特别的能力或质量,他甚至可以完全通过雇用工人和管理人员来工作。但创业者要求具备一种特别的技能,即知道从哪里找到知识。这种知识可以称为警觉性。创业者可以雇用具有警觉性的员工,但这正表现出他具备更高级的知识,因此,创业者的知识可以被称为最高级的知识。与其他人相比,创业者只是需要在早期发觉市场机会,他需要警觉,在经济社会中,他们是对市场机会最警觉的人,他们也具有从错误中学习的能力。机会的发现并不是偶然的,它受到预期利润的驱使。因此,创业者更可能是那些具有高警觉性的人,他们或者天生如此,或者利润对他们的刺激比别人更大。

与发现机会相比,开发机会需要另外一些品性。但是,开发活动本身并不是创业活动。一旦机会被发现,创业者可以透过多种模式(如改革、转变、创新)来获得其中蕴藏的利润。因此,开发机会需要创业者具有诸如创造力和领导力这样的品性。创业者并不局限于那些自己拥有资源的人。只要创业者能够支付必要的利息,资金可以从资本家处获得。当然也可能一个创业者碰巧拥有资源去支持他的创业活动,这样,这个创业者就同时成为创业者和所有者。概言之,在Kirzner看来,市场的活动过程包括了错误、机会、发现和改正等,市场的供求变化永远不会停止,创业者充当了最重要的角色,是警觉的机会发现者,他们不仅对短期的价格和生产决策负责，还要对长期的增长和进步负责。创业的活动过程也是一个竞争的过程，潜在的创业者会为了获取利润而进出市场。

7.1.6 当代经济学家对创业经济理论的构建

20 世纪 70 年代以来，随着创业（精神）在创新、就业与经济增长方面的贡献被实证研究所发现和证实，创业研究在经济学中被重新加以重视。这一时期出现了以创业理论为主要研究领域或致力于发展创业经济学的学者，其中以 Casson、Baumol 和 Audretsch 为代表人物。

（1）Casson 的创业者理论

Mark Casson（1982，2005）早期致力于创业者的研究，近年又专注于创业理论与传统企业理论融合的研究。Casson 之前的经济学文献大都从功能观点给创业者下定义，强调创业者的作用并认为发挥这些作用的人就是创业者。在各式各样的创业者功能中缺乏一条贯穿其中的主线。Casson 坚持从伦理人假设和有限理性假设，沿着方法论个人主义和契约理论的“路径”，从所有关于创业者的经济理论和心理学、社会学的论述中，概括出创业者行为本身的性质，建立了一个创业者需求、供给和“创业者市场”均衡的理论框架，并对之进行了模型化。Casson 指出，创业的经济理论与交易费用经济学、基于资源的企业理论等现代企业理论有着紧密的联系。Casson 创业理论的内核是“创业者式判断”（Entrepreneurial Judgment）。Casson（1982）认为创业者是专门就稀缺资源的协调作出判断性决策的人。作出判断性决策是创业者的一个共同的特征。在经济理论中，选择（或者说决策）是一个核心概念。判断性决策是指在相同的环境下，具有相同的目标和行动的不同个体，会作出不同的决策。原因是他们对环境和信息有不同的理解。尽管每个人时时刻刻都在做着判断性决策，但只有创业者是这方面的专家。因此，作出专业化的判断性决策是创业者的典型特征，其他特征都可以由此推导而出。比如，判断性决策与风险和不确定性紧密相连，当创业者基于其他人没有掌握的信息作出决策的时候，其他人可能认为这个决策是冒风险的。创业者因为掌握着信息，所以在他们看来，风险是很低的。创业者通常对他们所掌握信息的准确性很自信，实际上他们也不知道信息的真实情况，因为信息上并没有附着鉴定书。

如果创业者对低风险的理解是正确的，他们就会获得收益，因为其他人没有加入到竞争中来；如果创业者的理解是错误的，他们可能面临损失，而那些没有加入竞争的人作出的就是正确的决策。所以，创业理论特别强调风险感知的主观性。Casson 指出，创业者出色的判断来自于所掌握的特别的信息。创业者对风险的理解是主观的，其他人认为存在高风险时，自信的创业者可能认为风险很低。当创业者对其判断具有足够的乐观和自信时，就会从事创业活动。创业者的判断可能正确也可能错误，从短期来看，意味着收益或损失；从长期来看，具有好的判断力的创业者能够把创业活动持续下去，因为获得的收益可以支持他们以后的创业活动，并且能为他们带来声誉，而判断力差的创业者难以持续下去，他们可能既没有了资金，也没有了声誉。

Casson 认为对判断力的关注揭示了创业理论与新古典理论分离的原因。它不是一个心理学的问题，而是对环境挥发性（Volatility）的至关重要的认识。环境的挥发性和获取信息的成本是一枚硬币的两个面。挥发性意味着关于环境状态的信息不断更新、与时俱进，需要不停地获取最新的环境信息。

而获取信息是有成本的，尤其还要花费大量的时间。如何以最小的成本获得最新的信息，要求对资讯的收集和处理有特别的能力。这种能力表现在以下几个方面：①常规决策和临时决策的分离；②不同的常规决策和不同的人员之间的匹配；③不同的临时决策和不同的创业者之间的匹配。Casson 把环境的挥发性分为四类：具有长期作用的和具有短期作用的，对所有企业都有影响的和只影响部分企业的。不同的挥发性导致了创业者不同的表现。理解创业者的关键在于理解他们所在的环境。Casson 相信创业者是市场的制造者。传统的新古典经济学认为资本和劳动的结合带来了物质产出。但创业理论认为，正是创业者发现的创业机会，建立了一个新市场把需求和供应联系在了一起。历史的证据表明，创业活动最重要的形式就是发现了需求的变化，然后建立新的市场满足新的需求。因此，创业者也是信息的管理者。

如前所述，创业者的一大特点是比其他人更乐观。乐观产生了机会，因为其他人的悲观导致了他们的进入障碍。但创业者要实施他的计划，他需要工人、需要提供资金支持的银行家等等。因此，他需要与他们分享他的信息，让他们也感到乐观。创业者需要对他要提供给其他人的信息进行加工，让他们认为创业者会带来好的前景。信息管理者的角色解释了成功创业者的很多个性特征，如乐观、自信、有效的信息网络、较低的风险规避等，此外，也可以把善于散布信息加进来。

（2）Baumol 的创业与经济增长理论

William J. Baumol（1968，1990，1993，2002）长期致力于研究创业在经济革新与增长中的作用，是重要的创业经济学家。在 Schumpeter 之后，研究创新的经济学家大都走上激烈批评主流经济学的演化经济学道路。但 Baumol 坚持经济学家在分析创业时可继续使用传统的工具，因此被称为内部改良派。他严肃看待 Schumpeter 的努力，试图在保留现代经济学主要成果的同时，将创新和企业家行为纳入理论的中心地带。

Baumol 在 1968 年提出了与创业研究有关的三个问题：第一，为什么要关心创业者的作用？他说，因为创业精神是经济发展背后的一个关键元素。第二，为什么经济学理论难以对创业发展作出正式的分析？他说，因为经济学把企业看做是自动进行最大化计算的机器，既然已经最优化了，也就无所谓创新不创新了。那么，是不是研究创新就意味着完全放弃主流经济学呢？这就是他要探讨的第三个问题。他的解答是：经济学理论主要集中在要素投入的使用上，很少告诉我们“它们从何处而来”。但我们可以透过考察对创业者的支付架构，比如税收体系怎样影响研究开发投资回报率，来研究创新的激励问题。以后，Baumol 一直沿着这一思路，努力把创业活动引入到标准经济学理论中。Baumol 指出，经济增长不能透过各种生产要素本身来解释，人的创造性和生产性创业活动使各种投入得以有效结合。因此，鼓励生产性创业和人的实验活动的制度环境成为经济增长的最终决定性元素。经济增长可以透过市场机制和制度安排下的创业者来解释。任何社会都存在创业者，但他们能否发挥作用取决于经济制度为他们提供的回报。人们通常认为，经济衰退是因为创业者的减少（如文化中成就动机不足），而经济增长则是因为创业活动的繁荣。

Baumol 认为，创业者一直在我们身边，也一直在从事相关的活动。但有时创业者会以寄生的模式存在而阻碍经济的增长。创业者如何活动很大程度上依赖于游戏的规则，即经济制度中的奖励机制。因此，Baumol 指出，是制度和规则的变化决定了创业资源的配置，从而最终影响了经济的发展。制度和规则以及其他外在元素的变化，改变了创业者阶层的内部架构，同样也会影响创业者的数量。Baumol 认为，Schumpeter 的创业者理论忽略了创业者生成的政策因素，在对 Schumpeter 的创业活动进行扩展之后，可以把诸如寻租过程的创新也视为一种创新，例如发现一个别人没有想到的法律条文，可以利用它为自己带来利益。虽然人们可能怀疑这种创新对社会的价值，也因此对把这种创新纳入 Schumpeter 的创新体系中感到疑惑，但我们可以看到，Schumpeter 的创新中也包括了垄断。Baumol 认为，如果我们把创业者定义为头脑聪明的、能够创造性地发现新的方法从而为自己增加财富、权利、声望的人，那么可以想象，并不是所有的创业者在实现自己的目的时，都会考虑会对社会生产能有多少贡献，甚至于会阻碍社会生产。Baumol 把类似这样的创业活动称之为非生产性创业。因此，社会经济受益于创业活动的程度就依赖于资源在生产性创业活动和非生产性创业活动之间的配置比例。

举个简单的例子。如果制度和规则对从事 A 种活动的创业者不利，那么创业者会转向 B 种活动；另一种情况是，如果制度和规则变成鼓励 B 种活动而抑制 A 种活动，那么从事 A 种活动的创业者可能不会转向 B 种活动，而是选择退出，而那些擅长于B种活动的人马上会加入创业者的队伍。因此,如果制度安排把更多的报酬给予了非生产性的活动甚至破坏性的活动,而将较少的报酬给予了生产性的创新活动时,可以预料社会经济中的创业者资源将被配置在生产性活动之外。Baumol 后来又对经济增长提出了新的观点,即自由市场中存在的压力促使企业不断进行创新,创新在很大程度上促成了经济的增长。这种新的观点并没有减少创业者的作用,创业者的作用体现在为经济增长提供关键的技术突破和其他的激励。

(3) Audretsch 等的内生创业与创业型经济理论

David B. Audretsch 作为德国马普学会经济研究所“创业、增长和公共政策”研究室主任,是近年来比较活跃和突出的创业经济研究专家之一。他(2005)倡导包含创业元素在内的新经济增长模型,并认为创业者在其中扮演着关键角色。透过积极思考并回答“创业为什么重要”、“创业的重要性是如何发挥的”,Audretsch 等(2006)解释了创业与经济增长之间的内在联系机制,提出创业的知识溢出(Knowledge Spillover)和内生创业(Endogenous Entrepreneurship)理论。不少学人指出在创业决策背后的认知过程中机会确认的重要作用,却鲜有人指出这种创业机会的实际源泉。创业的知识溢出理论将新知识和创意确认为创业机会的一种来源。这一理论指出,创造于大公司或大学研究实验室等情境的新知识和创意,如果还没有商业化或未被有力开发,将产生创业机会。也就是说,识别新机会并透过创建新企业实现该机会的一种机制与知识溢出有关。

与传统创业理论不同的是,这里的机会不是给定的和外生的(如全球化和外包等),而是作为企业、大学和研究机构有目的、系统地致力于生产知识和新创意的结果。内生创业或知识溢出创业是创业活动对发散于创业组织内部的知识机会的内生性响应。透过将知识的溢出进行引导和利用,创业作为一种连接知识溢出和投资的机制,将私人和公共资本聚合起来,对社会经济增长和创造就业起到极大的作用。Audretsch(2004)将知识溢出阐述为组织创造知识创新,同时尝试对此知识进行商业化运作的一种机制,并指出创业是经济增长的一种重要组织形式,因为创业将经济增长过程中一些缺失的环节连接起来。创业资本透过创造知识溢出、增加企业数量和促进竞争以及企业的多样化三条途径影响着经济增长。Audretsch 和 Thurik(2004)还在 Drucker(1985)和 Bygrave(1998)的基础上深化了创业型经济模式的研究,透过基本元素和维度的对比,揭示在知识经济时代和全球化背景下,创业型经济是比管理型经济更好的参考框架模型。

作为建立在创新经营与新创事业基础上的一种经济形态,创业型经济表现为高水平的创业活动多、创新发明与专利多、成长型中小企业多。创业、创新、自组织、多样化与企业网络是这类经济的主要特征。创业型经济体系从制度架构、政策和战略上支持并保证经济创新,促进企业的不断创新与成长。创业型经济体系的特质是能够对知识加以创新的应用。

7.2 创业者的素质、类型与特征

7.2.1 创业者的素质

创业者应该具备以下素质:

(1) 心理素质

所谓心理素质,是指创业者的心理条件,包括自我意识、性格、气质、情感等心理构成要素。作为创业者,他的自我意识特征应为自信和自主;他的性格应是刚强、坚持、果断和开朗;他的情感应更富有理性色彩。成功的创业者大多是不以物喜,不以己悲。

(2) 身体素质

所谓身体素质,是指创业者的身体状况,他应该身体健康、体力充沛、精力旺盛、思路敏捷。现代企业的创业与经营是艰苦而复杂的,创业者工作繁忙、工作时间长、压力大,如果身体不好,必然力不从心,难以承受创业之重任。

(3) 知识素质

创业者的知识素质对创业起着举足轻重的作用。创业者要进行创造性思维,要作出正确决策,必须掌握广博知识,具有一专多能的知识结构。具体来说,创业者应该具有以下几方面的知识:做到用足、用活政策,依法行事,用法律维护自己的合法权益;了解科学的经营管理知识和方法,提高管理水平;掌握与本行业、本企业相关的科学技术知识,依靠科技进步增强竞争能力;具备市场经济方面的知识,如财务会计、市场营销、国际贸易、国际金融等等。

(4) 能力素质

创业者至少应具有如下能力:创新能力、分析决策能力、预见能力、应变能力、用人能力、组织协调能力、社交能力、激励能力。

当然,这并不是要求创业者必须完全具备这些素质才能去创业,而是要求创业者本人要有不断提高自身素质的自觉性和实际行动。提高素质的途径,一靠学习,二靠改造。要想成为一个成功的创业者,就要做一个终身学习者和改造自我者。

哈佛大学拉克教授讲过这样一段话:“创业对大多数人而言是一件极具诱惑的事情,同时也是一件极具挑战的事情。不是人人都能成功,也并非想象中那么困难。但任何一个梦想成功的人,倘若他知道创业需要策划、技术及创意的观念,那么成功已离他不远了。”

7.2.2 创业者的类型

随着经济的发展,投身创业的人们越来越多。《科学投资》的一项调查研究表明,国内创业者基本可以分成以下类型:

(1) 生存型创业者

生存型创业者大多为下岗工人,失去土地或因为种种原因不愿困守乡村的农民,以及刚刚毕业找不到工作的大学生。这是中国数量最大的创业人群。清华大学的调查报告显示,这一类型的创业者占中国创业者总数的90%。其中许多人是被“逼上梁山”,为了谋生混口饭吃。这种类型的创业者,其一般创业范围均局限于商业贸易,只有少量从事实业,也基本是小型的加工业。当然也有因为机遇成长为大中型企业的,但数量极少,因为现在国内市场已经不像20多年前刘永好兄弟、鲁冠球、南存辉他们那个创业时代,经济短缺、机制混乱、机遇遍地。如今这个时代,用句俗话来说就是“狼多肉少”,仅想依靠机遇成就大业,早已是不切实际的幻想了。

(2) 主动型创业者

主动型创业者又可以分为两种:一种是盲动型创业者,一种是冷静型创业者。前一种创业者大多极为自信,做事冲动。这种类型的创业者,大多是博彩爱好者,喜欢买彩票,喜欢赌博,而不太喜欢检讨成功概率。他们很容易失败,但一旦成功,往往就是一番大事业。冷静型创业者是创业者中的精华,其特点是谋定而后动,不打无准备之仗,或是掌握资源,或是拥有技术,一旦行动,成功概率通常很高。

(3) 赚钱型创业者

赚钱型创业者除了赚钱,没有什么明确的目标。他们就是喜欢创业,喜欢做老板的感觉。他们不计较自己能做什么、会做什么,可能今天在做着这样一件事,明天又在做着那样一件事,而且做的事情之间可以完全不相干。甚至其中有一些人,连对赚钱都没有明显的兴趣,也从来不考虑自己创业的成败得失。奇怪的是,这一类创业者中赚钱的并不少,创业失败的概率也并不比那些兢兢业业、勤勤恳恳的创业者高。而且,这一类创业者大多过得很快乐。

（4）变现型创业者

还有一种类型的创业者，可以称之为变现型创业者，其本质也是赚钱。这种类型的创业者或者是过去在党、政、军、行政、事业单位掌握一定权力，或者是在国企、民营企业当经理人期间聚拢了大量资源的人。他们在机会适当的时候，下海开公司、办企业，实际上是将其过去的权力和市场关系变现，将无形资源变现为有形的货币。

7.2.3 创业者的特征

创业者具有以下几个特征：

（1）新经济时代创业者不论资历

在工业经济时代，石油大亨、钢铁大亨等企业巨子必须通过一生的努力，甚至是几代人的不懈奋斗，才能逐渐完成巨额财富的积累。而在新经济时代的今天，一些拥有技术，甚至只是拥有一个好主意的创业者，通过与风险投资家的"联姻"，顷刻之间就会成为亿万富翁。比尔·盖茨如此，史蒂夫·乔布斯如此，新经济时代的创业者大多都是如此。这是新经济时代的又一个创业规则：创业不再论资历，从某种意义上说，今天的创业最需要的是智力。

21 世纪，人类将告别工业经济时代进入一个新经济时代。在这个由知识创造财富、智力就是资本的时代中，英雄辈出，人才尽显。于是创业者中出现一支颇为壮观、屡创奇迹的生力军：大学生。

从哈佛大学肄业的穷小子比尔·盖茨创办了微软公司，以开发计算机软件为主，经过二十年的努力，一跃成为世界首富。对"劳动创造财富"这一铁律提出了挑战，让人们陷入了深深的思考。盖茨的微软公司，没有大规模的生产，没有大规模的原材料消耗，没有大规模的产品堆积，所拥有的资源只是知识和智慧。"开发部"是微软公司的核心，每个人只有五平方米的办公室，除了一把椅子和一台电脑外，几乎见不到其他任何东西，但微软的用户遍布世界各地，数以百万计，而且还在与日俱增。比尔·盖茨的成功揭示着在新经济时代中，创业是智者的游戏，智力也是创业的资本。

对于新经济时代的种种变化，有人用了一句话来加以总结："智力代替了美元"。从创业者的角度来看，智力代替了由资历积累的财富。这就打破了传统的陈规陋习，打开了全新的创业之门，因为年轻的学生拥有的资本和优势就是智力，而不是资历。

（2）学生创业构成新经济时代一道亮丽的风景线

在新经济时代，越来越多的大学生选择了创业作为其实现就业的手段，也有越来越多的人开始关注大学生创业，国家也出台了相关的政策扶持帮助大学生自主创业，社会也通过舆论引导大学生健康创业。同时大学生创业也是缓解扩招所带来的大学毕业生就业压力的一个重要手段和措施。

大学生创业主要集中于两个行业:新兴技术行业和小投资传统行业。

1999 年 6 月 28 日,由北京大学应届毕业生李永新等人一起创办的北京新兴伟业信息技术有限公司正式挂牌。这是一家专门从事大学生素质教育的服务公司。李永新由此成为中国第一个提出办素质公司的校园创业者。

1999 年 7 月中旬,已拥有 6 项专利技术的华中理工大学在校三年级学生李玲玲依靠她的 2 项发明专利注册了属于自己的武汉天行健科技发展有限公司。她注册公司的 10 万元资金来自一家风险投资公司,她因此成为中国第一位接受风险投资的在校大学生。

由大学生带头掀起的创业潮,有其必然性:他们具备了创业的智慧和头脑,他们处在一个知识就是财富、智力就是资本的创业环境下,学生创业的崛起实践着新经济时代的创业规则,构成了新经济时代一道亮丽的风景线。

大学生创业会同时面临社会经验缺乏和资金缺乏的困难,这需要社会对大学生创业给予越来越多的重视,同时营造更好的大学生创业的环境,为大学生创业提供更好的条件和机会。

延伸阅读

创业——校园新风景线①

1999 年 7 月 29 日下午。

一则由中关村传开的消息迅速引爆全国。一个由四位清华大学在校生组建的视美乐公司向外界正式公开了他们守了多日的秘密:一个是他们的革命性产品——多媒体超大屏幕投影电视,另一个是他们已获得上海第一百货商店股份有限公司对“视美乐”投资 5 250 万元风险资金的合同。学生开公司虽在国外早已成风,但此举在中国实乃开天辟地头一回。

在现场演示会上,视美乐公司的技术核心人士邱虹云展示了他发明的投影电视独特的功能。通过这个一尺见方的铁盒子,观众从大投影屏幕上可以看 DVD、

① 姜奇平,王俊秀,刘韧.《知本家风暴》[M],中国友谊出版公司,1999.

录像带以及电脑多媒体图像,图像非常清晰,甚至超过了电视图像的清晰度。据这位清华大学材料系三年级学生讲,他研制的这个多媒体超大屏幕投影电视超越了现有电视技术,可以广泛运用于家庭教育、商业等众多领域。正是因为邱虹云这个超越传统技术的设计,让这个性能先进的产品价格仅是国外同类产品价格的1/3,因而具有广阔的市场前景。

这个令人震撼的发明在4月首先吸引了清华大学自动化系四年级学生王科的注意,从而促成了第一家学生创业公司"视美乐"的成立。随后这个产品又打动了清华投资管理有限公司的潘福祥总经理,于是我国的第一例风险投资项目完全按照国际规范正式开始运作。同样还因为这个产品的扭力,在短短两个月内,吸引了十五六家投资商的关注。

上海第一百货的总经理张新进听了老友潘福祥的介绍,立刻就被这个项目"锁定"了,听到消息的第三天就到北京向"视美乐"表示了投资意向。上报董事会后,董事会开了半个小时的会就全体通过了,前后仅3周"上海一百"就成了"视美乐"的风险投资商,一期投资250万元,只占项目收益的20%的股份,待产品完成中试后,二期再投入5 000万元,所占股份上升至60%。

这正是国际风险投资界风险投资人和创业者在不同的投资阶段与收益划分的通常做法,具有锁定风险和放大收益的双重效果,充分体现了风险投资的魅力所在,也在现行政策允许的情况下,为我国科技成果转化模式作出了全新的探索。

现在"视美乐"已从初期的50万元变成了300万元,几位学生股东的投入现在已变成了300万元的80%,即240万元了。如果第二期的5 000万元再投进来,学生们就成了5 000万元中40%即2 000万元的拥有者了。

这就是新经济时代的知识英雄所创造的神奇。

(3) 创业计划赛

创业计划又名商业计划(Business Plan),是高科技与风险投资浪潮兴起的产物,是一无所有的创业者就某一项具有市场前景的新产品或服务向风险投资家游说,以取得风险投资。

商业计划竞赛在美国高校由来已久。美国已有35所高校举办过该项赛事,如麻省理工学院、斯坦福大学、哈佛大学等。其中以麻省理工学院最为成功,从1990年至今已举办了9届,1990年仅有一份获奖的计划赢得了风险投资,但到1997年的竞赛结束后就有70家学生公司诞生。据MIT的一家咨询公司统计,在这个高技术公司云集的地方,表现最优秀的50家公司中有48%就出自创业竞赛。这些由创业计划直接孵化出的企业中,有的短短几年内就成长为营业额达数十亿美元的大公司。一批批的创业者在比赛中得到锻炼和成长。

风险投资家们蜂拥进入校园,寻找未来的技术领袖。从某种意义上说,高校的商业计划竞赛已经成为知识经济时代美国经济的直接驱动力量之一。

中国的第一个创业计划大赛于1998年在清华大学举办,由清华科技创业者协会发起,历时5个多月,共收到100多份参赛作品。麦肯锡等国内外大公司总裁对该项赛事予以高度评价。

第二届清华创业计划大赛于1999年3月份开始,它得到了社会各界的广泛支持和认可,清华校方也推出了一系列有利于学生创业的新举措和政策。这次大赛诞生了像视美乐这样的一批学生公司,清华大学为此专门开辟了清华创业园供学生公司入驻。此后上海交通大学、浙江大学、华中理工大学及重庆等地的高校纷纷举办创业大赛。

校园创业计划大赛推动了中国大学生创业的崛起。

7.3 创业者的声誉模型

7.3.1 声誉的含义

所谓声誉是一种保证形式。它是拥有私人信息的交易一方向没有私人信息的交易一方作出的一种承诺。现代经济学的研究表明,声誉在经济生活中具有非常重要的作用。无论是产品市场还是资本市场,声誉都是维持交易关系的一种不可缺少的机制。在产品市场上,声誉是卖者对买者作出的不卖假冒伪劣产品的承诺;在资本市场上,声誉是企业家、经营者对投资者(股东、债权人)作出的不滥用资金的承诺。这种承诺通常不具有法律上的可执行性,也就是说,一般不能通过交易关系之外的第三方(如法院)来强制执行。

声誉具有"路径依赖"机制。当事人对自身声誉的投资越来越多时,他就愈发关注自身的声誉,愈发为维持和扩大声誉作进一步的声誉投资,因为原有的投资都是一种沉淀成本，沉淀成本越高，丧失声誉的机会成本也就越高，声誉一旦丧失就很难再建立起来，或者说声誉的建立要比声誉的毁坏难得多。在其他条件不变的前提下，对声誉的投资应该是一个不断自我增长的过程。总之，声誉是一种博弈均衡，初始条件的差异会导致不同的均衡状态。

在创业资本市场，创业企业尤其是高科技企业无信用历史，不能用自己的资产做抵押，也不能在公众面前披露更多的产品信息。所以，创业资本市场相对来说是一种信息极不对称的市场。正是由于专业化的创业者的出现，架起了投资者与创业企业家之间的桥梁，有效地降低了信息不对称带来的逆向选择和道德风险。声誉对创业者至关重要。首先，已进入市场的创业者要维护其良好的声誉。如果他失去了声誉，得不到某些投资者的信任，那么他再次筹资便会寸步难行。其次，声誉还可以起到行业进入壁垒的作用。创业资本成功退出的巨大收益必然会吸引更多的投资者加入创业资本市场。然而，创业资本的投资者在已经选择了合伙人的情况下，除非普通合伙人丧失声誉，不会有人去选择新的合伙人。新进入的创业者要想建立起声誉，只有加入旧的有限合伙公司，通过时间的积累和知识的积累，逐步形成自己的投资才能和声誉。声誉的建立是一个长期的过程，一旦建立起良好的声誉，创业者就会极力维护其声誉，否则，声誉的丧失是瞬间的。因此，创业者行为约束的一个重要机制是声誉。

从这种意义上讲，声誉是一种租金，它是对高声誉者的一种奖励。也正是在这种意义上，新制度经济学的代表人物诺斯将声誉视为一种有价值的资产，认为声誉与制度一样减少了交易的不确定性，降低了交易成本。

7.3.2 创业者的声誉机制

创业者的期望收益不仅取决于自身努力，而且与环境变量有关，由于信息极不对称，创业者易偷懒并难以被发现，损害了投资者利益。同时，创业者的收入按总收益的比例获得，那么边际收益的一部分等于边际成本，创业资本效率不能达到帕累托最优。因此，创业者只有靠声誉解决此问题并进行成功的融资。

假定创业者的效应函数为：

$$U = f(e_{vc}, E(v))$$

其中，U 表示效用水平；e_{vc}表示创业者的劳动投入量，并假定劳动投入代表了其真实的努力程度；$E(v)$代表预期收益，且 $\partial U/\partial e_{vc} \pi 0$，$\partial U/\partial E(v) \phi 0$，再假设 $E(v)$是努力程度 e_{vc}和环境变量 ε_i 的函数，写作：$E(v) = g(e_{vc}, p)$，且 $\partial E(v)/\partial e_{vc} \phi 0$，$\partial E(v)/\partial \varepsilon_i \phi 0$，且

$\partial^2 E(v)/\partial e_{vc}{}^2 \pi 0$，这表明总收益是创业者努力工作程度和其环境变量好坏的增函数，可以将创业者的效用函数重新描述为 $U = f(e_{vc}, \varepsilon_i)$。它表明创业者为了追求自身效用最大化存在两种相反的倾向，即尽量争取闲暇让自己过得轻松一些和努力工作以增加自己的收入进而提高效用水平的倾向。创业者效用最大化的决策是收益的边际效用与劳动投入的边际效用的绝对值相等。但是由于 $\partial^2 E(v)/\partial e_{vc}{}^2 \pi 0$，且创业者的收入按总收益的比例获得，创业资本效率不能达到帕累托最优，创业者可能打消通过努力工作来提高收入从而提高效用的动机。因此，创业者总是存在着一种既能够提高收入而又尽量少努力地工作的利益本能冲动，他就可能采取机会主义行为，即他把期望收益 $E(v)$ 提高的希望寄托在环境变量 ε_i 上，这样他在搜寻、评价及管理创业企业上就可以投入较少的劳动，如果企业业绩突出，他的收入也有望大大增加；反之，如果企业亏损，由于从闲暇中得到了补偿，其效用损失不会很大，甚至没有减少。

假定创业者的劳动 e_{vc} 以横轴来评价，$\partial E(v)/\partial e_{vc}$ 代表创业者在一定的基金规模上投入劳动的边际产品。在一个竞争性市场上，创业者的边际成本 $\partial c(e_{vc})/\partial e_{vc}$ 是水平的，$c(e_{vc})$ 是创业者努力的成本。如图 1 所示，如果创业者用自己的资本来投资，均衡点为 B，其投入的劳动量 e_{vc2} 在达到这一均衡时，即有边际等式：$\partial E(v)/\partial e_{vc} = \partial c(e_{vc})/\partial e_{vc}$。但是，当创业者用投资者的资本进行投资时，如果创业者对基金的利润分配比例为 α_{vc}，则创业者的边际净收益 $\alpha_{vc}\partial E(v)/\partial e_{vc}$ 将下移。当创业者按照边际收益等于边际成本，即 $\alpha_{vc}\partial E(v)/\partial e_{vc} = \partial c(e_{vc})/\partial e_{vc}$ 来决策时，与之相应的劳动量为 e_{vc1}，均衡点位于 A。在这一条件下，总收益为面积 ODJe_{vc1}，表示投资者所获的收益等于面积 EDJA，创业者的收益等于面积 OEAe_{vc1}。然而在均衡点 A，创业者劳动的边际收益大于其边际成本，因此，面积 JAB 代表了这种制度安排的福利损失。

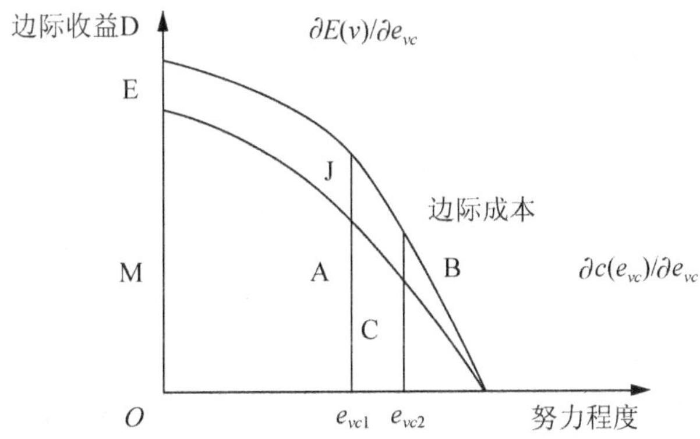

图 1　创业投资的效率损失

现在考虑创业投资融资的重复博弈性质，讨论创业者之间竞争和声誉因素的作用。①

创业者管理一些缺乏经营技能的投资者提供的创业投资，由于基金存在固定持续期和分次注资，并在重复博弈中形成了对创业者的可信性威胁。因此，为获得这些资金来源而彼此竞争，赢得声誉。与此同时，他们联合起来对创业企业注资，轮流担当主导融资者的角色。在这种情况下，声誉效应将发挥重要的作用。如果某位创业者在基金合同终结之时，未能给他的投资者以较高的回报；或者，由于有限合伙制中的资本额度承诺制，在分次注资过程中，一旦发现资金使用不当，投资者就停止注资，那么创业者以后再筹资就会非常困难。同样，在联合投资时，如果他担当主导融资者并表现不佳，那么他很可能会被创业者俱乐部驱逐出去。这样，创业者从实现基金市场价值最大化过程中所得到的收益就不仅仅是他管理现期基金所获得的一次性收益份额，还包括在市场上和俱乐部内对其声誉的维持。

假定创业资本退出时，实现的市场价值 v 服从分布函数 $F(v:e_{vc})$，如果低于一定的临界值 v_0，那么，该创业者在未来阶段筹集资金的能力和加入其他创业者联合投资的机会均受到削弱，表现为他的连续价值降低 J。在稳态的重复博弈下，优化问题是选择使得

$$V=\max_{e_{vc}}(1-\delta)(\alpha_{vc}E(v)-c(e_{vc}))+\delta((1-F(v:e_{vc}))V+F(v:e_{vc})(V-J))$$

其中，V 是创业者未来报酬的现值，δ 是时间贴现因子。如果他以概率 $(1-F(v:e_{vc}))$ 成功地筹集到足够资金，他可以在未来获得流量价值 V。如果市场价值低于 v_0（概率为 $F(v:e_{vc})$），他只能预期得到 $(V-J)$。现期和未来报酬的权重分别为 $(1-\delta)$ 和 δ。在纳什均衡下，创业投资的努力水平由下式决定：

$$\alpha_{vc}E\left(\frac{d_v}{de_{vc}}\right)+\left[-\frac{\delta}{1-\delta}\times\frac{JdF(v_0:e_{vc})}{de_{vc}}\right]=\frac{d_c(e_{vc})}{d_{e_{vc}}}$$

由于 $F(v:e_{vc})$ 随 tu_evc 边际递减，所以等式左侧第二项为一个正值，建立边际收益与边际成本曲线图，曲线 1、曲线 2 和曲线 3 分别为帕累托最优、考虑声誉效应和不考虑声誉效应的情况，如图 2 所示。

① 刘忠明，魏立群，Cowell Busenitz. 企业家创业认知的理论模型及实证分析[J]，经济界，2003(6).

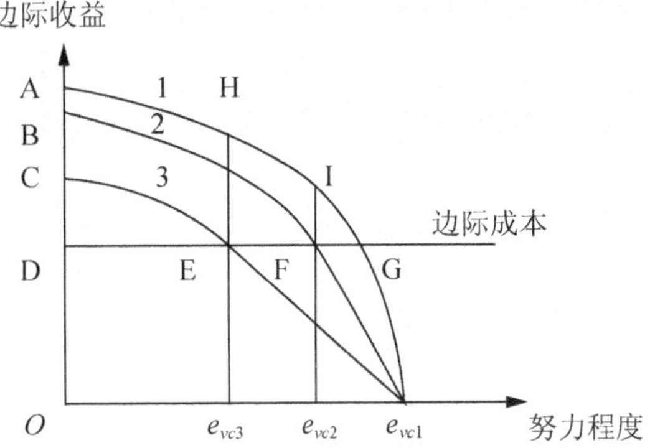

图 2　声誉效应提高创业投资的效率

从图 2 中可以看出,无声誉效应时,创业者的边际收益曲线 1 带来的效率损失为收益面积 EHIG;有声誉效应时,创业者的边际收益曲线 1 演变为边际收益曲线 2,那么创业者的边际收益曲线 2 带来的效率损失为收益面积 IFG,与边际收益曲线 1 相比,效率损失减少收益面积 HIFE。显然,担心失去声誉对自己未来不利,给创业者提供了比短期利益最大化更强的激励,这反映在上述等式左侧的第二项:声誉丧失导致的损失。

假定创业者表现不佳时,将遭受惩罚,他试图选择一种合适的努力水平,使其个人连续价值(即博弈连续进行所获得的报酬)最大化。如果 δ 和 J 足够大,且创业者能够确立一个合适的、略低于最优值的 v_0,努力水平的增加可以显著地降低失败的概率,则损失的收益面积 IFG 足够小,在声誉效应下,创业者的纳什均衡策略接近于社会最优水平。下面探讨创业者声誉的形成过程。

7.3.3　创业者声誉的创建

创业者的声誉创建使创业者不仅考虑当期报酬最大化,更重视考虑下期的融资难度,形成自我规范与约束行为的机制。

假定:

(1) 创业者的业务水平既不为投资者所知,也不为创业者自身所知,二者所知道的都仅为该业务水平的一般分布(均值和方差),在这样的情况下,创业者的第一期业绩将会成为其自身和外部投资者借以评价其业务水平的依据。

(2) 基金投资的回报是创业者选择优质项目使投资增值的能力、努力程度以及环境变量的函数。尽管创业者的能力不确定,但创业者和投资者能预见其能力的分布。创业者的报酬被假定为基金收益的线性函数。

(3) 创业者在连续两个时期内分别发起了一只基金(合伙)。投资于第一只基金所得到的回报,在第二只基金设立之前就已实现。没有任何投资项目由第一只基金转到第二只基金。t 期的基金收益 π_t 是能力 η、创业者的努力程度 e_i 和环境变量 ε_i 的函数:

$$\pi_t = \eta + e_i + \varepsilon_i$$

(4) 创业者能力的对称不确定性为 η,这既代表创业者选择项目的技巧,又代表投资后管理的增值能力。创业者和投资者认为,η 服从正态分布,均值为 m_0,方差为 δ_0^2,任何一方在计划之前都没有关于创业者能力的私人信息。环境变量 ε_i 服从独立的标准正态分布,均值为 0,方差为 δ_i^2。

(5) 创业者的报酬 W_i 是基金收益的线性函数。创业者获得一定的固定报酬 f_i 和一定比例 v_i 基金收益的可变报酬。则:

$$w_i = f_i + v_i \pi_i$$

(6) 创业者的努力成本是努力程度的函数 $C'(e_i)$,且有 $C'(e_i) > 0, C''(e_i) > 0$。投资者是风险中性的,创业者却是风险厌恶型的,风险厌恶的系数为 v,每期贴现率 δ 不变。一位投资者和一位创业者对报酬协议的条款进行协商,第二只基金的投资者拥有已经证实了的第一只基金业绩的信息,并且存在纳什均衡解(Nash,1950),即报酬协议平分投资的预期收益:

$$f_1(v_1) + v_1 E(\pi_1 | \hat{e}_1) - C(\hat{e}_1) = \frac{1}{2}[E(\pi_1 | \hat{e}_1) - C(\hat{e}_1)]$$

$$f_2(v_2) + v_2 E(\pi_2 | \pi_1, \hat{e}_1, \hat{e}_2) - C(\hat{e}_2) = \frac{1}{2}[E(\pi_2) | \pi_1, \hat{e}_1, \hat{e}_2 - C(\hat{e}_2)]$$

在两只基金中,创业者的期望效用都最大化:

$$\max - \exp[-r(f_1 + v_1(\eta + e_1 + \varepsilon_1) - C(e_1)) - r\delta(f_2 + v_2(\eta + e_2 + \varepsilon_2) - C(e_2))]$$

在这种信息约束条件下,创业者在基金第一期往往基于建立声誉的目的,愿意忍受较低的报酬,使 $C'(e_1) > v_1$,尤其对于市场上的年轻创业者更是如此,他们愿意努力工作,以期建立良好声誉,为未来投资期间内报酬的提高和筹资机会的便利暂时牺牲起初的一些效用。第二期最优努力的一阶条件为 $C'(e_2) = v_2$。

如果投资者观察到收益为 π_1,并相信创业者在第一只基金中的努力为 $\hat{e}_1$,投资者对创业者能力的事后估计是:

$$m_1(\pi_1, \hat{e}_1) = \frac{\sigma_s^2 m_0 + \sigma_0^2(\pi_1 - e_1)}{\sigma_s^2 + \sigma_0^2}$$

由此看出,第一期基金的收益越高,对创业者能力的事后估计越高。环境变量方差相对于能力方差越大,对创业者能力的事后估计越接近于均值。

只要形成一个有效的创业者市场,创业者出于声誉方面的考虑,总是倾向于选择对投资者效用最大化的行动,以获得市场对他的信任,期望管理更多的基金。在实际操作中,充分发挥市场对创业者的声誉约束职能:一是使基金维持有限的存续期。存续期满基金必须清盘,即便续期也通常不超过两年且必须经股东大会(合伙人会议)批准,这样创业者就不能永久性地控制基金,如果创业者在基金存续期进行有损投资者的行为,将在基金退出时暴露,创业者的声誉即会受到损害,并很可能被排斥于基金管理业之外,无法再从事基金管理工作。二是投资者分期认购基金份额。创业投资通常都按照授权资本原则出资,即股东(合伙人)无须在基金设立之时即缴足基金全部份额,而只需支付承诺金额的一部分,所承诺的其余资金在基金进行实际投资时再按照认购的比例分批注入。资金承诺制不仅有利于提高资金使用效率,而且使得投资者可以根据基金的管理状况,决定是否追加投资。每一次决定是否追加投资,都是投资者对创业者的一次审查与监督。三是保持基金财产相互独立。为了便于基金之间的相互比较,市场还要求基金的结构具有透明度,同一创业者名下的各个基金必须相互独立。这样,投资者便可以清楚地比较不同基金的业绩状况,辨别出哪些因素是创业者无法控制的(如经济周期的影响、宏观政策的影响等)、哪些因素是创业者内生的。

7.3.4 创业者声誉的影响因素及其表现方式

在众多的市场参与者竞争的情况下,长期而言,声誉对创业者的行为就有很大的约束力。Sirri 和 Tufano 等人的实证研究表明,筹集合伙资金既费时又成本高昂,时间的长短和筹资的成败完全取决于普通合伙人的声誉和经历,其过去的业绩是吸引投资者的一个强烈信号,因为投资者对创业者的能力并不了解,只能凭借其以往的经历来判断其管理能力和职业道德。普通合伙人的声誉主要表现在其担任创业者时间长短和管理资金多少等方面,长时间地管理大量资金的普通合伙人通常拥有较好的声誉,组建新的基金也较容易成功。没有管理过创业投资基金(或管理时间短、管理资金量少,以往出现过重大亏损)的普通合伙人则很难得到投资者信任。实证研究显示,成立时间较短的创业者趋向于比成立时间较长的创业者更重视建立声誉,因为这对组建新基金至关重要,为此倾向于更快地将所投资的创业企业推荐公开上市,为自己争得声誉,继而组建新的合伙基金。

基金是有固定期限的，创业者不能永远保管资金，如果创业者行为不端，在下次募资时会有很大困难。基金期限越长，创业者的声誉效应越弱；反之，创业者的声誉效应越强，当然如果基金期限太短，也不利于投资。因为基金存续期有限，创业者为了维持其行业地位必须不断筹集新的资金，能否顺利地筹集到新的资金，则取决于创业者的声誉和经验。当声誉本身成为一种资产时，创业者就会更加努力工作以维护他们的声誉。此外，为了使筹资成本最低，创业者通常会先寻求原先投资者的投资，这也取决于他们的业绩是否令原先投资者满意。创业者对自己的声誉越重视，其作为激励约束手段的作用越大。

创业者对自己声誉的重视程度由多方面因素决定。第一个因素是声誉质量，即声誉反映实际情况的准确程度。这表明评价创业者过去业绩很有必要。市场参与者利用各种不同的定性及定量方法评价创业者的业绩，例如通过基金投资组合互相分离，便于和其他投资回报进行对比，以判断是否由于创业者无法控制的原因而使投资回报率较低。第二个因素是创业者对未来的预期，声誉影响创业者未来收入，未来包含不确定性越大，他对未来收入评价越低，对现期收入评价就越高，对声誉就越不重视。如果创业者处在事业即将结束阶段，声誉的作用就会减弱，因为他们不会再筹集另外一笔基金，因此声誉不能再作为一种激励手段来保护投资者的利益，这时投资者只有通过投资契约安排来减少创业者的机会主义行为，保护其利益。第三个因素是创业者在培育自己的投资能力时所投入的资产专用性水平和数量。当一个创业者的声誉下降到一定程度时，他就不得不考虑改变职业，他为培育自己的能力所投入的资产的专用性越高、数量越多，改变职业的成本就越高，从而他对自己的声誉也就越重视。

综上所述，其一，组建创业投资基金与创业者的资历、经验以及专长和声誉密切相关；其二，声誉也吸引了创业投资家来寻求投资，越优秀的创业者越能吸引优秀的创业投资家；其三，声誉还能吸引一些职业经理人离开大公司加入创业企业，从而使创业企业有一支更有力的管理队伍；其四，创业投资加入创业企业预示着这家企业有较好的发展前景，供应商对创业者所支持的企业就十分有信心，供应商便以更低的价格、更好的付款条件和更多的贸易信用来支持创业企业，达到双赢；其五，客户和分销商也对创业者所支持的企业看好，相信该企业的产品和服务更好、更有竞争力；其六，在创业企业上市时，创业者的声誉能够吸引一流的证券承销商，降低发行成本，吸引分析师的跟踪，吸引机构投资者长期持有创业者所支持的企业股票，并且在企业的转售、并购方面，创业者有助创业企业找到合适的投资者或收购、兼并公司，使创业企业有更好的发展。

由于创业资本市场信息极其不对称，创业者的声誉效应解决了投资者对创业者的行为约束和规范，同时有利于创业者向投资者融资。这对于发展我国创业资本市场具有十分重要的理论和现实意义。

【本章小结】

对创业研究的经济学回顾可以采取历史分期的形式，也可以采取学说比较的形式，还可以采取问题导向的形式，本书选择了三者之间综合的形式。研究文献涉及古典经济学、新古典经济学、奥地利经济学、演化经济学等经济学流派，以及创业者的含义、创业者的职能、创业型经济、创业与创新、创业与不确定性、创业与企业理论、创业与经济发展等领域和问题。本章同时研究了创业者的类型、创业者的声誉及其影响因素。

【复习思考题】

1. 创业经济理论的主要贡献者有哪些？他们的主要观点以及主要贡献是什么？
2. 创业者应该具备什么样的素质？
3. 创业者有哪些类型？
4. 什么是创业者的声誉？
5. 创业者声誉的影响因素及表现方式有哪些？

第八章　创业与经济发展的关系

【知识目标】

通过本章学习，让学生认识新古典经济学、内生经济增长理论、进化经济学、地理经济学等视角对创业与经济关系的主要观点，让学生认识创业内涵的丰富性、边界的可拓展性、层面的多样性，让学生认识创业与经济发展关系的基本框架。

【本章概要】

虽然新古典经济学、内生经济增长理论、地理经济学、进化经济学、产业经济学等从不同的视角考察了创业与经济发展之间的关系，并取得了一些令人欣喜的成果，但创业和经济发展内涵的多层面性和丰富性，不仅加大了科学计量相关概念的难度，而且还影响我们对创业与经济发展相互作用机理的认识。如何在现有理论的基础上，进一步综合相关观点并进行提炼和融合，构建创业与经济发展关系研究的综合框架，是理论界必须解决的新课题。

长期以来，创业被认为是促进创新和经济发展的动力。创业不仅关乎国家的兴衰，更是企业创造价值和保持竞争力的重要手段。正因为如此，实业界和学术界都越来越关注创业问题，有关创业的杂志、学术论文和会议、调查数据也不断增加。经过学术界的不懈努力，创业研究取得了较大的进展。总体看来，目前国外相关研究更多地关注创业过程、创业的关键成功因素和如何进行创业等微观层面的问题，而宏观层面的创业研究相对较少，尤其是关于微观个体创业行为与宏观经济发展之间关系的研究则更加缺乏。国内的创业研究主要侧重于介绍国外创业理论与模型和解释创业现象与行为，同样缺少对于创业与经济发展关系的关注。因而，对已有相关文献进行系统的梳理和总结，形成探索—总结—再探索的研究与发展模式，对于推动创业研究的有序发展无疑具有重要的意义。

8.1　不同视角下的创业者、创业与经济发展关系研究探析

创业是创业者依靠自己的创造性劳动，通过创业活动对创业机会、资源和其他环

境因素(如文化、制度)进行有效整合的过程,其关键在于创新(技术、组织、制度、新市场、新组合等)和机会开发。而创新的实现在产业层面表现为企业的产业进入和后续竞争,以求得生存和发展,并获得相应的经济租金;而在宏观层面则表现为通过创造性破坏来实现新产品和新企业对已有产品和已有企业的替代,从而推动经济增长、经济结构优化和经济发展的过程。为此,本书围绕这一逻辑梳理相关的文献与观点,首先从经济学视角来分析创业者,随后从新古典经济学、内生经济增长理论、进化经济学、地理经济学等视角分述相关研究成果。①

8.1.1 经济学视角下的创业者(创业家)

创业者或创业家是创业活动的灵魂人物,也是创业研究的核心议题,研究创业与经济发展的关系离不开他们。在最早将创业引入经济学研究的 Richard Cantillon 看来,创业家是指在不确定条件下开拓新事业的人,创业的根源在于别人缺乏很好的远见(充分的信息)。在现今的经济学中,创业家与创业的定义则具有多面性,创业家承担着多重角色,履行着多种职能。综合起来,在现有经济学文献中,创业家至少扮演 13 种角色:企业所有者、金融资本提供者、生产要素雇佣者、缔约者、指挥和监督企业活动的管理者、风险与不确定性承担者、创新者、决策者、产业领先者、经济资源的组织与协调者、套利者、资源配置者、新企业和新业务的创办者。

后 8 种角色与经济学研究密切相关,归根溯源,创业家的这些角色大体由三大学派提出:(1)以 Von Thunen、Schumpeter 和 Baumol 为代表的德国学派。该学派基于经济变化把创业家视为创新主体、创新过程的组织者和发起者,他们通过创造性地打破市场均衡来获取超额利润。该学派特别强调创新和发现创业机会的重要性。(2)以 Marshall、Knight 和 Schultz 为代表的芝加哥学派。该学派强调创业就是对生产要素进行组合,创业者作为买卖关系尤其是生产过程的组织和协调者,通过创业活动来引导市场走向均衡。(3)以 Menger、Von Mises 和 Kirzner 为代表的奥地利学派。该学派把创业视为一种市场过程,创业家作为推动市场过程的主体,利用异质信息导致的价格差异来获得创业利润,推动经济由非均衡走向均衡。该学派更加关注创业者在发生外部环境冲击以后发现和开发有利机会的能力,强调创业能力与未得到满足的市场需求的结合对于改善市场效率的意义,并重点关注创业的实现过程。

---

① 张青. 创业与经济发展关系研究回顾与分析——基于不同经济学视角[J],外国经济与管理,2009(1).

与管理学关注创业的微观主体和过程不同,经济学更加关注创业在一般经济系统中的净效用和创业家在整个市场体系发展中的作用。芝加哥学派强调创业者作为买卖关系组织与协调者的作用,但没有区分创业者与领导者、管理者的角色,没有突出创业对整个经济系统产生净效用的作用。奥地利学派强调创业过程的信息差异和机会发现,把创业者视为套利者,但没有区分创业者与投资者之间的角色差别;关注创业的实现过程,但没有突出创业的本质特征———创新性。总之,虽然三个学派从不同的视角对创业者、创业提出了自己的主张,但都存在自身的不足。因而,自 Schumpeter 提出创新理论以来,大多数经济学家都比较接受他的创新创业观,即创业的本质是创新,创业者的作用在于实现生产要素的新组合。

8.1.2 新古典经济学视角

新古典经济学的经济增长模型假设所有的经济行为主体都具有充分的信息,并能明确、理性地确定经济目标。新古典经济学试图剔除市场过程中人的因素,认为生产者与消费者都通过非人格化的价格机制来达到供求均衡,隐含地假定市场都是业已存在的,能够理想化地运行并自行均衡,既不需要创新警觉性,也不需要冒险冲动。因此,在内在理性选择、充分信息、给定企业作为生产函数的假设条件下,在新古典经济学那里当然没有创业活动的空间。正如 Baumol(1993)所指出的那样,已经形成的新古典经济学理论体系没有有效描述和分析创业的作用前提,同时又缺乏相应的理论基础,因而无法分析创业行为。

不过,新古典经济学还是在很长一段时间里集中研究了劳动力、物质资本对经济增长的贡献,认为这些生产要素既是财务增长又是长期发展趋势的主要源泉(Solow,1956),但难以计算,并把一些归因于技术变化的外生性剩余称为外生的“天赐之物”。新古典经济学虽然没有进行创业行为分析,但其关于生产要素对经济增长贡献的研究则为后续内生经济增长理论研究以及知识溢出和创业与经济增长关系研究奠定了坚实的基础。

根据新古典经济学模型,经济增长主要由物质资本驱动,物质资本只有在大企业才能得到最优配置,小企业对于经济增长的贡献不大。然而,现实与新古典经济学模型的设想大相径庭,即在现实经济生活中,小企业及其创业活动对于经济的作用越来越大。很多经济学家认为,大企业具有高效率和高技术,在经济生活中必然占据明显优势。但是,20 世纪 80 年代以来的现实却是不同规模的企业持续并存于不同的产业之中。随着经济全球化和科学技术的不断进步,小企业作为变革主体是开展创业活动、创新活动的主要力量,它们推动了产业进化、创造了大量的就业机会,在经济发展中扮演着越来越重要的角色。

8.1.3 内生经济增长理论视角

与新古典经济学不同,自 Solow 开创"余值"理论以来,内生经济增长理论以 Solow 经济增长模型中外生技术变化因素内生化的观点为主线,将创新、创业纳入其增长模型。Romer(1990)建立了一个由知识外部性、产出收益递增和新知识生产收益递减三个因素共同决定的竞争均衡模型。该模型讨论了知识溢出对技术变化的影响,并假定知识溢出及其商业化都会自动实现,但没有从理论上说明新知识为何、如何产生溢出效应以及知识溢出的障碍因素。因此,该模型无法解释为什么有些国家或地区很高的研发支出并没有导致经济大幅度增长与失业率下降。例如,目前瑞典、日本虽然研发投入比例很高,但经济增长很慢或者经济根本就没有增长。另外,相关的实证研究表明,创业与经济增长之间具有不确定的关系。后来的新 Schumpeter 主义者不仅逐步解决了上述问题,而且开始将创业纳入经济增长模型。他们认为,新知识由于具有非竞争性和非排他性而可以为他人或其他企业所利用,即所谓的外部性。知识具有不确定性和不对称性,会在知识创造方与使用方之间造成对新知识实际价值的认知偏差,并会产生阻碍知识外溢的过滤作用。如果知识创造方进行知识成果商业化的成本与难度不大的话,那么就有可能创造创业机会,因此创业是促进知识溢出和经济增长的重要机制(Audretsch,2004,2007)。

经济学关于创业机会的讨论可以追溯到 Schumpeter。Schumpeter 认为,创业机会的出现需要引入新知识,而不只是对已有知识的多样化利用。遗憾的是,Schumpeter 的理论隐含地假设新知识随处可得且无成本,导致该理论既无法解释经济变迁的终极来源,也不能很好地说明新知识究竟如何产生和为何产生。Casson(1995)对此进行了有益的补充。他认为,新知识的一个重要来源就是技术变化,而技术变化的机会又来源于对已有知识的创新和突破,最终来源于引发知识创新与突破的研发工作和高水平的人力资本、训练有素的劳动力以及科学家与技术专家。因此,技术变化(的机会)允许我们采用不同的方式或者更加高效地配置资源,因而也是创业机会的来源。这一观点得到了一些经验研究的间接支持。例如,Acs 和 Audretsch(1998)实证发现,一些产业的新创企业在发动技术创新方面发挥着重要的作用。Blau(1997)对美国 20 多年的个人创业状况进行了调查，发现技术加速变化导致个人创业速度加快。

Acs 和 Armington（2004）验证了创业活动差别与人力资本差异之间的正向变动关系，创业活动可通过知识溢出来发现和利用技术机会，在促进经济高速增长方面发挥着重要的作用。与 Romer 强调知识、知识溢出对经济增长的作用不同，Schultz 和 Lucas 等人把创业历史观点与内生经济增长理论联系起来，强调人力资源创业能力对经济增长的贡献。例如，Schultz（1980）认为，可以通过增加创业能力投资来提高创业努力的数量与质量。创业能力作为人力资本存量的重要组成部分，是解决动态经济不均衡的重要因素。企业创新是内生结果，但集中表现为恢复均衡的创业能力。Lucas（1988）认为，专业化人力资本的外部性（溢出效应）会使其他要素的收益递增，通过创业培训形成的人力资本是创造新技术的最重要因素，而专业化的人力资本则是经济增长的决定因素。Lucas 的新经济增长理论通过聚焦于创新与人力资本的内生作用来解释经济增长，但作为人力资本重要组成部分的创业家只是被隐含地引入了他的经济增长模型。该模型并没有清楚地说明创业活动所需的人力资本形成和创新条件，也无法清楚地解释创业与经济增长之间的关系。

8.1.4 产业经济学视角

在产业经济学中，创业被定义为导致新进入行为（New Entry）的过程、实务与决策活动。无论是创办新企业还是公司创业，都要凭借新产品和服务或现有产品进入新市场，或者把新产品和服务导入已有市场，因而都会产生进入行为。创业者在通过破坏旧市场来创造新市场以获得最大经济租的同时，也改变了现有市场的要素组合关系与市场结构（Schumpeter，1934）。因此，新进入作为创业活动在产业层面的行为表现，必然会导致相关产业的市场结构发生变化，最终导致市场绩效发生变化。据 OECD 2003 年的一项调查，新企业的进入与退出占 8 个接受调查的成员国全要素生产率增长贡献率的 20%—40%，这足以反映创业对经济增长和结构变化的驱动作用。产业经济学主要从两个方面关注创业与经济增长之间的关系：一是新进入的决定因素以及创业企业的事先特征与事后绩效之间的关系；二是创业与国家竞争优势之间的关系。

根据目前的主流文献，新企业的形成不仅受到利润预期、经济增长和创新潜力等条件的影响，还受到诸如广告支出之类的外生与内生进入壁垒的影响。决定新创企业进入的因素既有创业者的先前工作经验、家族传统、受教育背景、利润预期、创新潜力以及产业结构调整、需求增长、失业、聚集经济等正面的推动因素，又有过分自信、追求独立的意愿、害怕失业等负面的阻碍因素。在关注影响新创企业进入的决定因素的同时，产业经济学还关注进入率对企业创建的影响。有学者认为，进入率对企业创建的影响包括乘数效应与竞争效应。乘数效应是指创业者会根据当年较高的进入率认为相关行业具有较高的发展潜力或存在未得到满足的需求，从而导致下一年度新企业形成率上升的作用；而竞争效应是指进入率过高、行业密度上升，从而导致创业者预期利基市场不复存在、企业生存空间缩小，因而放弃或推迟创业。Peter Johnson(2004)研究表明，上一年度的进入率对于下一年度新企业的形成率具有一定的影响，但这种影响因行业而异；同样，退出率对于创建新企业也产生乘数和竞争效应，但与进入率具有相反的作用效果。由于创业者是异质的，并且会犯进入错误，大多数新创企业注定会中途夭折，新企业的生存率通常都非常低。Bartelsman 等人(2005)针对 10 个 OECD 成员国的一项调查显示，20%—40% 的新创企业在创建 2 年后就夭折，只有 40%—50% 的新创企业能够生存 7 年以上。因此，很多新企业进入其实无助于技术更新和经济增长。相关经验研究不仅不支持新企业进入有利于经济增长的假设，而且对新企业进入能否增加就业或减少失业提出了质疑。例如，新创企业的就业贡献主要取决于新创企业在成长为成熟企业的过程中所创造的就业数量，而净就业量的提升与新企业进入之间或许不存在正相关关系。就业净效果依赖于新进入引发的市场增长。如果新进入只是激化了市场竞争并没有扩大市场容量，那么就不可能增加就业，除非新进入能够产生重大的间接溢出效应。与上述研究有所不同的是，主流的经验研究则更加关注进入、成长、早期退出的新创企业的事前特征与进入后的绩效之间的关系。相关研究表明，创业者的事前“遗传”特征，如较大的初始规模、没有信贷约束、拥有充分的信息和主动学习的能力，是新创企业生存率的重要预测指标；创业者失业前状况和缺乏合适的孵化背景是新创企业早期夭折的重要前兆指标；而较高的专业教育程度、人力资源禀赋、强烈的创业动机以及先前的管理和创业经验则与平均水平以上的事后绩效密切相关。

8.1.5 进化经济学视角

在创业与经济增长关系研究中，进化经济学重点提出了多样化和选择这两个基本原理。进化经济学认为，推动经济沿着新的方向发展的过程是多样化实体进行选择的过程；没有多样化和选择，就没有进化，经济将永远被锁定在长期稳定的均衡状态。

Nelson 和 Winter(1982)创建了进化经济学的基本构架,在有关多样化和选择促进创业与经济增长的研究方面发挥了重要的作用。借鉴达尔文和拉马克的生物进化观点,他们认为,企业个体具有基因禀赋——技术惯例、程序等,而且企业的基因禀赋通常只能逐渐进化。当遇到外部竞争的冲击时,已有企业开始搜寻新的组织形式、技术和惯例,竞争的结果是选择最成功的惯例,并淘汰不合时宜的惯例。因此,惯例和选择是进化经济学的核心概念。进化经济学认为,企业因进行研发和人力资源投资而逐渐呈现多样化。企业之所以要进行研发和人力资源投资,是因为这些方面的投资能给企业带来新知识。此外,多样化还产生于与惯例规则相对应的创业规则。在日常惯例技术规则下,创新活动在本质上更多是渐进式的,多样性较小;但在创业规则下,创新活动的多样性增大;经济行为主体尤其是企业更倾向于追求现有企业边界以内的新创意的价值,从而激发强烈的创建新企业的意向,并提高企业的多样性以及与经济增长的关联性。虽然 Nelson 和 Winter 认识到经济行为主体多样化和选择在经济进化中的重要作用,但对促成经济行为的组织因素的认识却比较模糊。组织经济学的创建者 Eliasson(1995)弥补了他们俩的不足。

Eliasson 认为,技术变化是经济长期发展的关键驱动因素,必须通过技术变化把企业决策与竞争过程的驱动因素联系起来;不求助于非线性选择机制和不连续的技术变化,就无法理解市场竞争与经济增长之间的关系;人力资源以及通过教育和学习积累的能力资本应该通过劳动力市场和并购市场来进行配置和再配置。新创企业的进入和失败企业的退出,构成了商业活动的竞争选择机制,而经济增长的速度则取决于能力配置和选择机制。Hannan(1989)创建的组织生态学认为,组织结构惰性的存在预示着组织在应对环境变化时会遭遇失败,而变化是由于在既有组织之外建立新的组织而发生的。组织生态学特别强调竞争与选择,而不是适应。组织进化存在合法化和竞争两个过程。在种群密度较低时,合法化过程居于主导地位,通过相关经验的积累,种群的净出生率趋于提高;而在种群密度较高时,竞争过程占据主导地位,各种群为争夺资源而展开激烈的竞争最终会导致种群的净出生率下降。组织生态学以组织群体,而不是单个组织为分析单位,有利于动态地分析同行竞争对创业和企业成长以及宏观经济产生的影响,但它所考虑的密度仅局限于已有产业,分析也只局限于种群层面,而没有深入到种群内部,也没有把创业与经济发展联系起来。这不能不说是组织生态学的一大缺陷。

8.1.6 地理经济学视角

地理因素在促进新企业创建和经济发展的过程中发挥着重要的作用。不同地区的创业活动存在差异，这说明特定区域背景对创业与经济发展关系产生不同的调节作用(Reynold,2001)。因此，地理环境因素与创业、经济增长之间的关系，尤其是集群在其中的作用为地理经济学所关注。

知识溢出是创业对经济增长作出贡献的重要途径，但知识溢出受到空间的约束。Jaffe 等人通过分析专利引用情况发现，学术机构向私人产业的知识溢出在很大程度上受到区域因素的影响。Acs 等人(2005)的实证研究表明，知识流动只能在相对较窄的范围内进行，并且严重依赖区域内研究机构、大学和产业集群充分利用知识的能力。Varga(2001)实证发现知识溢出的影响与区域大小密切相关；知识的区域集中由隐性知识的本质特征所决定，只有通过直接、面对面地接触才能获得知识尤其是隐性知识。Arundel 和 Geuna(2004)则进一步指出，只要知识的发现及其编码之间存在时滞，那么直接面对面的互动就是知识流动和溢出的重要机制。换言之，编码知识容易转移，受空间因素的影响较小，但非编码知识则不同：网络和空间上的接近对放大知识溢出效应和促进技术变化具有明显的作用，因此集群是创业对经济增长产生作用的重要中介。

Marshall、Krugman 和 Porter 都认为，企业在空间上的聚集有利于创业(指创建新企业)，进而有利于经济增长。例如，Marshall 认为同一产业地理上接近的企业，相对于空间上分离的企业而言，更能够获得专业化经济、劳动力供应和专门技能，可以取得相应的外部规模经济，并加快创建新企业的速度。与 Marshall 认为聚集对创业产生供给效应的观点不同，Krugman 认为上游企业与下游企业在空间上的聚集，可以提高产品销售的可能性，减少运输成本和企业间交易成本，对新企业的创建产生需求效应。

而 Porter 则认为，聚集除了创造良好的竞争环境以外，还能降低企业进入与退出的门槛，因为聚集可以减少价格、成本和经营方面的风险，加快创建新企业的速度。然而，企业在空间上的过度聚集也会造成过度竞争和资源耗竭，从而导致成本上升。此外，空间聚集对创业的影响还与集群所处的生命周期阶段有关，集群这种企业空间聚集形式特别强调企业之间的相互作用，能为创业提供关系、合法性、互补机制等。Rocha 通过相关文献研究发现创业与经济增长之间存在正相关性；但面对经济与社会结构的变化，更多的相关研究则更加关注创业对于经济发展能力的影响，因为发展能力的提高不仅仅表现为产出的增加。Pouder 和 John（1996）认为，就集群的生命周期与创业、经济增长之间的关系而言，在高成长期，集群是新创企业的孵化器；在成熟期，拥挤效应、模仿行为和同质化趋势，导致新企业的进入行为趋于稳定，甚至不利于创业。尽管现有的观点和经验研究都比较赞同集群有助于创业，但仍有以下两个问题亟待解决：

首先，现有研究关注的是新创企业的绝对数量，若考虑到新创企业对于老企业的替代效应，计算新创企业净数量，集群与创业之间的正向关系是否还能成立。

其次，集群的创业优势被假定为独立于集群生命周期而具有永久不变性，这与集群对创业的影响随集群的生命周期而变的现实不符。另外，把知识溢出与空间经济结构形成机制结合起来，对新地理经济学与经济增长理论进行整合，也应该成为地理经济学未来发展的趋势。

8.2 对创业与经济发展关系研究的总体分析

经济全球化和信息技术革命引发了对结构性变革的需要，也意味着对创业存在强烈的需求（Thurik，1998），从而促使理论界更加关注创业与经济发展之间的内在关系。虽然新古典经济学、内生经济增长理论、地理经济学、进化经济学、产业经济学等从不同的视角考察了创业与经济发展之间的关系，并取得了一些令人欣喜的成果，但创业和经济发展内涵的多层面性和丰富性，不仅加大了科学计量相关概念的难度，而且还影响我们对创业与经济发展相互作用机理的认识。如何在现有理论的基础上，进一步综合相关观点并进行提炼和融合，构建创业与经济发展关系研究的综合框架，是理论界必须解决的新课题。

8.2.1 对创业、创业者与新创企业的计量

创业是指创业者在面对不确定性和其他障碍时发现或创造机会，通过定位决策来实施资源配置和组合，以把自己的创意转化为市场的过程。实质上，创业是一种个体或群体行为，既需要创业技能，又必须参与竞争，最终还要创建新的组织（Gartner，1988）。狭义地讲，创业包括发现或创造新机会，开展新的经济活动，创建新组织；广义地讲，创业既包括产生新组织、新事业的开创活动，也包括未必产生新组织的公司内

部的开创活动。同时，创业具有多层面性，既有宏观的国家层面，又有中观的产业、城市、区域层面，还有微观的企业和个人层面。

创业内涵的丰富性、边界的可拓展性、层面的多样性，给创业研究中的创业及创业者计量提出了严格的要求。正如 Murphy 和 Hill(2008)所言，已有创业与经济发展关系的经验研究之所以无法找到充分的统计证据来证明两者之间的关系，首先是因为无法解决创业的计量问题。如从中观和宏观层面来看，虽然创业者的数量作为创业规模的代理变量在理论上比较可行，但在实际计量操作中不易区分一般商人、自谋职业者与创业者。同样，定量界定新创企业也存在一定的难度。理论界通常采用企业规模、年龄、成长和创新等变量来界定新创企业，但在实际操作中，对这些变量的界定同样存在技术问题。如企业年龄，比较一致的看法是最近创建、年轻的企业比创建已久的企业更具创业精神。例如，通常以第一次销售新产品的时间为区分界限，但时间跨度最长为 7 年，最短为 3 年，如此大的时间跨度必然导致统计结果产生很大的偏差。因而，究竟以多少年为准，仍需进一步探讨。再如，规模维度采用全职雇员人数或年销售额、资产额等其他变量来计量，结果必然不同；成长维度采用销售收入的相对变化与绝对变化，或采用雇员人数的两年相对变化与绝对变化，都会得出不同的结果；创新维度则应该根据企业提供新产品的品种、差异化程度和研发水平等指标来判断，而指标的选择与判断结果往往取决于研究者的主观偏好。因此，如何才能客观、科学地界定新创企业的年龄、规模和创新程度，仍是一个亟待解决的问题。

8.2.2 对创业绩效与经济发展的计量

创业是个人或团队行为，而经济发展则属于宏观范畴。创业对经济发展的影响必须经过产业、区域等中间层次的转化才能实现，而创新活动则是其中的关键。创业者的雄心与抱负必须借助创新活动才能转化为新产品、新市场或经济价值，而创新活动则须通过研发人员、实验设备等投入和研发成果转化为产出——专利、专有技术，再通过商业化过程把专利、专有技术转化为市场所需的新产品和新服务。创新活动的投入与产出同样存在计量问题。首先，创新投入，如研发支出、研发人员占员工总数的比例等，只能作为创新活动的投入指标，而不是创新活动的产出指标。此外，研发的计量精确性由于存在边界问题而大打折扣，如对实验室的投入有时因用于技术模仿和转移而未必形成创新产出。其次，中间产出，如专利发明反映新技术、新知识的产出，但并不代表这些技术、知识一定具有经济价值。因为只有成功地对它们进行商业化才能体现其价值。此外，许多发明并不申请专利。同样，专利引用率、创新程度等指标虽能反映专利质量的优劣，弥补专利数量只反映中间产出的不足，但专利的引用率还依赖于企业采用专利的倾向(Scherer，1983)，而后者又因企业、产业不同而异；对创新程度的评价往往受到评价主体偏好与认知的影响，因而创新产出测量结果的可靠性难以令人信服。创新的商业化率、创新的采纳率作为反映创新对经济价值贡献的重要指标，在实际应用中也同样存在如何科学计量的问题。最后，经济发展不仅包括经济增长，还包括经济结构优化、制度创新、社会福利改善(如就业增加、贫困减少)等。

创业对经济增长的促进作用可以通过GDP(或人均GDP)来计量；而经济结构优化、制度创新和社会福利改善等则须通过诸如就业、技术水平提升和个人效用等指标来测量。例如，就业应包括创造就业的数量和质量两个方面的指标，如职业安全、员工士气和工作满意度等。就业数量既可以通过相关统计获得，也可以通过新创企业的发展速度来间接反映；而就业质量可以通过相关就业者的报酬水平和工作满意度来测量。技术水平提升可用企业的增加值、劳动生产率及其增速、全要素生产率及其增幅来测量；而个人效用则可通过工作期望收入、工作满意度和创业风险等指标来测量。这些指标在一定程度上反映了创业促进经济发展的绩效，但这些指标的全面性、准确性仍有待考证。目前，理论界主要研究创业与经济增长、就业等可直接统计和计量的变量之间的关系，但忽略了创业与社会经济结构变化等难以定量的因素之间的关系，尤其是创业促进发展的能力。因此，理论界应该加强对后一类关系的研究。

8.2.3 创业与经济发展之间的关系

创业与经济发展关系的研究涉及创业理论、经济增长理论、产业经济学、进化经济学、地理经济学等不同理论和学科，创业内涵的丰富性、多层面性决定了创业行为与经济发展之间关系的复杂性，但无论是哪个层面的创业与经济发展之间都有直接或间接的关系。经验研究表明，创业已经成为推动经济发展的引擎。虽然相关学科从不同层面和不同视角回答或验证了这一点，但迄今并没有形成比较权威的解释和得到公认的研究框架。换言之，理论界还没有就创业是通过哪些因素、层面、路径与经济发展形成因果关系这个问题达成共识。因此，如何科学地计量创业与经济发展之间的关系，通过深入的理论研究、广泛的调查和实证来建立相关的理论模型(见图3)，是创业研究发展的必然要求。

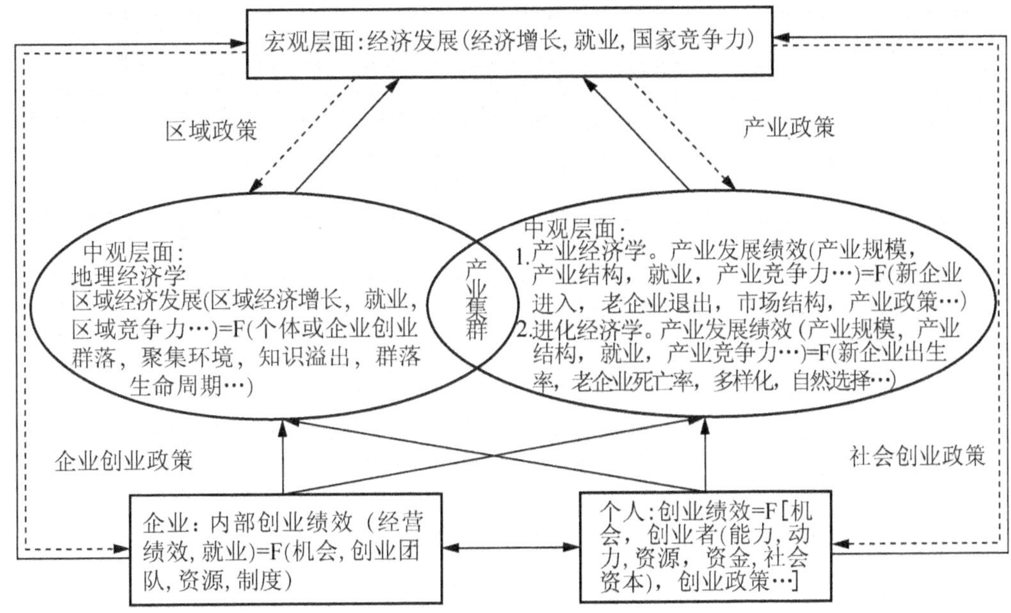

图3　创业与经济发展关系研究整合框架

新古典经济学和内生增长理论都把影响经济增长的因素从传统的物质资本(基础设施建设、风险投资)、人力资本、知识资本拓展到社会资本(社会网络、信任和认知)以及制度、文化等,不仅体现了理论界对于创业与经济增长相互作用机理的认识在不断加深,同时从技术变化的外生性到内生性、从经济增长到经济发展的角度把创业促进经济、社会结构变革等方面纳入分析框架,从而能够更加全面、系统地反映创业对于经济与社会的贡献。

内生经济增长理论对被新古典经济学视为外生因素的技术变化进行了内生化,并且将其纳入经济增长模型,揭示了经济增长的主要影响因素——技术变化及其成因——研发创造知识并导致知识外溢。但该理论关于知识无排斥性、无竞争性(即知识为公共品)的假设使得创业无缘于经济增长,而知识过滤机制理论则把创业作为知识溢出的重要机制,并将其融入主流的经济增长模型,故能较好地弥补上述创业与经济发展关系研究回顾与分析的不足。

基于Schumpeter理论的创新创业观认为,创业过程伴随着新产品的产生与新市场的创造,并会导致新企业的进入;而对相似产品的替代必然会导致竞争加剧和市场结构发生变化,进而导致市场绩效变化和产业竞争力提高,因此这种创新创业观得到了产业经济学的关注。产业经济学从产业进入、市场结构、新创企业事前特征与事后绩效之间的关系以及国家竞争力的视角来探究创业与经济发展之间的关系，Porter的国家竞争力理论从单纯关注创业数量扩展到提升国家竞争力的高度，更加深化了人们对创业与经济增长关系的认识。同样是由创业导致的产业进入在进化经济学的视野中则表现为多样性。借助于惯例、搜寻、选择等概念和理论，进化经济学研究了组织、制度在创业促进经济发展过程中的重要作用；而组织生态学则从种群出生和死亡的角度研究了创业与经济增长之间的关系。与进化经济学关注时间维度相对应，地理经济学把注意力放在了空间维度上，特别关注产业集群的作用。创业由于企业之间的技术、知识、信息、社会关系等方面的关联性而能产生相应的规模经济、聚集效应，导致创业集群的产生，因此，空间聚集因素、网络因素在创业影响经济发展方面具有更大的研究价值。地理经济学研究了产业集群对于创业、经济发展以及创业与经济发展之间关系的影响，但没能打开它们之间的相互影响机制这只“黑箱”。基于关系网络和产业集群视角的创业与经济发展关系研究将成为理论界下一步努力的方向。

无论是产业经济学还是进化经济学和地理经济学，都比较关注市场机制和中观层面，而忽视了个体层面的决策过程（Scherer，1983），低估了创业者的创业动机等因素。因此，如何把微观层面的创业动机、决策过程与中观层面的产业发展、竞争力提升结合起来，弄清微观因素与中观因素的相互作用机理，无疑是日后创业与经济发展关系研究应该解决的问题。虽然从理论上讲，人人都有潜在的创业精神，但创业精神能否发挥则取决于现行的经济政策。诚如Sobel所言，政府政策影响创业速度的路径主要有两个：一是影响对创业活动的投入（教育、风险投资等）；二是决定创业活动的“游戏规则”，即制度。创业政策有别于一般的中小企业政策，无论是政策取向、作用范围还是政策工具都不同。中小企业政策的重点在于既有中小企业，即中小企业的存量，专注于单一的企业组织层面；而创业政策则关注组织的多个单元，从个人到企业、集群、网络，其适用范围包括部门和区域等，并且更加关注创业的变化过程以及影响创业过程的环境条件。这些层面不仅是重要的政策目标，而且它们之间的关系、相互作用同样应该引起政策制定者的重视。从这个意义上讲，创业政策比中小企业政策更具系统性。虽然世界上不少国家都设有中小企业管理部门，但是迄今为止，仍没有一国设立专门的机构来促进和推动创业事业的发展。因此，如何制定科学的创业政策也是理论界必须深入研究的重要问题。

【本章小结】

创业者或创业家是创业活动的灵魂人物，也是创业研究的核心议题，研究创业与经济发展的关系离不开创业活动的主体，即创业者或创业家。本章梳理相关的文献与观点，首先从经济学视角来分析创业者，随后从新古典经济学、内生经济增长理论、进化经济学、地理经济学等视角分述相关研究成果。现有创业与经济发展关系的经验研究之所以无法找到充分的统计证据来证明两者之间的关系，首先是因为无法解决创业的计量问题。创业是个人或团队行为，而经济发展则属于宏观范畴。创业对经济发展的影响必须经过产业、区域等中间层次的转化才能实现，而创新活动则是其中的关键。

【复习思考题】

1. 请分别从新古典经济学、内生经济增长理论、进化经济学、地理经济学的视角，阐述对创业与经济关系的主要观点。

2. 对创业与经济发展关系研究的总体分析应解决哪些问题？

案例分析

案例1　为何比亚迪会成功？①

与比亚迪差不多同时起步的企业有很多，但是它们却很少把公司做大做强，而比亚迪已经成为世界知名企业。是什么原因让它们差距如此巨大呢？

以企业家决定论的判断一定会说，是企业家能力的差异决定的，这个说法可能没有错，但是如果比亚迪的老总采取了另一个企业的技术发展路线，即便他再有能力，也可能会失败。我们来比较一下两家企业，比亚迪选择了一条将电池做薄的技术路线，做薄就可以节约材料费用，进而就可以降低价格，这样在国际市场就可以增加竞争力，将大量的用户锁定。而另一家企业以延长待机时间作为技术发展路线，花了大量时间和金钱研发如何增加蓄电能力、减少人们的充电次数，结果不仅增加了产品的成本，也增加了产品的材料费，其性价比远低于比亚迪，它失去市场是十分自然的。比亚迪非常清楚，降低价格即意味着降低性能，如果价格降低很多，就可以增加性价比，况且人们对待机时间长短的性能指标并不敏感，只要在两三天以上，就可以接受。比亚迪对中国市场的认识保证了其发展的市场基础。但是比亚迪的成功还不仅仅在于对中国国情这个层面的认识，还有更为深刻的认识。

中国是一个劳动力丰裕的国家，如果能够减少资本投入量、增加劳动力投入量，就可以进一步地降低成本。为此，比亚迪在引进生产线时，只引进了一条生产线的几个关键性设备，而其他设备均不引进而采用国内制造，并换成大量使用劳动力的手工操作生产线。有人去比亚迪参观，看到厂房里到处都是女工在生产线上缠绕线圈，而相同生产规模的日本生产线上却根本看不到人。这种生产线上的差异在外行或者从技术角度看来，像日本这样自动化程度很高的生产线可以避免不会有杂质落入电池之中，从而可以保证

① 资料来源：http://www.docin.com/p-92293650.html-2010-10-28.

质量。殊不知,其根本原因是日本的人力成本非常之高。

综合来看,比亚迪为何会成功?原因是比亚迪选择了低成本导向的发展思路,而这种思路非常适合国内市场需求的特征。一方面,快速增长的手机市场是低价格刺激出来的,低价格让更多人享受到移动电话带来的便利。事实上,中国市场也的确如此,很多人希望使用手机,如果价格过高,就可能导致这些人无法购买。恰好有一些产品如小灵通和山寨手机的出现,让低成本电池的优势进一步得以显露。不仅中国市场如此,世界市场也如此,特别是发展中国家。另一方面,低价格可以充分利用本国资源,因为廉价的劳动力可以为中国生产企业带来成本优势,这种优势可以在世界市场形成极强的竞争能力,最后的结果是其他国家都无法再生产手机电池,全部生产能力都转移到了中国。

随着手机电池生产数量的增长,比亚迪电池的待机时间在不断增加,而材料使用量却越来越少,性能也不断提升,价格却在不断下降,使其成为世界上最大的电池供应商。这种市场垄断优势使比亚迪有了话语权,也有了巨大的盈利能力,它现在可以满足不同厂商对各种电池的需求,具备了手机电池的研发能力,并且以电池为基础走向了其他产业。

从国情出发,就是要从要素比较优势出发,最大限度地节约成本。以最低成本为目标,选择合理的要素比例,需要生产过程的创新能力;同时,也要从市场特征出发,根据市场特征决定牺牲掉多少性能。对比亚迪来说,后者更为关键,即技术路线的选择差异决定了企业的生命曲线,以及由此形成的创业成功的可能性。

案例 2　有无制度机会创业呢?[①]

首先,什么是制度?制度有正式制度和惯例,正式制度是安排的,但是惯例并非安排的,而是提出和接受的。谁来提出新制度呢?一定是期望利益的获得者,它如何会有这种资格呢?因为他掌握着可能的索取权,他要预期,他所提出的制度可以被市场所接受的程度。用博弈论的思想方法解释,即知道市场能够接受,同时他也会受益,所以才会提出。

具有这种资格的人是什么人呢?是潜在的创业者,因为潜在的创业者看到了一个

① 资料来源:http://wenku.baidu.com/view/9aaf7c8eec3a87c24028c4a8.html.

机会，就是制度提出会给接受者（市场）带来好处，因此称其为制度机会创业。

以戴尔公司为例。在兼容机技术已经非常成熟时，戴尔还能够挤进个人电脑市场，在车库里创业并取得了巨大的成功，是什么原因呢？很多人看不到这一点，只有戴尔看到了，并且敢于走出创业这一步。他看到的是制度创新下的机会，因为这种创新可以给消费者带来好处，一旦制度创新让消费者接受，而技术是唾手可得的，创业就很容易获得成功。

什么是制度机会呢？在本书前面的章节中，已经阐述了机会创业，如果再细分，就会有技术机会、市场机会，还有就是制度机会。制度机会有两种：一种是国家安排的制度，创业者可以加以利用。比如，深圳一个小女孩看到2002年《商标法》变化以后，个人可持有商标，她就把外国名著进行了商标注册，然后再在网上出售，一周之内获得了12万元港币的收益。其实，加入WTO、APEC还有很多制度的变化都可能带来机会，关键在于你对制度变化的敏感性有多深。另一种是提出制度，以惯例让市场接受，利用市场的力量把制度固化，成为标准（惯例），这样自己先受益完成创业。

这个框架有什么意义呢？首先，不要只关注技术创新和创意下的创业，也要关注制度的进展和制度创新下的创业，这种创新不需要研发，只需要关注制度变化和制度创新的可能性，这可以带来创新和创业的节约。其次，制度往往是制度获益者提出的，制度安排是均衡的结果，而制度的推广是利益追求的结果，这等于提出了一个新的命题，发现制度创新的机会是创业的前提。最后，制度创新的可能性发现是从更高的高度认识问题的，否则提出的制度会受到制度安排的约束，一旦遇到约束就可能会使制度夭折。例如戴尔是站在节约环节成本的角度去创新制度的，而这个节约会让消费者受益，也让社会整体受益。

有无制度机会创业呢？答案是：有！因为寻找制度机会创业是可能的，有样板可循；也因为寻找制度机会创业是有益的，全社会都在寻找制度创新，创业者不去探索，谁还有这个动力？

案例3　什么人适合创业？[①]

创业是为了追求未来的回报，而非现在的回报。如果未来回报低于现在的回报，

① 资料来源：http://bbs.91cy.cn/thread-45813-1-1.html.

人们不可能有动力去创业，一定是他认为未来回报很大，其价值足够让他满足。那些对现在收入不甚满足而创业的说法，是隐含着对未来有满足的回报。显然，现在没有收益，而未来有收益的活动是投资性活动，可能是实际的资本投入，也可能是企业者及其团队的时间与精力的投入。在初创阶段没有收益，只有投入的活动是创业的基本特征。能够做这样事情的人一定得有胆量，他就是为了未来而愿意投入并且敢于冒风险的人。

有一群同学一起出游，有一位同学见到树就爬，而且十分灵活，几下就爬上去了。如果把大家召集过来，问大家这是什么行为？你敢不敢这样做？如果你是一位愿意爬树的人，说明很长时间以来你都在锻炼你的胆量，你已经习以为常，胆量在锻炼中变得越来越大；如果你是一位不愿意爬树的人，但愿意从现在起试着锻炼一下，说明你希望能够成为胆量大的人，但是机敏训练已经过了曾经容易培养的阶段，需要特殊的训练。

虽然胆量不是创业素质的全部，但是它是创业活动的基础。企业家（Entrepreneur）就有冒险的意思。在早期学者看来，创业是一种冒险的套利活动。那时的技术没有什么变化，即使变化也非常缓慢，所以获得利润的办法就是能够看到市场不均衡带来的机会，这种机会可能长期存在，也可能瞬间消失，并不是一个稳定状态；以理性思维的人无法接受这种不稳定带来的机会，只有那些有胆量、不怕风险的人才敢于利用这个机会谋利，即先买后卖。在这种非均衡环境下产生的利润会超过正常利润，比如，今年由于气候原因造成了粮食过剩，创业者可以将过剩的粮食买下来，用于缺粮的时候（他判断为明年）。今年过剩的粮食价格较低（为正常年份的三分之二），他预期明年因为缺粮而使粮食价格高于正常年份（如一半），这样，他囤积一年以后，就可以获得六分之五正常价格的超额利润。当然，他也可能会面临明年粮食继续丰收的情况，那么他就要承担资金滞留损失、粮食库存损耗以及继续丰收的损失。这样解释会让人以为创业者就是商人，其实创业者必须是商人，但商人未必是创业者。其含义是他如果只有正常利润，有机会不敢利用，他就不是创业者。创业者是商人，其含义是他可以经商，也可以从工，因为工也必须通过商才能够获得市场承认。差别在于，商人是在产品交易领域，而工人是在要素交易领域。

人们做不成事业与思维过于理性有关，它要求对每一件事情作出非常细致谨慎的判断，而不是对只有一定可能性的机会作出判断。过于理性的人面对着可能的失败，以输不起为理由过多地考虑消极和不利因素，作出决策也仅仅是不做，而不是积极应对和想办法将风险化解掉。

学者们说，胆量是一种稀缺资源，是人们普遍缺乏的素质，因此，创业家也是稀缺的。人们应该珍惜自己的胆量，因为这个社会太缺少创业者了。据此判断，如果有人愿意爬树，你应该让他去爬；如果没有人愿意爬树，你也应该鼓励他去爬，以此来锻炼胆量。

鼓励创业者去做那些不太有把握，但肯定有意义的事！

鼓励创业者去做可能在干中逐渐有把握，也有意义的事！

鼓励创业者去做有较大把握、有意义的事！

案例4　机警是否有助于创业？①

曾经有过一个实验，在幼儿园，老师将蛋糕放在小朋友们面前，然后让小朋友们坐好，老师说："你们等一会儿，老师出去一下，回来以后我们一起分蛋糕。"然后，老师就走到教室外面观察小朋友的行为。有的小孩听话地在自己的座位上等着老师回来，有的小孩跑出来用手抓了一些蛋糕来吃，观察的老师故意在外面发出一些声响，好像是老师要回来的样子，这些小孩就立即回到座位，另一些小孩干脆不管声响的大小，一直在那里只顾自己吃。30年后对这些小孩进行追踪，发现那些听话的孩子，大部分成了非常平庸的人，最好的情况成为白领，而那些只顾吃而不管外部声响的孩子多成了贪官，最为成功的是那些跑过去吃但听见外面有声响以后就跑回自己座位的孩子，有的成为商业领袖，有的则成为政治明星。实验的结果让成长心理学家必须给出一个解释，为什么会出现差异？或者说，什么样的孩子更容易获得成功？由此提炼了一个概念，叫机警，是指抓住机会、善于利用机会，但同时又能够时时刻刻警惕危机出现，避免被危机毁灭的素质。贪者只具有抓住机会的素质，而不具有防范失败的素质，老实听话者连利用机会的素质都欠缺，更不要说机警。

这个实验非常能够说明问题。相比贪官被抓而言，老实人这一生没有大起大落，虽然平庸却也平实，而贪者虽然一时红火，身后却遭一生的骂名，比不上老实人的人生质量。生活的最精彩者是机警之人，他们有高潮，但是却居安思危，时刻想着避免覆灭，他们不是不行动，也不是贸然行动，更不是为得利益铤而走险，而是大胆行动、缜密思考，时刻警惕变化的信号，再抓住机会和避免灾难。

显然，机警是创业者素质的重要构成因素，我们也可以通过观察周围的成功人士

① 资料来源：http://blog.sina.com.cn/s/blog_4f8e8a320100dh8e.html.

来证明这一点。有一位企业家从水产学校毕业后被分配到电力局工作，他不甘平庸，自己创业。他选择了当时最容易起步的养鱼，他家乡有条河，河水很急，很多养鱼的乡亲怕鱼被水冲走，或者不养或者只能少养。他决定养鱼以后，注意到这个问题，就自己动手制作网箱，自然环境提供的食物不足，鱼长的不快，他就人工提供，用机器做出鱼食去喂鱼。这样他就有了两个产品：一是网箱。但是网箱大多由乡亲们自己动手制作，因而没有什么市场前景。二是鱼饮料。他用机器制作的鱼饲料成为其日后发展的重要产品。十几年以后，他已发展成为国内最大的鱼饲料供应商，并成为一家上市公司。他有创业冲动，但同时也非常机警，能够居安思危，就在他制作好了网箱以后，大雨将其他人的鱼全部冲走，而他的鱼却安然无恙；同时，他也能够敏感地发现新的更有意义的产品——鱼饲料。可见，他能够成功与其机警有很大关系。

机警，从字面上可以看成是机敏、警觉，机敏是抓住机会，警觉是发现隐患。这是一进一退的中和，也是一种辩证思维，是不同方向能力的统一。在讲到素质取代能力时，这个例子一定不要忘记，因为素质往往表现为对不同问题的判断能力与努力的方法选择上，它不是能力，而是一种自然的本能。

机警有助于创业的原因是因为机会发现是创业的源头，在创业过程中，锁定业务过程是一个不断发现和寻找机会的过程，这需要敏感、敏锐的眼光，而创业者时时刻刻都面临竞争者、需求者、政府、自然环境以及公众的约束，一旦出现错误会遭受灭顶之灾。它不仅保证了创业者向前走，而且保证了创业者不至于失败，只有这样创业企业才能够顺利做大。

案例 5　快好，还是慢好？[①]

有很多比喻，说明慢的意义。沙漠上有一种树叫胡杨，人们称它有“三个一千年”，即活着一千年，死后不倒一千年，倒后不腐一千年。在千里戈壁滩上，很难看到绿色，如果看到了，一定是这种被称为胡杨的树，在戈壁上显得非常沧桑、非常孤独，让人肃然起敬。为什么它能够在没有任何生命的地方，孤独地生长呢？就是因为它的耐力。据说，它的根可以长出上百米，吸收很远地方的水分，这样的根多大的风也吹不倒。因为其长得慢，所以不需要太多的养料，在恶劣的环境中，也不会因为养料供应不

---

① 资料来源：http://blog. sina. com. cn/s/blog_4f8e8a320100dhmn. html.

足而死去；因为其生长得慢，所以材质细密、质地坚硬，外力轻易摧不垮，死后就不会倒；因为其质地坚硬，在沙漠缺少微生物的环境中，根本就没有什么东西可以腐蚀掉它，风化也难。

由此可见慢的好处，生命力在于慢，而不在于快。在动物界，生长最慢的当属乌龟，大家都知道，它是“长寿大王”。这种道理能否推广到企业之中呢？其实也是一样的。百年老店中很多并不是成长很快，瑞典的宜家家居就是一个例证。它坚持低成本、低价格的战略已经有一百年的历史了，最初只是个杂货铺，后来专门经营家居用品，并以家具为主；它在办店几十年以后才开设了第一家分店，进入中国十多年了，也只在几个大型城市开设了分店。其速度之慢绝对可以称得上世界领先，但是2006年其家族财富世界排名第一，它的经营理念和成功经验让很多企业羡慕不已。

慢意味着持续成长，而不是夭折和终止成长；慢意味着消化和适应了所有的不利环境，而不是偶然闯过或者碰巧获得了机会；慢意味着内部相互磨合，形成了文化，产生内应力，而不是内部脆弱，缺少内在发展依靠；慢意味着没有被诱惑，轻易改变自己，不是随波逐流、迷失自己。由此可见，培养创业者不怕慢，甚至有意识地让自己慢下来的意识非常重要。具有这种素质的人是坚毅者，因此，他必须有足够的耐力，长时间做一件事情；他要不断积累，要有意识地积累，这是一种学习能力，不断地从别人（主要是顾客）那里吸收营养，修正并加以改进；他应该没有过多的贪欲，而只想做一些自己愿意做但却是用商业的方式做的事情。

按上述分析，大家应该清楚，慢代表了什么？首先，慢代表了持续成长，不成长，慢就没有意义，正所谓“不怕慢，就怕站”。其次，慢代表了学习和内敛，即通过积累形成了自己的风格和系统，形成了功力；它不再是带伤成长，而是完整成长。最后，慢代表了适应，能够应对各种环境变化，特别是恶劣的环境。

经常听到人说，现在的人们太浮躁，其实主要是指大家怕自己慢，其理由是竞争性社会，你不快就会有人追上你，你不得不快。这种竞争意识恰恰是导致别人与你竞争的原因，况且世界上多数情况是，根本就没有人与你竞争，而你却总以为有竞争。即使是有竞争，你有慢的心理准备，也不会害怕竞争，因为你就是想慢些挣钱，必然会少挣一些钱，那就必然会采取低价策略，这样还会有人与你一争高下吗？不会。现在的问题在于大家不愿意坚持，缺少坚持做一件事情的毅力，而总想找些窍门，以求快、达快。基于以上分析，得出结论是：慢比快要好！以滚动效应和网络效应来看，慢会成为大的基础，而快则可能成为小或者“死”的开始。

大家想想，如何训练自己能够长期坚持做一件事情？如果能够做到，就可以创业了。

案例6　会分钱与能挣钱哪个更重要？①

这个问题对很多人来说，似乎不用回答，因为在他们看来，不挣钱，何谈分钱？但是，如果一个创业者也这样想，可能真的不会有人与你合作，也很难挣到钱。

为什么家族企业往往成为快速成长的企业呢？多是因为家族企业内部没有分钱的问题，而一旦落入分钱的陷阱，这家企业的灾难就来了。这意味着分钱常常会导致纠纷而使企业陷入事务之中，难以集中精力谋求发展。

如果创业者不会分钱，它就难以支撑起一个团队。按照定义，团队是一支不谋求利益的团体，但是，这太过于理想了，多数人都会追求利益，只是存在着追求短期利益与长期利益的差别，存在着名声利益与金钱利益的差别，存在着对利益追求限度的差别。一个好的创业者，应该尊重团队成员的利益，否则大家会因为没有利益的期望而失去动力。如何尊重团队成员的利益呢？基本手段就是分钱，如果能够有明确的标准分钱，团队成员就可以明确知道，这是一个什么样的组织，是否应该选择这个团队，也能够知道从这里能够给自己带来多少利益。

会分钱的创业者将给人以期望、信任和激励，人们在利益明确的激励下，可以做自己认为应该做的事，就会让企业产生合力，而不会老是犹豫，不知道应该如何做才会得到利益。所以，可以把会分钱作为挣钱的开始。创业者仅凭个人努力是难以做事的，必须要会利用别人做事，这就是要分钱。

首先，创业者必须要有分钱的意识。挣钱不是用来看的，而是用来分的。这是经济学家穆勒在150年前给出的按要素分配原则，即创业的财富应该分配给创造财富的要素所有者。按照这一原则应把钱分光，让挣的钱有所属，完成第一次分配。后来人们称此为产权明晰。

其次，创业者不能过贪，不能将挣到的钱全部装入自己的腰包，不分给合作者，包括企业内部的员工和团队成员。不仅对员工，即便对竞争对手，也应该有这样的肚量。郭台铭是台湾的著名商人，当年有过一次百万元大单，员工都为他高兴，准备大干一

① 资料来源：http://blog.sina.com.cn/s/blog_4f8e8a320100dhmn.html.

番，然而郭先生出乎意料地将一部分订单交给了竞争对手，董事会成员全部不同意，他说服大家说，日子现在都很艰难，我们不能眼睁睁地看着这些企业倒下去，虽然大家不情愿，但还是被他所说服。后来，他的企业遇到困难时，其他企业也都帮助了他，大家这时才看到，当年的他有着非常英明之举措，其实就是分钱的胸怀。

再次，创业者要善于知人善任。因为创业初期，企业多是没有什么钱，这要求团队成员要足够地付出，而不是每每靠钱来驱动。如果一个人有长远打算、想做事业、不太计较个人得失，他多是创业者到处寻找的合作伙伴。但问题是创业者必须能够认识并能够判断出这种人。创业者如果做不到知人善任，他多会成为个体户；创业者如果想把企业做大，又不能做到知人善任，可能后面的麻烦会很大。

最后，创业者必须引导团队看到未来利益。创业者不能把团队成员的目光吸引到短期利益上，在创业初期，没有什么股票期权，没有什么股份，所以设计未来利益的手段比较缺乏，这时，创业者仍然要保持着提高团队成员对未来成功渴望的激情，一方面靠鼓动和描绘，将企业的蓝图交给每个成员；另一方面，要将挣到的钱及时地变成团队成员的股份，以近似股票期权的方式来激励员工。另外，也需要适当地分钱，甚至创业者要靠自己打工挣钱来供养这些成员，以保证他们的短期利益。

这样说来，分钱的重要性一点都不亚于挣钱，会分钱，才可以会挣钱；反过来，可能不能成立，并且从根本上难以挣到大钱，也不可能做成大的事业。

案例7　如何成为富人？①

10 年前甲、乙两个同学，在北京工作 5 年以后不约而同积蓄了 30 万元。甲用这 30 万元去通州买了一套房子，5 年以后价值约 60 万元，自己住了进去；乙用这 30 万元买了一部奥迪车，5 年以后的价值为 5 万元，两人的财富差别非常明显了。前者是投资行为，因为这样做可以让自己的价值增值，后者是消费行为，其价值仅仅在于获得了当时的快感。

这的确非常值得想创业的人思考。现如今储蓄致富的观念管着以下几个观念的冲击，以至于很少有人会以此为原则。一是消费至上观，因为经济学上有关需求决定供给的凯恩斯理论认为，只有花钱，才能够创造财富，不能创造财富的原因是需求不

① 资料来源：http://blog. sina. com. cn/s/blog_4f8e8a320100dh8e. html.

足，这个理论直接或间接地影响着人们的行为。二是消费快乐观，现在很多人以及时行乐为准则，先快乐再忧患，缺少危机意识，对财富给他未来生活带来的影响不知道，也不想知道。三是消费攀比观，许多人并不是理智地消费，而是盲目消费或者攀比消费，让自己有面子。这种思维还严重地影响着其开办企业以后的行为，如果有了资金，他们便不能节制地花钱，没有成本节约意识，更不知道危机意识，做面子活，干面子事。

这则例子带给大家的启示是：第一，财富来自于储蓄，作为一个普通消费者，也应该把消费行为与投资行为区分开，财富的来源是投资（需求只是前提），不投资，只消费，是给别人创造财富；第二，创业的起点来自于门槛，跨入门槛不能够来自于别人的恩赐，只能自己努力，主要是通过储蓄完成；第三，创业者想做大，需要投资，而投资的财力来自于自我积累，特别是成本节约。从这个意义上说，富人等价于穷人，因为他们不会乱花钱，而是将钱用于投资上，而不是用于消费上。

案例 8　创业者是优者吗？[①]

市场具有优胜劣汰的功能。优者因为可以降低价格到劣者的成本以下，而导致劣者不得不面临亏损而退出市场；或者，优者提供更优质的产品和服务使顾客转移到优者那里，也造成劣者不能生存。而优者在获得了顾客以后得到了成长。

那么优者从何而来呢？显然，如果不是所在的企业发生了内部变革，有了进取精神，优者就只能来自外部。也就是说，创业往往是产生优者的重要动力源泉，依靠创业者来推进社会的进步。

下面让我们来看一位 17 岁女孩坚持卖水 20 年，卖出了国内最大的茶庄的事例。最初时，这位女孩的生意还很好做，就是卖大碗茶，但是竞争很快让她没有了多少生意，苦恼之际，她想何不让自己的茶碗更大一号呢？此后，她坚持卖茶用更大的大碗，时间一长，人们都知道她卖的茶水比别人多，她的生意逐渐又好做起来。随着人们生活水平的提高，以及矿泉水、纯净水的上市，人们越来越少来茶摊喝大碗茶，她就想起来用自己家乡炮制茶的办法来做茶水，因为她做的茶味道独特，顾客又开始增加。再后来，她开了间茶屋，既提供品茶服务又出售茶叶，成为国内比较早开设茶室的创业者。20 年以后，国内茶叶供应商几乎无人不知这位女企业家，因为她已经拥有几十家茶庄了。

---

① 资料来源：http://blog.sina.com.cn/s/blog_4f8e8a320100dh8e.html.

如果当初这位女孩不改变经营方式，仍然墨守成规，就不会与竞争者有差别，她就算不上是一位优胜者，市场也不会因为她而得到进步，她也无法成为大企业家；在矿泉水这种便携式供水方式之外，为了坚持自己的经营方式，而想出家乡的制茶的方法，这是在外部竞争（相当于蓝海），她不一定能够推动矿泉水产业，但却造就了一个新的产业——品茶服务。

创业者不一定是优胜者，但是生存下来的创业者一定是优胜者，因而也必然是优秀者。从这个意义上说，创业是一种优化机制，它让很多人看到了未来，然后认定自己具有了优秀者的品质，去尝试和验证自己的品质是否足够优秀。经过检验，如果是优秀者，就可以取得成功并推进社会进步；如果不是优秀者，就会重新认识自己，也许会汲取教训重新再来，也许不再尝试，而将自己定位于配角的位置，其教训也可能会警醒其他人。

创业者失败是正常的，一方面，自我评估经常会出现失误，但是这种失误也经常会没有多少意义，如果所有人都判定自己天生是个打工者，都不去创业，优秀者就不会存在了；另一方面，创业者的优秀是相对于竞争者而言的，如果竞争者不那么优秀，就可以给创业者显露自己的机会，这是创业实践之前没有办法事先预估的。但是如果自我评估优秀，但对方更加优秀，创业者也无法成为优胜者代替竞争者。积极的人是敢于失败，并通过失败找到正确的方向，因为在行动之前存在着不会失败、相对于竞争者更加优秀的可能性，即使失败也会因为对失败的切身感受而不会再犯第二次错误。失败以后成为优胜者的可能性更大，而不是一次就可以成为优胜者的。

创业者不一定是优胜者，但顽强坚持的，在困难中找到办法的，不断在生存中寻找自己的不足并改进自己的，发现机会主动去利用的，都会是成功的创业者，这样的创业者一定是优胜者。

案例9　村里的纠纷调节案例与商业模型[①]

一个村里有两个家庭分别养了一只狗和一群鸡，结果狗把鸡给咬死了，养鸡者没完没了，反复找村里要求养狗者赔偿60元。有关60元这一赔偿金额，双方存在着争议。一只鸡的价值一般有以下几种算法：一种是按成本计算，即最初买这只鸡大约花了多少钱；一种是按鸡肉计算，即不论公鸡还是母鸡，都按鸡肉的市价计算；还有一种

① 资料来源：http://blog.sina.com.cn/s/blog_4f8e8a320100dh8e.html.

是按鸡下蛋的价值计算。投诉者多会以最高价值计算，养鸡者即采用最后一种算法得出60元的赔偿金额。但问题是，养狗者根本就不理会，因为他认为自己没有让狗去咬死鸡，让人来赔偿，他觉得比较冤。但是养鸡者反复找村里，村里觉得这事不处理也不行。一位年轻的村官想了个办法，把养狗者找来，讲了讲和谐社会的道理，让他承担一些责任，但村里并没有过多地责怪他，而是从正面与他协商，是否由村里人主持，大家在一起吃顿饭，这顿饭的标准大约是60元，钱由他出，养狗者接受了；再将养鸡者找来，问他是否愿意用那只死了的鸡做几个菜，然后由养狗者出60元饭钱，大家一起吃顿饭，养鸡者也接受了。这样养狗者出了60元请大家去养鸡者家里吃了一顿用被狗咬死的鸡做的饭，大家喝点酒，哈哈一笑，矛盾解决了。

这是一个多赢之局。首先，养狗者应该负一些责任，因为动物对任何物体造成的伤害都应该由其监护人承担责任，这是由法律制度决定的，但是在农村，法律的作用比较有限，人们更多相信的是传统，没有主观故意的伤害，特别是动物间的伤害，往往很难被人所接受，一方会把另一方看成是贪财之人，而拒绝给予对方赔偿。传统观念与法律标准同时存在是农村的常态，处理纠纷时必须充分考虑。但是，在村官的调节之下，养狗者已经知道自己是责任的主要一方，需要赔偿，可是他碍于情面不能赔偿，这时就需要转换方式。一旦转换了方式，他心理上成为胜利者，就可以接受赔偿。本例中，他接受了可以请客，但不接受赔偿，村官就让他用60元请客，但吃饭却是到养鸡者家去吃，这样他在心理上是赢家。其次，养鸡者要求的是赔偿，他拿到60元就可以，至于这钱是如何来的，也不是很在意，反正钱是用来花的。村里将60元给他，说这是养狗者赔偿的，但你得请大家吃个饭，不然你的鸡也是白扔了，就用那鸡做菜。显然，他接受了60元，获得了60元的收入，却需要付出一些力气（对农村冗员假设下，力气无成本），但他肯定会感到这是一次附加值的创造，因为那只死鸡的价值可以被视为零（假设其家人吃这只鸡为意外收获），所以他也会感到自己是赢家。最后，村官们调解村民纠纷是其正常执政活动，因参与纠纷调节而得到额外的一顿饭，对于其属于额外收益。还不仅如此，村里人更加和谐，两家人不会因为这点小事而不再和睦，这对村官来说非常重要，社会主义新农村建设要求和谐。这就意味着，在这场纠纷中没有输家。

如果在原来的事情上不能得到解决，就试试将事情的解决方案放大，将事情复杂化，就可能有了解决方案。本例是将钱转换为吃饭，即促进和谐的手段，也是放大事情，找到解决问题的办法，因为只有复杂才能出现多重供求关系的构造，在不降低原来需求的前提下，利用其资源剩余，为另外的潜在供求者提供获得机会，在实现多赢的同时，达到原来的目标。复杂化是商业模型构造的重要原则，看起来也是解决纠纷的重要方法。

案例10　创业是否需要体力？[①]

一直以来，反复强调创业需要想法、需要创意，而没有说创业需要体力，但是创业真的需要体力。

有一位创业成功人士和笔者说过，最初事业起步的时候，他经常是每天只睡两三个小时，如果困急了，就找个没人的地方略微休息一下，然后再投入工作。他是做软件的，为了达到竞标要求，在什么也没有的情况下，只能选择用体力换竞争力。其实，很多早期创业家都是靠体力获得初始资本的。改革开放之初，沿海特别是广东地区与内地商品价格差距很大，一些人成为“倒爷”，他们以1 000多元拿货，到北方可以卖到5 000元。为了节约成本，他们不惜坐硬座，困急了就钻到座位下面睡，头上枕着进的货，既安全又省钱。现在的很多老板都能够讲出其创业初期是如何艰苦，但是他们能够熬过来，一点点做成事业，靠的是什么呢？体力。

没有好的体力做不成事业，不论商业还是其他事业。

体力有什么意义呢？第一，体力是资本。虽然现在把人力资源看做是智力资本，但是人们经常在创业时，想不出好点子，这时体力就成为唯一的资源。即便在点子相同的情况下，体力也是换取机会和增加利润的办法。如果你没有其他资源，你有体力并且肯于付出这个体力，机会肯定会垂青于你。第二，体力是耐力。在竞争中，耐力非常重要，往往是因为耐心和有足够的耐力才赢得机会。第三，体力是抗拒疾病风险的能力。有体力的人少得病，因此，不会因为得病而影响工作和业务，这样可以大大降低业务风险，减少家里人对你做事业的反对。

并非是体力重要而智力不重要，而是体力也重要。在相同智力情况下，体力好的人更容易获得创业成功，而不是成功与体力无关。

从这个意义上说，如果一个人的体力不行，最好不要创业。因为创业最初和最基础的活动是拼体力，缺少足够的体力，往往不能承受超过常人的负荷。创业未成功，人却早已逝，这样的人生实在是太可惜了。

---

① 资料来源：http://blog.sina.com.cn/s/blog_4f8e8a320100dh8e.html.

想创业者需要先锻炼好自己的身体,需要先评估自己抵抗疾病、抵抗各种压力、抵抗挫折、抵抗连续不睡觉的能力,然后再决定是否创业。如果没有准备好体力,就需要先做好这个事,因为人首先是活着,其次才是好好活着。先做好准备,事业才有的做,否则青山全烧掉,终究没柴烧。

案例11　什么是生存创业?①

二十五年前,在中国历史上留下一个词,现在人们还在使用,叫自谋职业。记得当时有一批下乡知青,回城以后没有工作,就在大街上出售最便宜的饮料——大碗茶,后来一位女老板将它注册了一家企业;也有一些从监狱里释放的人员,在政府的政策支持下做起了生意,后来也成了老板;还有一些走南闯北修鞋的、制衣的、理发的人员;后期还有下岗失业人员,好多都成了创业者。他们为什么创业?生活压力所迫,不创业没法活。这就是生存创业。

一个人只要活着就得有生活费,这需要有一份工作做保障,但是,如果没有足够的岗位让这些人就业,这些人就没有了生活来源;或者,可以提供一些岗位,但是岗位的收入不足以使其达到生存条件,而创业只是自己给自己找一个达到平均收入水平的岗位,这就是生存创业。

生存创业的最大特点是穷则思变,太穷了不足以生存,所以才创业。第一,他们没有对创业的未来有更多的考虑,也不是做事业,他们只是认为得生存,但没有别的选择;第二,他们完全是白手起家,几乎没有什么基础,资本需要量很小,自己的一点积蓄,加上亲戚、家人和朋友提供的帮助;第三,他们被称为个体户,创办的大多还不是正规的企业,多以非正规经营形式表现,处于有商誉但无品牌的阶段;第四,他们追求的不是利润,而是毛收入(=利润+个人工资);第五,他们多从事服务业、商业,特点是吃苦耐劳。

现在一些大学生因为找不到工作开始想创业,对此作何判断呢?按照生存创业的定义,要分析一下他们的创业方案是否满足上述特点,即是否需要很少的资本?是否准备好吃苦,并用吃苦换来市场的肯定?如果能够做到上述两点,即可以创业。

---

① 资料来源:http://blog.sina.com.cn/s/blog_4f8e8a320100dh8e.html.

案例12　允诺与履约何者重要？[①]

“一诺千金”，是以成语表示的管理学原则，其含义是，承诺等同于千金价值。千金价值如何体现呢？在现实生活中，千金价值体现在投入上，体现在成本上。如果不能兑现承诺，如同人损失了千金一样。有很多企业家知道这个道理，并实践这个道理，所以，他们得到了发展。因为承一诺而不实施，如同损失千金，他们为了避免损失而履行承诺。这个成语的另一个意思是不要轻易承诺，如果明知承诺不能兑现，就不要承诺。

在商场上，承诺有着重要意义。因为商业活动都是信用活动。既然如此，创业了就等于立足于契约社会，到处都是契约，企业被契约约束、利诱，订立契约、履行契约、监督契约、维护契约都会成为企业日常活动的重要内容。企业与企业的连接、企业与顾客的连接都是靠契约，而契约的本质就是承诺。因此，创业者遵守契约应该是天然的行为，是一种理性思考的结果，不遵守契约，企业会蒙受损失。但事实上，创业者不遵守契约的现象屡屡发生，因此，人们往往将其作为创业者的一种素质。

有一个企业的老板因病而亡，死前给了儿子一个账单，告诉他无论如何也要把欠钱还掉，儿子为了兑现对父亲的承诺坚持打工还钱，终于用了10年时间把钱还清了。他父亲的朋友知道了此事，非常感动，都鼓励他来做老板，为他介绍顾客，提供业务。后来这位年轻人成为行业领头人。

我国幅员辽阔，人口众多，地域文化差异很大。以东北人为代表的北方人，豪爽、直率、感情用事，常以酒为媒沟通感情，却容易轻率地作出承诺，其结果往往造成了自己的被动。现在大家都知道这种人的性格，都会给自己留下一些余地，万一他们答应的事兑现不了，自己得有办法继续下去，经验带来了警惕。江浙一带的企业家明显地有着小心谨慎、以退为进的思维特点，他们先以自己不吃亏为前提，不会签订一个对自己不利的合同，一旦承诺，他们会认真执行，但同时也可能会与对方签订一个不利于对方的合同，然后以契约精神去监督对方履约。他们不会轻易承诺，但是一旦承诺，他们会给予兑现，而不会失信。很多人都说江浙人精明，其实主要是指他们在制定契约时，不会让自己吃亏，却可能让对方吃亏。也就是说，如果你在签约时吃亏，原因在于你不够精明；如果你与他们同样精明，则你会得到很大利益，因为通常江浙人会比较好地履

---

① 资料来源：http://blog.sina.com.cn/s/blog_4f8e8a320100dh8e.html.

约。南方沿海地区的企业家多有着天然的冒险精神，体现在契约方面是敢承诺，一旦承诺会履约，但是如果履约出现了重大损失，他们也敢于违约。江浙人做事比较有效率，就是有点缺少亲情，但他们内部亲情很深，而外部人却是游离于圈子之外，永远是外人，人与人的关系是商人之间的关系。相比之下，北方人更愿意与广东、福建沿海地区的人做生意，因为他们都比较豪爽，只是北方人表现在喝酒上，而南方人则表现在抓住机会上、敢于投入上。

对比而言，江浙文化更符合市场经济原则，可以内生产权明晰效应，因此有利于资源优化配置。他们不会轻易承诺，也不会作出太过分的承诺，所以，不会给企业带来多大的危害，能够比较好地保护自己。广东、福建沿海地区的文化更有利于创新和冒险，是天然的探索文化，所以新的东西都出于此地。他们也能够比较好地履行承诺，让人对其产生信任；如果一旦觉得不能让他们信任，他们多会作出惊天动地的不承诺来。

就保守的创业而言，多学习江浙文化，以少诺而实诺为基准；而就创新而言，可能适当地增加承诺程度会更好一些。总体上说，履行承诺比承诺本身更重要。

案例 13　学习能力是否有助于创业？①

学习的本意肯定不是考试，尽管现在似乎是成绩至上，但学校的学习对人的能力形成意义并不大。真正的学习是向所有的人和所有的事学习。

很多学历低下之人，他们创业以后，变得非常虚心，特别愿意找那些高人请教问题，对什么事都有兴趣。我觉得十分奇怪，他们为什么有这样大的变化呢？首先，他们有了学习动力和愿望。并不是他们现在的企业需要他们去学习，而是他们在图谋长远，通过学习获得更大的进步。其次，他们是居安思危，觉得自己要让企业生存，有很多东西需要掌握，不然就会一再地吃亏，压力提醒和迫使他们学习。最后，他们在创业初期尝到了学习的甜头，所以继续去努力地向别人学习。当然，像他们这样的人，即使在课堂上也是学以致用的，学习会变得有趣、有针对性，他们会联系自己事业中的问题去学习，主要是思考，而不会太在乎成绩如何。但是，他们如果没有时间去课堂，没有机会和资格进课堂，就得选择随时随地地学习，看书和向周围的人学习便成为他们最重要的生活内容。他们每一个人，参加每一个活动并非仅仅是为了联谊，而是为了获得新的知识、新的判断、新的方

① 资料来源：http://blog.sina.com.cn/s/blog_4f8e8a320100dh8e.html.

法、新的观念。据我观察，凡是将创业做成大事之人，无不愿意学习。

学校里取得高成绩的学习能力是很多同学具备的，但是，同学们沉浸于这个能力之中，往往是为了考试而考试，对知识以及知识的来源及产生知识的方法一知半解，并且他们有着容易将知识遗忘的特殊“本领”，多数情况下，经过一段时间，再去与他们讨论，他们都是一脸的迷茫。很多时候解决问题靠的是最朴素的知识，而不是最先进的知识。这种学习能力对创业和做事有帮助吗？很难。

如果说，找到可以让你学习的对象是学习能力的第一步；第二步就是会发问，正确地提出问题；第三步则是为了解决问题而去找资料，问专家。学习不仅仅是谦虚，而是主动地研讨、分析，提出新的问题，以推进知识的进展。

所谓学习能力，是指从观察中找问题、从人群中找对象、从资料中找知识的能力，是发现问题与解决问题、发现资源（知识）与运用知识的能力。从这个意义上说，学习等同于工作，所以，学习能力与创业能力是同义词，而创业能力对创业成功肯定有正面意义，所以，学习能力有助于创业。

案例14　百年GE的成功密码①

美国通用电气公司（以下简称GE）是美国乃至全球最大的电器和电子设备制造公司，是美国国家竞争力的典型代表。GE的成功的确是个奇迹，自1879年爱迪生创立爱迪生电气公司（GE前身）以来，它已经稳稳当当地发达了130多年。1896年道·琼斯工业指数设立，GE是唯一至今仍在该指数榜上的公司。GE由多个多元化的业务集团组成，若单独排名，有13个业务集团可名列《财富》500强企业。GE的电子产品技术成熟，产品繁多，据称有25万多种品种规格。除了生产消费电器、工业电器设备外，GE还是一个巨大的军火承包商，制造宇宙航空仪表、喷气飞机引航导航系统、多弹头弹道导弹系统、雷达和宇宙飞行系统等。

务实的研发创新、领先时代的公司治理结构以及博大精深的用人之道，正是铸就百年GE的持续的核心竞争力。

1. 传统基因

有爱迪生这样一位发明家作为创始人，GE一开始就被烙上了系统研发的印记。

---

① 资料来源：薛镭，百年GE的成功密码[J]，清华管理评论，2012(5).

爱迪生为公司输入的理念，是对研发活动应该采用一种高度严谨和系统的方式，并不断将研发创新转化为商业成果。

1892 年，爱迪生电气公司与汤姆森·休斯敦电气公司合并成为 GE 时，爱迪生电气公司已经拥有 1 万名员工和数千项专利，并开发了一整套电力系统的产品和技术，全面占据当时还是新兴产业的电力市场，为 GE 的后续发展奠定了基石。

2. 科学家云集的全球研发中心

GE 是美国最早开展研发活动的公司。19 世纪末，电气工业方兴未艾，显示出巨大的发展前景和商业潜力。但在电气工业的发展过程中，特别是在发展交流电系统的过程中，技术问题层出不穷。GE 公司雇用了一大批杰出的科学家和发明家进行研究和实验，以保持其在照明和电气领域的领先优势。GE 的领导者认为“人”是所有事业成功的关键，因此通过各种方式吸引人才，在获取人才的途径上最极端的例子是“如果不能雇到这个人，就连他所在的公司一起收购”。100 多年来，在众多科学家（如欧文·兰缪尔、伊瓦尔·贾埃佛、哈里·克林等人）的不懈努力下，GE 的研发取得了巨大的科技成果，所获专利颇丰，众多科学家每年申请的专利数以千计。

1900 年，在第一任总裁科芬的支持下，工业科学家斯坦梅茨在自家后院的谷仓为 GE 创建了美国第一家致力于基础研究的工业研究实验室，自此 GE 开始了有组织有计划的研发。1965 年，GE 将研究实验室与高级技术实验室合并成立研发中心。20 世纪 80 年代，研发中心发展迅速，规模扩大了 50 倍。如今 GE 拥有世界上规模最大的工业研究机构——全球研发中心，专注于不同的领域，各有所长，员工规模超过 3 000 人。

3. 投资创新

拥有天才的科技人才，还需要有效的管理机制来保证科研的产出。用 GE 研究中心总裁利特尔的话说，GE 拥有一种以“基础研究”为核心的研发流程。该流程的总体特点是接纳世界各地的好点子并努力使其变成自己的潜在项目。具体做法是：让公司各部门了解市场需求，定期组织研发人员和外界开展研讨，使好的想法形成概念；建立种子基金给一些小组，让其进行短期研发，尝试是否可以将概念形成产品雏形。如果可以，就把它变成更大的项目，最终形成产品。正是凭借这种务实的研发精神，GE 才得以保持领先。

GE 的技术创新还另有一套专门的体系，对于不同类型的项目产品，进行分类管理。GE 的开发体系中，各业务集团主要投资于短期见效快的项目，总部主要投资于中长期的战略研发项目。GE 公司研发经费占销售额的比例一直在 9% 以上。GE 所有的开发与创新，无论大项目还是小项目，都兼顾企业的效率和客户的利益。

GE 辉煌的创新历史一直延续到 1986 年。此后直到韦尔奇退休，受到科技大爆炸的影响，GE 的全球专利数未能保持领先，甚至退出了世界前 20 位。这对现任领导者杰夫·伊梅尔特来说是一个非常大的挑战，他想要重新恢复 GE 专利的全球领先地位。为此，伊梅尔特进一步加强了对创新的投资。他认为，“那些切断科技资金投入，而只想着让季度业绩数字好看的经理，不是有能力的经理”。

4. 分权治理均衡发展

有效的公司治理结构是百年 GE 成功的重要因素之一。在第一任总裁科芬的管理阶段，GE 就建立起强有力的、透明的、高度严谨的会计和财务系统，这是 GE 发展史上的里程碑。它使公司能够对一些关键的绩效指标进行改善，例如投资回报率和现金流等。也正是在这一时期，公司开始建立并且重点投资人力资源系统建设，如员工的挑选、培训和发展项目。科芬时代的工作为 GE 提供了规范的管理系统和持续创新的基础。

5. 分享领导权力

历史上，许多公司创立和延续的过程中都带有浓重的个人色彩，高度专制、支配型的个人领导压制着他人的创造力、洞察力和工作热情。但从早期开始，GE 便形成了一种“分享领导权的方式”，即确立了董事会与职业经理人的管理方式。这由科芬开始，当时他选择了埃德温·赖斯作为他的继任者。赖斯公正保守，任职后不久，科芬开始担忧赖斯作为业务部执行官的局限性，所以他决定为公司建立一种新的分享领导权的方式。在这一安排下，科芬继续作为董事会主席，专注于长期规划并且维护他数年来建立的与顾客、立法者和其他外部合作者间的良好关系，赖斯更专注于业务发展。

分享领导权成为 GE 重要的里程碑之一。尽管科芬和赖斯的个性和能力迥然不同，但他们拥有各自独特的领导技巧，在公司内外都很受尊敬。得益于这两个强有力的领导者，GE 避免了成为领导者个人情绪的牺牲品，或者被某一种主导型的观点支配。自科芬和赖斯联合执政后，GE 一直延续了分享领导权的方式，公司分派两个或多个意志坚定的人，分别负责对内和对外事务。GE 从这种分权的管理方式中获益匪浅。

6. 分散化的股权

GE 公司的股权是极为分散的，属于典型的盎格鲁-撒克逊公司治理模式，即常说的英美模式。55%的GE股票由2 000家银行、退休基金和互助基金等机构投资者持有,40%的股票由200万个人股东拥有(其中20万为GE的在职员工和退休员工),外国股东只拥有GE 5%的股票,GE是世界上股票持有最广泛的公司之一。英美国家拥有发达的金融证券市场以及对于股东主权的重视,加上GE公司在最初合并后就少受大股东的支配,在其后的经营活动中一直出色的表现也赢得了众多中小投资者的信赖,因此形成了其所有权结构的分散。它带来的好处是,GE不会被任何人或者投资集团控制,广泛的员工持股构建了良性的企业内部生态环境。

7. 崇尚职业化管理

GE历史上第四任总裁科拉尔夫·科迪纳曾用3年时间在GE进行全面考察,得出实施分权变革的结论。他认识到管理一个多元化的公司,需要不同类型的管理者,他相信管理是一种职业,"除非我们能将决策的权责下放到离问题最近的人那里,否则公司很难与成百上千的小公司竞争"。科迪纳把权力下放,建立了目标管理机制,并确立了公司高层管理人员的八项考核指标:赢利能力、市场份额、产能、产品领先性、人力发展、雇员态度、社会责任及短期利益与长期利益之间的平衡,注重科学管理并在变革中保持平衡。

8. 高管薪酬

GE有多种有效的薪酬激励组合计划来吸引、激励和留住高管,使他们的利益与公司的利益高度一致。公司通过设立管理发展和薪酬委员会来设计、审定和管理高管的薪酬,构成要素包括:基本薪酬和奖金、股票期权、业绩股票单位、长期绩效激励、递延薪酬、养老金计划及其他薪酬等。

经历长时间的发展,GE已经形成了一套严格的治理和监管体系、治理有效的董事会制度、合理的管理者激励方案,这些都是股东获得良好回报和形成信任、诚信的治理氛围的有效保证。

9. 卓越文化领袖辈出

GE的发展历程中,有过几次文化变革,大多数变革是改良型而非革命型。随着企业成长和规模的不断扩大,GE形成了"无边界"的文化、"非正式"的氛围、杜绝"官僚主义"的决心与措施、渴望变革的基因,等等,这些形成了GE独有的价值观体系。

10. 珍爱员工

GE的价值观提出:要褒奖德才兼备的人才,要培养精英人才,为全球最优秀的人才创造机会,让他们不断成长并实现梦想;要珍视每个员工和每个创意,尊重人人,珍视每个员工的贡献。GE 是公平就业的先行者,专注于培养和留住杰出人才而不管其种族、宗教信仰和国籍。在过去的 100 多年中,GE 经历了战乱、经济萧条和危机,即便在困难时期,GE 的领导团队并没有大规模的裁员,而是采用减少工作时间来防止工人失业,积极建立全新的退休金、保险和失业政策来帮助雇员,并保留最优秀的员工。

GE 还创立了独特的管理协会 Elfun 组织来征求公司各个管理层面的意见和建议,邀请工会来帮助公司组织员工一同克服罢工骚乱带给行业的周期性灾难。在 GE 先期的领导者中,多数表现出了“社会主义领导者”的风范。他们倾向于采用咨询式和参与式的领导风格,倡导与员工分享财富;愿意与公司所有利益相关者分享公司利润,而不是仅使少数人收益最大化。

11. 价值观

多年来 GE 推崇的传统价值观是:坚持诚信、注重业绩、渴望变革。这一价值观就像一个巨大的磁场,把与这种文化相匹配的全球最优秀的人才吸引过来。“注重业绩”的核心价值观,决定了 GE 必须坚决贯彻基于员工的工作表现来决定员工在公司的发展前景;同时,“诚信”、“变革”的价值观也赢得了优秀人才的心。从成立至今,GE 是一个拥有雄厚的人才培养系统的组织。公司始终相信这个理念:招聘年轻的,保留最好的,从中塑造人才。GE 的管理团队很早就认识到,招聘那些处于职业生涯早期的人才并为其提供培训和工作机会以增强他们的技能和忠诚度,是非常重要的。

12. 领袖摇篮

在全球企业界,GE 被誉为“商界的西点军校”,全球 500 强中有超过三分之一的 CEO 曾服务于 GE。一个例子是,在伊梅尔特竞争公司 CEO 胜出后,另两位竞争者麦乐年和纳德利离开 GE 分别出任 3M 和 Home Depot 两家全球 500 强公司的 CEO。GE 的发展已经不是靠业务、产品或服务,而归根结底都是靠人的进步与发展。GE 是一个致力于塑造能人的企业。“二八法则”、“六西格玛”都不是 GE 人所发明,但却被 GE 人在人力资源、经营管理上运用得炉火纯青。只要 GE 拥有了具备发展潜力的人,只要 GE 人在进步,GE 就可以发展。

GE 从 1905 年就开始实施继任计划,继任计划不仅适用于高层管理者,也针对企业各个层面的管理者。GE 选拔领导人的一个关键要素为:公司内部成长。在 100 多年的发展过程中,GE 所有的总裁、CEO 都是从内部遴选出的。他们从基层做起,通过超群的工作和领导能力赢得信赖。GE 高管的任职时间一般都在 20—30 年,这证明了他们对公司的忠诚,也证明 GE 拥有广阔的职业发展空间。GE 注重继任者选拔,这是

GE 历任领导者做的最重要的一件事，以确保公司没有选错下一任领导人。也正因如此，才会有今天的 GE。

13. 与政府建立良好的关系

从第二任领导欧文·杨出任美国复兴委员会委员起，GE 的高层似乎与政府之间建立了非常亲密的关系。也是从他开始，GE 多任总裁和董事长都有短暂从政的经历，这为 GE 获取政府支持，以及在相关产业建立自身的独特地位提供了便利。

纵观 GE 的百年历史，这是一家既注重变革又保持传统的公司。韦尔奇曾经告诫中国的企业管理者，战略并非设定好的计划，而是一种理念——让自己在竞争中始终处于强势地位，“关键不是预测未来会发生什么，而是对即将发生的事情有正确的判断，然后作出正确的动作”。作为一家基业长青的公司，持续的技术创新、先进的公司治理、精致的用人方略是 GE 以不变应万变的秘籍。

案例 15　温州男鞋电子商务市场分析——以淘宝天猫为例[①]

电子商务是新兴的商业运营模式。在经济全球化和开放式网络环境下，电子商务将传统的商务流程电子化、数字化，代表了企业运营的未来趋势，引导形成了新时代的消费模式。以电子为主体，以商务为载体，把传统的商务和销售渠道移植到互联网上，从而打破了国家、地区有形和无形的壁垒，使生产企业网络化、全球化、个性化、无形化，整合企业资源，寻求突破性的发展。在当前我国面临发展方式转型和产业结构调整的形势下，电子商务作为以技术创新拉动经济发展的重要表现形式，在一定程度上改变了整个制鞋业运行的方式，从长期来看，有助于改善和提升制鞋业的综合竞争力。

（一）温州制鞋业现状分析

1. 温州鞋业的发展史

温州市是中国主要的鞋革产销基地之一。自南宋以来，温州鞋革业已有 800 多年的悠久历史。明代成化年间，温州鞋被列为皇家贡品。新中国成立以来，温州鞋对中国鞋革业的发展作出过较大贡献。中国的猪皮鞋、硫化皮鞋、压模皮鞋和粘胶皮鞋的诞生皆源于温州。温州皮鞋在海内外享有较高的声誉。2000 年，温州市鞋革业工业产值 283 亿元，创税利 21.6 亿元。其中皮鞋产值 232 亿元，总产量 6 亿双，全国平均每两个人就有

① 此案例由胡振华、潘林丽于 2011 年 3 月根据淘宝、天猫市场有关资料整理。

一双温州鞋，由此可见，温州制鞋业是温州的一大支柱产业。2001 年 9 月 19 日，温州正式被命名为“中国鞋都”。温州鞋革工业协会试图建设中国鞋都区域品牌，向工商管理部门注册“中国鞋都”集体商标。企业品牌经评委会审定认可后可授予首批“中国鞋都名品”称号，从而获准使用鞋革协会向工商部门注册的“中国鞋都名品”专用商标。

2. 温州鞋业现状

目前，温州拥有各类鞋业生产企业 4 300 多家，从事鞋业有关的工作人员 40 多万人。2008 年，温州鞋产量 20 亿双以上，约占全国产鞋总量的四分之一，并且每年保持 10% 左右的递增速度。温州市制鞋业以皮鞋制造为强项，以制造男鞋为主，并生产女鞋、胶鞋、童鞋、拖鞋、特种鞋等，皮革机械、皮革化工、鞋用材料、鞋类设计等配套行业齐全，成为全国重要的皮革制品生产和出口基地。截至 2006 年，温州市有制鞋企业约 2 200 家，其中规模以上制鞋企业 526 家，销售年收入亿元以上企业 64 家；有 22 家企业被温州市政府考核认定为温州市“五个一批”重点骨干企业，17 家企业迈入温州市 2006 年百强企业榜。根据温州海关的统计，2009 年第一季度温州市鞋类出口 5.81 亿美元，同比下降 0.48%，占温州市同期外贸出口总额的 26.65%。目前温州制鞋企业主要集中在鹿城开发区、温州经济开发区、鞋都工业区、瓯海开发区、新桥、永嘉瓯北、瑞安等地。

3. 温州鞋业发展优势

（1）超强的敏变模仿能力能快速占领市场

一个企业要做强做大要拥有对市场灵敏的感觉及高速的应变能力。温州鞋业对宏观环境整体的把握，能比别人更远地看到未来，识别需求趋势。温州鞋企当年勇敢地树立起自己的品牌大旗，文化促销，勇敢地走出国门，参与世界鞋贸的竞争；今天与外企合作，共建网络无不验证了温州鞋业超强的敏变能力。另外，温州鞋企奉行的是快速反应。有一位著名的温州鞋企的老板说出的一句名言：“一天看样，三天出样品，一周出产品”，正是对温州鞋企敏变能力的充分写照。这种快速反应的能力使温州鞋企比国内其他鞋企更快地获得了市场的份额。

（2）有效的营销模式促进了产品的销售

温州的鞋企都十分重视建立自己的分销体系。以红蜻蜓为代表，温州鞋企往往采用代理商 + 直营店的模式。重要地区的店面自营，不重要的、搞不定的地区的店面给代理。一个代理实力不够，就放两个代理。这种分销布局既照顾了速度，又使自己居于主动的地位。因此，仅仅八年的时间，红蜻蜓、奥康、康奈以及紧跟其后的日泰、意尔康、陆陆顺等都在全国建立了自己数千家的连锁终端。因此,温州鞋得以在全国销售,有效的营销方式为温州鞋业的发展提供了空间。

(3) 独特的温州人精神

温州人的精神,是温州最宝贵的资源,也是温州经济发展最大的特有的优势。著名经济学家钟朋荣曾将“温州人精神”概括为四句话:白手起家、艰苦奋斗的创业精神;不等不靠、依靠自己的自主精神;闯荡天下、四海为家的开拓精神;敢于创新、善于创新的创造精神。温州人走南闯北在全国、在世界各地创办企业,开设店铺,建起了大量的温州城、温州街、温州村、温州店。

(二) 温州男鞋与电子商务的关系

1. 电子商务阐释(B2B,B2C)

随着世界经济一体化、全球化进程的加快,信息技术正越来越广泛地应用于经济贸易领域,电子商务作为计算机应用技术与现代经济贸易活动结合的产物,已经成为人类跨入知识经济新纪元的重要标志之一。电子商务是商务活动的电子化(Electronic Commerce或Electronic Business),通过国际互联网进行交易,包括商业、教育、保健、政府、娱乐等活动。与传统商务相比,电子商务在三个方面有了新的内涵与突破:

(1) 交易的内容不同,信息流(数据流)绝大部分地取代了物流、货币流;

(2) 交易的场景不同,屏幕虚拟交易取代了面对面交易;

(3) 交易的设施不同,电脑、通信设备的无纸交易取代了手工纸面交易。

电子商务的应用,对于扩大贸易机会、提高贸易效率、降低贸易成本、增加企业竞争力有着不可估量的作用。正是由于具有巨大的优越性,近年来电子商务得到迅速发展,一些世界著名公司如 Intel、IBM、HP、Microsoft 等纷纷推出了电子商务总体解决方案。在发达国家,甚至一些发展中国家,人们正在利用电子商务技术改变传统的经济模式和贸易方式,并因此而获益匪浅。美国更是利用信息技术的领先优势,不仅使国民经济进入了新的一个增长期,而且使美国在国际贸易中占据更为有利的位置。电子商务应用模式和内容因人而异,用户完全可以依据自己的业务需要选择合适的模式和内容开展电子商务应用活动。根据世界电子商务会议的定义,电子商务涵盖的范围包括:商务信息交换、售前售后服务、广告、销售、电子支付、运输、组建虚拟企业,等等。因此,电子商务按照应用对象不同,其应用模式可以分为以下两种:

一是 B2C 电子商务,是指企业使用互联网向最终产品或服务的购买者(包括企业和个人)提供产品销售和服务的商务活动。

二是 B2B 电子商务，是指企业使用互联网或各种商务网络向其他企业（譬如其供应商）所进行的商务活动。

2. 温州男鞋引入电子商务的优势所在

根据淘宝 2009 年上半年鞋类成交金额 35.75 亿元和 2010 年上半年鞋类成交金额 69.87 亿元的数据，可得同比增速为 95%，按照 5 年计划，增速保守估计为 50%，可得如下数据：2010 年预计成交金额为 213 亿元，增速为 95%；2011 年预计成交金额为 320 亿元，增速为 50%；2012 年预计成交金额为 480 亿元，增速为 50%；2013 年预计成交金额为 720 亿元，增速为 50%；2014 年预计成交金额为 1 080 亿元，增速为 50%；2015 年预计成交金额为 1 621 亿元，增速为 50%。

（1）拥有高知名度的品牌

温州鞋业的康奈、东艺、吉尔达等多个品牌获得"中国驰名商标"称号。全国 307 个"真皮标志"皮鞋品牌中温州占了一半以上，达 57.98%。在 2006 年评定的 39 个"中国真皮领先鞋王"、"中国真皮鞋王"和"中国真皮名鞋"中，意尔康、多尔康、红蜻蜓、吉尔达和东艺五家企业获得"中国真皮鞋王"称号，奥康、康奈获得"中国真皮领先鞋王"称号，另有近 40 个企业获得"国家免检产品企业"称号。温州已经成为拥有中国皮鞋品牌最多的城市。

（2）产业集群

温州鞋业经过近几年的发展，已经拥有完善的鞋工业体系。从原料采购到成品加工，再到商品销售已经是一条分工明确、完整的鞋革生产链。温州制鞋企业的周围，还聚集着上千家的鞋机、鞋饰、鞋底以及皮革生产企业，已形成了各种发达的专业市场。这种相关产业在地理空间上的聚集，使温州聚集着大量的与鞋业相关的信息。温州鞋业还形成了大、中、小企业共存，高、中、低档产品共生，层次分明、优势互补的梯队。

（3）地理优势

温州位于中国黄金海岸线中段，浙江省的东南部，东濒东海、南接闽北、西与丽水市相连、北与台州市毗邻，是浙南的经济、文化中心和交通枢纽。温州海岸线长达 355 公里，港口条件优越，是一个集河口港、海湾港于一体的综合性天然良港，为浙南、闽北货物进出的咽喉，是全国 20 个主枢纽港之一。温州火车站可直达北京、上海、南京、杭州等国内主要城市。温州市公路运输四通八达，104 国道和 330 国道贯穿南北，便捷的交通促进了温州鞋业的发展。

3. 温州男鞋在电子商务下的瓶颈

(1) 对电子商务认识不足

许多鞋业中小企业的领导信息化意识不强,也没有充分认识到知识经济时代抢占信息市场的重要性;并且,对如何开展电子商务理解得比较片面,如认为电子商务就是上网,或简单地建一个网站,而相关的管理基础却没有跟上,企业的电子商务仅停留在表面的网站建设上。因此,鞋业中小企业不仅在观念上要重视电子商务,而且要了解电子商务的实质,不宜盲目跟风。此外,开展电子商务不单是一个企业的事情。鞋业中小企业供应链的管理能力欠缺,如何和供应链的核心企业合作,借助其平台或第三方共享交易平台开展业务也是鞋业中小企业开展电子商务的重要话题。

(2) 执行力度不足

由于中小型企业管理者还未充分认识到电子商务给企业发展、营销手段带来的革命性变化,因此对人才的培养没有足够的重视,导致电子商务人才的匮乏。中小型企业开展电子商务既要技术又要人才,但这方面的人才在大型企业也不是很充裕。专业人才的不足,电子商务模式缺乏创新,导致中小型企业缺乏网络经营的经验,电子商务的优越性表现不出来,许多中小型企业涉足电子商务心有余而力不足。资金短缺是鞋业中小企业的普遍困难。在有限资金的合理使用方面,许多鞋业中小企业尚处于摸索阶段,它们对硬件的投资占其整个信息化投资的80%以上,而配套软件和IT服务等方面投入相对滞后,对软件的选型不恰当,咨询合作伙伴协调不力,最终会使企业的投资回报率低,难以获得持久的发展动力。

(3) 缺乏专业的电子商务人才

传统的购物习惯是眼看、手摸、口尝、耳听,它能真实地感触商品,但现在的电子商务一般只能提供最平淡的图片和文字等数字化信息,难以打动消费者感性的心。再加上一些中小型鞋企没有相关的专业人员管理维护其网站,企业产品信息的发布和更新速度慢。

4. 传统渠道与电子商务模式之间的关系

电子商务模式的引入,对于传统生产型企业来讲,可以归纳为一种新的渠道拓展。电子商务中的B2B、B2C分别对应着传统渠道中的分销代理与终端零售。电子商务所辐射的区域为全国范围,分销代理与终端零售则由各自的区域所构成,这其中必然引发交集,这个交集也是问题产生的所在:交集中所产生的产品品类、产品价格之间的差异性。

对于只是简单加工生产的或是负责OEM加工的企业来讲,或许问题不大,但对于那些拥有自己品牌的男鞋企业来讲,这个问题无法回避。笔者在几家涉足电子商务的鞋企中曾发现:代理商或是终端方面会反馈价格问题。我们暂且不去论述B2B模块,仅单单论述B2C模块,因为终端零售对于价格的敏感度是最强烈的。他们在终端方面投入的成本远大于对电子商务的投入。因此,这种成本只能通过价格来转换。而电子商务吸引消费者的往往又是价格的优势,这种矛盾在"不具有一定影响力"的品牌身上更加明显。在笔者负责的某品牌电子商务中,经常遇见某位客人是看到线下店内产品,然后通过搜寻品牌而进入我们的电子商务店铺,而他们这样做的原因仅仅只有一个:价格优势!

除了价格之外,产品的款号、成分、吊牌信息等,都会因为传统渠道控制力而变得不规范。这一点对于品牌的发展非常不利。这种渠道之间的矛盾会随着电子商务环境的日趋成熟,而更加凸显。

(三)温州男鞋在电子商务方面的发展趋势

如果说2009年的经济危机催生了国内鞋业的电子商务,那么2010年则是鞋业电子商务的初期发展阶段。男鞋电子商务行业作为整体服装行业的分支亦是如此,如果说头两年的男鞋电子商务还未到发展时间,那么现在时机已经到来。

男鞋电子商务在2010年之后很可能成为最有影响力、市场占有率最高的电子商务。据调查统计,95%的男性工作都非常繁忙,或因为其他原因,不能及时到实体店去购买衣物。而大多数男性越来越热衷于网络购物,此时男鞋电子商务将会迎来行业的一个高峰。因此,能够拥有一家男鞋销售的网络店铺,未来的商机无可限量。

1. 企业应用电子商务的前景

鞋产品是网上购物市场的重要组成部分。2009年,在1.3亿参与网络购物的网民中有7成购买了鞋类产品,交易金额占到网络购物约四分之一强;预计2010年,鞋业电子商务领域将进入爆发式增长时期。强劲的消费需求带动外向型鞋服企业加快向内需市场转移。在国内消费市场,渠道制胜一直是鞋业竞争的重要战略选择。电子商务渠道具有成本低、反应灵活的优势,随着网络的深入普及和开放,技术应用越来越成熟,鞋业加大电子商务投入力度,加快开辟和占领网上新兴渠道。

鞋业进入网上购物市场有两种途径:一种是利用现有B2C电子商务平台开设网上商城,如李宁、安踏、百丽等鞋服企业在淘宝网上商城上线运营,网上销售业绩一路走高;另一种是自建网上平台,如361°、匹克、达芙妮等,除在线销售外,还通过网络平台加强与消费者的互动,更好地传播品牌。在电子商务模式下,鞋服行业物流加快转型,深刻影响着行业的发展前景。

2. 淘宝天猫市场分析

(1) 需求分析

现状:天猫的前身为淘宝商城,隶属于阿里巴巴集团,由最初的C2C模式转换成现在的B2C商业模式。2012年1月11日,淘宝商城正式更名为天猫。天猫商城依托淘宝网优势资源,整合上万家生产商为商家提供电子商务整体解决方案,为消费者提供网购一站式服务。在天猫商城购物享受100%正品保障、7天退换货、提供发票的服务。目前天猫商城共有2万品牌、1.5万商家入驻,2011年实现销售额1 000亿元。

原因:随着互联网飞快发展,网络购物作为现代网络活动的主要形式之一在2005年以后保持高速增长状态,原淘宝商城在改名天猫后用户数量也在不断增加。由于网购的方便快捷性,越来越多的年轻人选择加入网购大军。

(2) 用户分析

现状:女性网民是网络购物的活跃人群,在网购用户中的份额已超过男性占比,并逐步增大。另外,网购用户年龄大多在18—30岁,月收入集中在1 000—3 000元,并且以企业白领和学生为主。网购大额产品的用户中,男性多于女性;收入更高的用户,网购金额和频率更高;30—40岁的网民,在各年龄段的用户中网络购物频率和金额最高。

原因:购物对于女性有着先天的吸引力,而当前社会下白领女性因为有着稳定的收入及较高的素质,自然成为网购的主力军。而大学生因为对新鲜事物的渴望程度远高于同龄其他群体,所以乐于网络购物。网购的大额商品大部分为电器类,而此类商品大部分为男性购买。

3. 相关品牌介绍分析

(1) 温州男鞋领军企业之一:奥康集团

事实上,早在2005年,奥康就已在淘宝等网站上开网店了。2008年,奥康投资300多万元组建电子商务部门,创建官方网购平台,开辟网络销售新渠道;该部门负责为奥康网络商城发货、销售、与客户沟通,网络商城所应用的电子商务平台与供应商的进货系统也连接在一起。这个部门拥有完全的配货权和高于其他销售网点和代理的权限,它可以从其他分公司调货,比如消费者是在上海下单,但电子商务部在系统里查到温州或杭州有库存,就可以直接跨地域调货发送。2010 年,奥康与淘宝网合作,大大促进了其网络销售发展;同年年底,奥康将电子商务正式纳入企业发展战略,旨在以网络营销为切入口,最终步入电子商务的行列。2011 年,奥康电商初见成效,网上销售突破 8 000 万元……

在网络商城正式推出之前,奥康还研发了一种脚型测量的机器,并在杭州开了第一家脚型测量店。想买鞋的人们只要把脚伸到这个脚型测量的机器里,机器就能自动将脚的各种数据以及三维图形输入电脑,并生成一种只适合这一种脚型的专业楦头,并快速定制出来。奥康所设想的电子商务模式就是:在国内主要城市推广一些脚型测量店,消费者在店里进行脚型测量后,通过网络商城进行鞋子的个性化定制以及付款和收货。

已经投入运营的奥康网络商城虽然是比较前瞻性的举动,但脚型测量、电子商务等技术并不是最难的问题,关键在于企业是否具有成熟和适应市场的业务模式。你的业务模式好不好,是否进行了合适的投资,消费者是否愿意掏钱、愿意上你的网站、愿意买你的东西,总而言之,销售模式、后期维护、品牌推广才是最重要的。

据了解,奥康网络商城成立一周年时,其销售额已超过其优秀实体专卖店一年的销售额。另外,由于网络销售大大降低了传统商务流程的人力、物力成本,利润至少是实体店的 3 倍以上。

网购是未来的一种新消费模式,奥康也希望摸索出一个新的销售增长点,包括定制功能鞋,也会在网上商城出现,通过电子商务的方式来进行销售。然而,经过多年的发展,奥康电商目前也仅处于探索阶段,广告投入大,产品单价低,品牌价值难以凸显,奥康集团旗下子品牌网上销售得比较少。

(2) 温州男鞋黑马企业之一:想川男鞋

就目前男鞋电子商务的形势而言,并没有出现一个可以被公认为领军的品牌。由于男鞋在整个鞋业行业中都不算是最盈利的分类,即使在全球电子商务如火如荼的时候,男鞋电子商务也还是处于一个不温不火的状态。

想川实业有限公司是在男鞋电子商务中做得较成功的一家企业,从 2010 年开始进入男鞋电子商务领域,辗转发展到今天,已经跃升至淘宝男鞋销量前 10 强。想川通过初步的市场磨炼,在男鞋的时尚、环保、健康以及优质皮料上,作了很大的努力,最终形成了自身产品简约而舒适的独特风格,赢得了大多数电子商务企业最羡慕的一点优势——忠诚的客户群。

想川在于喜平的带领下业务迅速扩大，不到半年时间又在温州潘桥设立第二分厂；2011年，又在泽雅镇成立第三分厂。短短两年的时间，员工已从最初的三十几人扩充到五百多人，并建立了想川的商务中心、生产车间、产品研发中心等核心部门。于喜平对产品的开发设计十分重视，在产品创新方面不惜投入重金吸引人才，加强产品的研发。一个个新款、爆款成了消费者的抢手货，2010—2011年想川旗舰店连续两年被淘宝评为鞋类人气销量二十强。想川同时与京东、乐淘、好鞋团、拉手、1号店等大型的电子商务平台建立了合作关系。想川"厂商网商战略联盟"的模式使产品生产和销售呈现跃迁态势，订单源源不断，使得生产排期非常紧，出现供不应求的良好局面。为了提升服务，想川与温州邮政联手合作，打造了"温州快递第一仓"，产品从下线、质检、入库到出货，缩短了库存时间，大大提升了发货效率。于喜平就是这样带领着他年轻的想川团队，创造了"想川速度"，创造了温州制鞋神话，成为温州制鞋业的后起之秀。

（3）温州男鞋黑马企业之二：Auxtun男鞋

电子商务有多诱人？2011年，11月11日"光棍节"，淘宝商城零点开始推出五折促销活动，从零食、衣服到家具、电器，甚至汽车等2 000多种商品参加了活动，当天成交量达到了33亿元，再算上淘宝集市，成交额突破52亿元！而永嘉迈都伦鞋业有限公司旗下品牌Auxtun开在淘宝商城的旗舰店，这一天也创下了品牌上线以后最高的单日销量，共卖出了1.6万双男鞋，成交额达200多万元。

Auxtun在没做网店之前，传统经销商月销量在二三万双左右，平均下来单日不到1 000双。由于网络销售能够降低店面、人力等成本，加快现金流回收，不少传统温州制造商都有"触网"兴趣。Auxtun旗舰店于2011年3月进驻淘宝商城，到2011年12月，虽然才运营了8个多月，但销量一直在稳定增长，网络销售订单月均在5万双左右，高于传统经销商2倍之多。

4. 传统渠道与电子商务之间的协调发展

在经济萧条、市场萎靡、渠道销售已经成为陈旧模式的状态下，很多中小型鞋企面临着倒闭的危潮，怎样另谋出路将是其迫在眉睫的问题。什么才是挽救企业的救命草？曾被实体鞋业视为洪水猛兽的电子商务，如今反而成为其维持生存的救命稻草。

温州市电子商务仍处在起步阶段，与省内电子商务发达地区相比，还存在较大的差异。有关资料显示，在网商全国百强城市中，温州排名第13位，在浙江省内仅排名第4位，落后于杭州、金华、宁波。作为温州传统优势产业，2011年轻工鞋服等制造业零售企业总产值大概1 350亿元，网络零售交易规模60多亿元，占比4.44%。其中，开展网络零售的传统企业只有不到 1 500 家，占温州鞋服等制造业零售企业数量的 5%。可见，温州网络零售电子商务氛围还远远不够。

现在很多鞋企都面临着"内忧"和"外患"的问题，鞋企如何才能承受市场变化？专家表示，蓬勃发展的电子商务正给国内的传统制造业带来新的发展机遇和增长空间。伴随一些大型网络零售商的异军突起，传统连锁零售业或将在电子商务大潮中面临挑战，2012 年是中国电子商务的"繁荣之年"，也是电商之战全面打响的一年，无法预期会有多少企业杀入 B2C，也不知道会有多少 B2C 企业在探索中倒下，也难以预测它们能否突破盈利瓶颈，但零售企业全面进军电子商务却是不可逆转的趋势，中国的零售业版图也将被电子商务所改变。

电子商务的"性价比"高于传统方式。比如，广交会一年只有两次，每次只有十几天，参展费用很高，海外参展费用更高。而通过电子商务方式，一年 365 天，天天都在开展销会，只不过是开在虚拟的网络世界里。温州进出口联合公司经理说："在电子商务之前，公司只能通过交易会等传统方式获得订单，而且效果非常显著。可是近几年，参加交易会的成本越来越高，而且效果越来越差，只能起到形象展示的作用。如果做好电子商务的应用，效果会更好。"

5. 传统鞋企进军电子商务已经势不可挡

电子商务绝对是传统品牌的必经之路。红蜻蜓集团董事长钱金波表示，"2011 年公司将把其 20% 的广告投资用于网络，这个比例三年内或许会增加至 50%。"

尽管如此，鞋类产品线上销售仍存在着很多不容回避的缺陷，如在产品体验方面，特别是"不能试穿"、"图片色差"等问题，较其他产品的网上销售更"致命"。此外，以春节假期为例，原本是传统鞋类企业的消费旺季，消费者亦习惯在这一时期到实体店内选择打折商品，但却因受制于物流（由于春节期间送货的农民工回家过年），而成为电子商务行业的"灾难节"。

对于"现场体验环节缺失"问题，百丽电商负责人谢云立称就顾客反馈而言，基于不喜欢或是不合适而要求退货的网购顾客只占所有顾客的 3%，并认为这个数字是可以接受的。至于春节期间的物流问题，谢云立亦显得不以为然，"这是电子商务的特性决定的商业规律，也正好是电子商务员工的假期。"

值得注意的是，尽管人们纷纷描绘着光明前景，亦不约而同地疾呼要"加大投入"，但传统鞋企在触及电子商务时，则依然以"缓进"为主。钱金波的说法是"并驾齐驱"，谢云立的经验总结则是"不保守、不激进"。

6. 结论

机遇属于有准备的人。鞋业电子商务是一种趋势,但并不能马上带来效益,当大量资本投入这个领域中,其风险也在悄悄地放大。如果不具备足够的实力与资源,“借船出海”是最好的选择。对广大鞋企来说,利用现成的鞋业电子商务平台来发展网上销售要比自己投资建独立网站要经济得多。因为它确实能极大地降低买卖方之间的供应链运作成本,消除中介,削减交易费用,促使交易更轻松地达成,并鼓励电子交易市场中价格的竞争。面对新的挑战,制鞋业正在并将继续努力,特别是在品牌战略的实施、环境保护和劳动条件的改善、产品科技含量的增加、设计水平的提高以及管理技能的提升等方面采取各项有力措施,以保证全行业的可持续发展。

参考文献

1. A. 哈耶克. 个人主义与经济秩序[M],北京经济出版社,1988.

2. D. C. 诺思. 制度、制度变迁与经济绩效[M],上海三联书店,1993.

3. 王会龙. 创业过程研究综述[J],产业观察,2006(22).

4. 王俊峰. 风险投资——实务与案例[M],清华大学出版社,2000.

5. 卡斯滕·拉思讷等. 创业者手册[M],中信出版社,2001.

6. 卡森. 经济学大辞典(第一卷)[M]. 经济科学出版社,1992.

7. 卢锐. 创业投资与我国高技术产业的发展[J],南开管理评论,2001(1).

8. 史晋川,金祥荣,赵伟,罗伟东等. 制度变迁与经济发展:温州模式研究[M],浙江大学出版社,2002.

9. 甘德安. 中国家族企业研究[M],中国社会科学出版社,2002.

10. 刘忠明,魏立群,Lowell Busenitz. 企业家创业认知的理论模型及实证分析[J],经济界,2003(6).

11. 安纳利·萨克森宁. 硅谷优势[M],上海远东出版社,2000.

12. 朱仁宏. 创业研究前沿理论:理论流派与发展趋势[J],科学研究,2005(5).

13. 朱华晟. 浙江产业群——产业网络、成长轨迹与发展动力[M],浙江大学出版社,2003.

14. 朱宪辰,吴晓辉. 永年标准件行业——乡村工业专业化形成的对比分析[C],清华大学中国经济研究中心工作论文,2002(1).

15. 朱美娥,胡振华. 商务谈判[M],机械工业出版社,1997.

16. 严晓鹏,胡振华. 如何加强党对非公企业的领导[N],温州大学学报,2001(3).

17. 张玉利等. 企业家创业行为的理性分析[J],经济与管理研究,2003(5).

18. 张玉利等. 企业家创业行为调查[J],经济理论与经济管理,2003(9).

19. 张陆洋. 高技术产业发展的风险投资[M],经济科学出版社,1999.

20. 张建平. 我国创业投资的发展模式与途径研究[M],中国社会科学院研究生院,2000.

21. 张青. 创业与经济发展关系研究回顾与分析———基于不同经济学视角[J],外国经济与管理,2009(11).

22. 张维迎. 企业理论与中国企业改革[M],北京大学出版社,1999.

23. 李志能. 企业创新——孵化的理论与组织管理[M],复旦大学出版社,2001.

24. 李政. 经济学中的创业研究:一个历史性的回顾[J],创业管理研究,2007(3).

25. 李新春. 企业家协调与企业集群——对珠江三角洲专业镇企业集群化成长的分析[J],南开管理评论,2002(3).

26. 李新春等. 高科技创业的地区差异[J],中国社会科学,2004(3).

27. 李新春等. 集群化"中国制造"的制度特征[J],学术研究,2004(7).

28. 杨伯元等．创业投资在我国发展障碍的分析[J]，财经问题研究，2001(6)．

29. 杨俊等．基于企业家资源禀赋的创业行为过程分析[M]．外国经济与管理，2004，26(2)．

30. 杨静文．创业理论视角下企业集群发育形成机理研究[D]，南京理工大学博士论文，2005.

31. 杨静文等．冀豫浙中小企业集群中的创业机制实证分析[J]，地域研究与开发，2005，24(2)．

32. 阿苇，唐颖．创业高手[M]．广东经济出版社，1999.

33. 陈世昌，胡振华等．农村技术市场经营与管理[M]，江西科技出版社，1995.

34. 陈世清．创业经济学论纲[N]，华东理工大学学报(哲社版)，2003(2)．

35. 陈莉敏．科技企业孵化器集群机理研究[D]，武汉理工大学博士论文，2008.

36. 陈德智．创业管理[M]，清华大学出版社，2001.

37. 陈震红等．国外创业研究的历程、动态与新趋势[J]．国外社会科学，2004(1)．

38. 彼得·德鲁克．创业精神与创新[M]，工人出版社，1989.

39. 杰弗里·蒂蒙斯．创业企业融资[M]，华夏出版社，2002.

40. 林强等．创业理论及其构架分析[J]，经济研究，2001(9)．

41. 罗庸，胡振华等．企业融资策略[M]，江西人民出版社，1995.

42. 郁义鸿等．创业学[M]，复旦大学出版社，2000.

43. 金碚等．美国高技术产业的创业与创新机制及启示[J]，管理世界，2001(4)．

44. 青木昌彦．比较制度分析[M]，上海远东出版社，2001.

45. 保罗·A. 冈珀斯，乔希·勒纳．风险投资周期[M]，经济科学出版社，2002.

46. 俞自由等．风险投资理论与实践[M]，上海财经大学出版社，2001.

47. 胡振华，陈世超．卓越管理要义——企业文化[M]，西安地图出版社，1993.

48. 胡振华，景进安．传销原理——中国传销业批判[M]，山西经济出版社，1997.

49. 胡振华．中式快餐　路在何方[J]，中外经济，1999(6)．

50. 胡振华．民间资本进入高新技术产业对策[J]，中国高校科研与产业化，2006(9)—(10)．

51. 胡振华．民间壁垒——外贸面临的新问题[N]，经济学消息报，2004-12-3.

52. 胡振华．民营企业国际化经营模式探讨[J]，国际商务，2004(4)．

53. 胡振华．价格调控的一把利剑[N]，浙江日报，2011-1-10.

54. 胡振华．企业形象设计[M]，中国农业出版社，1996.

55. 胡振华．关于民营企业家入党问题的探讨[N]，嘉兴学院学报，2001(6)．

56. 胡振华．创新精神——温州民营企业家动力之源[N]，嘉兴学院学报，2001(4)．

57. 胡振华．合作建房是一种负外部性行为[N]，中国经济时报，2006-12-29.

58. 胡振华．房产税征收的成本风险[N]，浙江日报，2011-1-24.

59. 胡振华．环境和经济兼容：一次性木筷产业持续发展之路[J]，生态经济，2008(1)．

60. 胡振华．城镇化中公共物品商品化的实证分析[J]，企业经济，2003(1)．

61. 胡振华．差价利润——通货膨胀的重要原因[N]，经济晚报，1995-6-20.

62. 胡振华．消费合作社值得尝试[N]，浙江日报，2011-9-13.

63. 胡振华. 谈企业环境成本内在化的必要性[J],企业活力,2003(8).

64. 胡振华. 资本进民企,何以保安全[N],浙江日报,2011-9-29.

65. 胡振华. 救市与纠错[R],温州商人,2009(11).

66. 胡振华. 温州民企将四处碰壁[N],温州商报,2002-2-5.

67. 胡振华. 温州企业家幸福感研究[R],温州市工商局2010年重点课题研究报告.

68. 胡振华. 解放思想与深化改革[N],中国青年报,1992-11-13.

69. 胡振华. 农民失地利弊辩[J],经济问题,2007(7).

70. 埃弗雷特·罗杰斯. 创新的扩散[M],中央编译出版社,2002.

71. 谈毅. 创业投资家报酬机制研究[N],西安交通大学学报(社科版),2000(5).

72. 曹随,王燕梅. 中国大众创业学[M],中国经济出版社,2003.

73. 盛立军. 风险投资操作、机制与策略[M],上海远东出版社,1999.

74. 约瑟夫·F. 斯蒂格利茨. 经济学[M],中国人民大学出版社,1997.

75. 魏江等. 企业家精神的外部经济性考察[J],科研管理,2004(2).

76. Acs,Z. J. and Audretsch,D. B. ,Pontus Braunerhjelm et al. ,2004,The Missing Link:The Knowledge Filter and Entrepreneurship in Endogenous Growth,Centre for Economic Policy Research(CEPR) Discussion Paper.

77. Acs,Z. J. and Audretsch D. B. ,1993,*Small Firms and Entrepreneurship:An East – West Perspective*,Cambridge:Cambridge University Press.

78. Aldrich,H. E. ,Martinez,M. A. ,2001,"Many Are Called,But Few Are Chosen:An Evolutionary Perspective of The Study of Entrepreneurship",*Entrepreneurship Theory and Practice*,Vol. 25 No. 4,41 –56.

79. Audretsch,D. B. 2005,The Entrepreneurial Society,The FSF-NUTEK Award Winner Series.

80. Audretsch,D. B. and A. R. Thurik,2001,"What's New about the New Economy? Sources of Growth in Managed to the Entrepreneurial Economies",*Industrial and Corporate Change*,Vol. 10,267 –315.

81. Audretsch,D. B. and A. R. Thurik,2004,"A Model of the Entrepreneurial Economy",*International Journal of Entrepreneurial Education*,Vol. 2,143 –166.

82. Audretsch,D. B. ,2002,"Entrepreneurship:A Survey of the Literature",Prepared for the European Commission,Enterprise Directorate General.

83. Audretsch,D. B. ,Keilbach,M. C. and Lehmann,E. E. ,2006,*Entrepreneurship and Economic Growth*,New York:Oxford University Press.

84. Baldwin,J. ,1999,A Portrait of Entrants and Exits,Research Paper No. 121,Micro – Economic Analysis Division,Ottawa:Statistics Canada. June.

85. Balje,S. H. and P. M. Waasdorp,2001,"Entrepreneurship in the 21st Century:The role of Public Policy",In Entrepreneurship in the Netherlands. New Economy:New Entrepreneurs! Zoetermeer:EIM Business & Policy Research and the Ministry of Economic Affairs.

86. Barreto,H. ,1989,*The Entrepreneur in Microeconomic Theory*,London:Routledge.

87. Baumol,W. J. ,1968,"Entrepreneurship in Economic Theory",*American Economic Review*,Vol. 58,64 –71.

88. Baumol, W. J. , 1990, "Entrepreneurship: Productive, Unproductive, and Destructive", *Journal of Political Economy*, *Vol.* 98, 893 - 919.

89. Baumol, W. J. , 1993, *Entrepreneurship, Management and the Structure of Payoffs*, Cambridge, MA: MIT Press.

90. Baumol, W. J. , 2002, *The Free-Market Innovation Machine: Analyzing the Growth Miracle of Capitalism*, Princeton and Oxford: Princeton University Press.

91. Birch, D. , 1981, "Who Creates Jobs?" *Public Interest*, Vol. 65, 3 - 14.

92. Bruyat, C. and Julien Pierre - Andre, 2000, "Defining the Field of Research in Entrepreneurship", *Journal of Business Venturing*, 16, 165 - 180.

93. Bygrave, W. D. , 1998, "Building an Entrepreneurial Economy: Lessons from the United States", *Business Strategy Review*, Vol. 9(2), 11 - 18.

94. Casson, M. C. , 1982, *The Entrepreneur: An Economic Theory*, Oxford: Martin Robertson, 2nd. Ed(1999), Edward Elgar.

95. Casson, M. C. , 2005, "Entrepreneurship and the Theory of the Firm", *Journal of Economic Behavior & Organization*, Vol. 58, 327 - 348.

96. Coase, R. H. , 1937, "The Nature of the firm", *Economica*, Vol. 4, 386 - 405.

97. Damian Miller, Elizabeth Garnsey, 2000, "Entrepreneurs and Technology Diffusion How Diffusion Research Can Benefit from a Greater Understanding of Entrepreneurship", *Technology in Society*, Vol. 22, 445 - 465

98. Davis, S. , Haltiwanger, J. and Schuh, S. , 1996, "Small Business and Job Creation: Dissecting the Myth and Reassessing the Facts", *Small Business Economics*, 8, 297 - 315.

99. Davis, S. , Haltiwanger, J. and Schuh, S. , 1996, *Job Creation and Destruction*, Cambridge, MA: MIT Press.

100. Diamond, D. , 1991, "Monitoring and Reputation: The Choice between Bank Loans and Directly Placed Debt", *Journal of Political Economy*, 99.

101. Dobb, M. , 1926(Orig. 1925), *Capitalist Enterprise and Social Progress*, London: George Routledge & Sons, Ltd.

102. Drucker, P. , 1985, *Innovation and Entrepreneurship*, London: Collins.

103. Edgeworth, F. , 1925, *Paper Relating to Political Economy*, London: Macmillan and Co. Ltd.

104. Gallagher, C. , Stewart, H. , 1986, "Jobs and the Business Life-cycle in the U. K. ", *Applied Economics*, Vol. 18, 875 - 900.

105. Glancey K. S. , McQuaid, R. W. , 2000, *Entrepreneurial Economics*, Macmillan, Basingstoke, New York: St. Martin's Press.

106. Gomper, P. A. , 1996, Grandstanding in the Venture Capital industry, *Journal of Financial Economics*, 42, 133 - 156.

107. Grebel, T. , Pyka, A. and Hanusch, H. , 2003, "An Evolutionary Approach to the Theory of Entrepreneurship", *Industry and Innovation*, Vol. 10(4), 493 - 514.

108. Hawley, F. B. , 1907, *Enterprise and the Productive Process*, New York: G. P. Putnam's Sons.

109. Hebert, R. F. and Link, A. N. , 1988, *The Entrepreneur: Mainstream Views and Radical Critiques*, New York:

Praeger, 2nd edition.

110. Heshmati, A. , 2001, "On the Growth of Micro and Small Firms: Evidence fromSweden", *Small Business Economics*, Vol. 17, 213 - 228.

111. Hohti, S. , 2000, "Job Flows and Job Quality by Establishment Size in the Finnish Manufacturing Sector, 1980 - 1994", *Small Business Economics*, Vol. 15, 265 - 294.

112. Kaldor, N. , 1934, "A Classificatory Note on the Determinateness of Equilibrium", *Review of Economic Studies*, Vol. 1, 122 - 136.

113. Kirzner, I. M. , 1973, *Competition and Entrepreneurship*, Chicago: University of Chicago Press.

114. Kirzner, I. M. , 1979, *Perception, Opportunity and Profit: Studies in the Theory of Entrepreneurship*, Chicago and London: University of Chicago Press, 1983 (Reprint Edition).

115. Kirzner, I. M. , 1979, *Perception, Opportunity and Profit*, Chicago: University of Chicago Press.

116. Knight, F. H. , 1921, *Risk, Uncertainty and Profit*, Chicago: University of Chicago Press.

117. Kongs, J. , 1995, "Gross Job Flows and the Evolution of Size in U. K. Establishments", *Small Business Economics*, Vol. 7, 213 - 220.

118. Lúszló Letenyei, 2001, Rural Innovation Chains: Two Examples for The Diffusion of Rural Innovations, *Reviews of Sociology*, Vol. 7, 85 - 100

119. Loveman, G. and W. Sengenberger, 1991, "The Reemergence of Small-Scale Production: An International Comparison", *Small Business Economics*, Vol. 3 (1), 1 - 37.

120. Low, M. B. , 2001, "The Adolescence of Entrepreneurship Research: Specification of Purpose", *Entrepreneurship: Theory and Practice*, Vol. 6, 17 - 25.

121. Lundström, A and Stevenson, L. , 2005, "Entrepreneurship Policy: Theory and Practice", *International Studies in Entrepreneurship Series*, Vol. 9. New York: Springer.

122. Marshall, A. , 1930, *Principles of Economics*, London: Macmillan and Co.

123. Mill, J. S. , 1898, *Principles of Political Economy*, The People's Edition. London: Longmans, Green & Co.

124. Nelson, R. R. and Winter, S. , 1982, *An Evolutionary Theory of Economic Change*, Cambridge, MA: Harvard University Press.

125. Penrose, E. , 1995, *The Theory of the Growth of the Firm*, New York: Oxford University Press.

126. Ricardo, D. , 1817, *Principles of Political Economy and Taxation* (ed. E. C. K. Gonner, 1891), London: George Bell.

127. Say, J. B. , 1803, *A Treatise on Political Economy*, (Trans. C. R. Prinsep, 1821), Boston.

128. Schumpeter, J. A. , 1912, *The Theory of Economic Development* (1936 edn), Cambridge, MA: Harvard University Press.

129. Schumpeter, J. A. , 1939, *Business Cycles: A Theoretical, Historical and Statistical Analysis of the Capitalist Process*, New York: McGraw - Hill.

130. Smith, A. , 1776, *The Wealth of Nations*, (4th edn, ed. E. Cannan, 1925), London: Methuen.

131. Storey, D. and Johnson, S. , 1987, *Job Generation and Labour Market Change*, London: Macmillan.

132. The National Governors Association (NGA), Washington, D. C. , 2001, A Governor's Guide to Cluster—Based Economic Development, http://www.nga.org.

133. Thomas Brenner and Siegfried Greif, The Dependence of Innovativeness on the Local Firm Population—An Empirical Study of German Patents, Industry and Innovation, Vol. 13, 21 - 39.

134. Tuttle, C. , 1927a, "The Entrepreneur in Economic Literature", *Journal of Political Economy*, Vol. 35, 501 - 12.

135. Tuttle, C. , 1927b, "The Function of the Entrepreneur", *American Economic Review*, Vol. 17, 13 - 25.

后　记

创业经济学是一门研究创业组织的建立与成长、创业价值生成、创业资源配置、创业经济现象与规律的科学，是一门由创业学与经济学相互融合的交叉学科。在新古典经济学的框架下，经济学者一直把市场中的行为个体抽象为非人格化的"厂商"，把经济中资源配置的所有活动归于市场，把资源配置的所有信息归于价格。在这样的假定条件下，创业者的创业活动被忽略了。我从事经济学教学二十多年，深刻体会到经济学是一门帮助人们创业的工具，深刻体会到经济学的学科范畴可以和创业结合，每当我在为学生讲授经济学原理的时候，一种构建创业经济学的使命与冲动油然而生。

任一学科发展到某一阶段，都要借助其他学科发展的成果或研究方法，来解决自身所面临的"悖论"。这要求研究者要走出学科的边界，进入学科的"交织区"来推动学科的发展。学科发展的过程，也是知识增长的过程，知识增长的内在规律，就是创新出知识的"结点"，在逻辑学上的表现是新概念的生成。本书对学科边界进行了大面积的突破，突破的路径是利用"创业"这个基本概念与经济学学科的基本概念进行交叉。

当我完成本书的写作，激动的心情难以言表，尽管它肯定存在许多缺陷与不足，但它体现的却是我二十多年经济学教学与研究工作的一个心愿！感谢从事国内外创业研究的理论界前辈，本书的写作，吸收了国内外创业研究的成果，这些闪耀着科学与理性的近现代和当代最优秀的观点、思想与方法为本书顺利完成提供了巨大的灵感与帮助。在本书的构思与写作过程中和许多学者进行了探讨，他们是中央党校经济学部杨秋宝教授、北京林业大学聂华教授、国务院发展研究中心张剑荆研究员、江西财经大学袁红玲教授、河北大学张小燕教授、宁波大学钟昌标教授等，本书也凝聚着他们的智慧。感谢上海财经大学曹建华教授、福建师范大学钟全林教授审阅本书并提出修改意见！感谢温州大学创业学院的黄兆信研究员，商学院的李建华教授、李志国教授、林俐教授以及温州大学国民经济研究所的全体同仁，他们在本书的创作过程中给予了全程的鼓励与支持，没有他们的帮助，本书是不可能完成的。

胡振华

2013 年 7 月 5 日于北京东王庄

教师反馈及教辅申请表

北京大学出版社本着“教材优先、学术为本”的出版宗旨，竭诚为广大高等院校师生服务。为更有针对性地提供服务，请您认真填写以下表格并经系主任签字盖章后寄回，我们将按照您填写的联系方式免费向您提供相应教辅资料，以及在本书内容更新后及时与您联系邮寄样书等事宜。

<table>
<tr><td>书名</td><td></td><td>书号</td><td>978-7-301-</td><td>作者</td><td></td></tr>
<tr><td colspan="2">您的姓名</td><td colspan="2"></td><td>职称职务</td><td></td></tr>
<tr><td colspan="2">校/院/系</td><td colspan="4"></td></tr>
<tr><td colspan="2">您所讲授的课程名称</td><td colspan="4"></td></tr>
<tr><td colspan="2">每学期学生人数</td><td colspan="2">______人_____年级</td><td>学时</td><td></td></tr>
<tr><td colspan="2">您准备何时用此书授课</td><td colspan="4"></td></tr>
<tr><td colspan="2">您的联系地址</td><td colspan="4"></td></tr>
<tr><td colspan="2">邮政编码</td><td></td><td>联系电话
（必填）</td><td colspan="2"></td></tr>
<tr><td colspan="2">E-mail（必填）</td><td></td><td>QQ</td><td colspan="2"></td></tr>
<tr><td colspan="4">您对本书的建议：</td><td colspan="2">系主任签字

盖章</td></tr>
</table>

我们的联系方式：

北京大学出版社经济与管理图书事业部
北京市海淀区成府路 205 号，100871
联系人：徐冰
电话：010-62767312 / 62757146
传真：010-62556201
电子邮件：em_pup@126.com　　em@pup.cn
QQ：5520 63295
新浪微博：@北京大学出版社经管图书
网址：http://www.pup.cn